国家社会科学基金青年项目（10CJY007）
西南财经大学专著出版项目（JBK130803）

# 投资者法律保护与股权结构：理论与经验证据

## The Legal Protection of Investors and Ownership Structure: Theory and Empirical Evidence

何丹 著

西南财经大学出版社
Southwestern University of Finance & Economics Press

图书在版编目(CIP)数据

投资者法律保护与股权结构:理论与经验证据/何丹著. —成都:西南
财经大学出版社,2014. 12
ISBN 978 – 7 – 5504 – 1575 – 1

Ⅰ.①投… Ⅱ.①何… Ⅲ.①股权结构—关系—投资者—法律保
护—研究—中国 Ⅳ.①D922. 290. 4

中国版本图书馆 CIP 数据核字(2014)第 203847 号

**投资者法律保护与股权结构:理论与经验证据**
Touzizhe Falü Baohu yu Guquan Jiegou Lilun yu Jingyan Zhengju

何 丹 著

责任编辑:杨 琳
封面设计:杨红鹰
责任印制:封俊川

| | |
|---|---|
| 出版发行 | 西南财经大学出版社(四川省成都市光华村街 55 号) |
| 网 址 | http://www. bookcj. com |
| 电子邮件 | bookcj@ foxmail. com |
| 邮政编码 | 610074 |
| 电 话 | 028 – 87353785 87352368 |
| 照 排 | 四川胜翔数码印务设计有限公司 |
| 印 刷 | 郫县犀浦印刷厂 |
| 成品尺寸 | 148mm × 210mm |
| 印 张 | 8. 125 |
| 字 数 | 205 千字 |
| 版 次 | 2014 年 12 月第 1 版 |
| 印 次 | 2014 年 12 月第 1 次印刷 |
| 书 号 | ISBN 978 – 7 – 5504 – 1575 – 1 |
| 定 价 | 48. 00 元 |

# 前　言

　　资本市场的发展状况与一国对投资者利益的保护程度息息相关。国家对投资者利益保护程度的提高，推动资本市场朝着健康的方向发展。纵观欧美成熟证券市场的发展历程，可以看出法律制度已经成为保护投资者的有力手段。根据国外资本市场的发展情况和相关学者的研究，国家对中小投资者保护相关法律的完善程度，会直接影响中小投资者的利益，法律越完善，对中小投资者的保护力度越大（LLSV[①]，1998）。可见，法律在保护中小投资者利益中扮演了重要角色。我国证券市场建立以来，尽管已取得了巨大成就，但随着经济的发展，暴露出的问题也逐渐增多，上市公司侵害投资者利益的事件不断出现。因此，保护投资者利益成为理论界和实务界共同关注的焦点，要求保护投资者利益的呼声越来越高。打开中国证券监督管理委员会的网站，首页上赫然写着"保护投资者利益是我们工作的重中之重"。2007 年 12 月，中国证券投资者保护网作为我国证券市场第一个以投资者保护为主题的网站开通上线。《中国证券

---

　　①　20 世纪 90 年代中后期，拉波塔（LaPorta）、洛配兹·西拉内斯（Lopez-de-silanes）、施莱弗（Shleifer）和维什尼（Vishny）四位学者建立了庞大的法律与金融数据库，发表了一系列法律金融学文章，学界把他们称为 LLSV。

报》和中国证券投资者保护网陆续开办了"证券投资者保护专栏"等。证监会等五部门发布的《关于依法打击和防控资本市场内幕交易的意见》于2010年1月被国务院办公厅转发，旨在打击内部人侵害上市公司利益的行为。新一届的证监会主席肖钢明确指出："保护投资者就是保护资本市场。"由此可见，保护投资者利益是资本市场健康发展的重要保障。

此外，股权结构是有效安排公司剩余控制权和剩余索取权的重要基础，也是公司治理的基础。股东所持有股份的大小在一定程度上影响了公司治理水平的高低。在公司股权比较分散的情况下，公司治理的矛盾主要体现在管理层与股东之间。随着大股东持股比例的不断增加，其对公司的控制权也逐渐加强，导致控股股东与中小投资者之间产生矛盾。由于中小投资者持股比例低且较为分散，基于成本收益原则，其没有动力和能力维护自身利益，进而就出现了一系列公司治理问题。

在我国，中小投资者利益保护的相关法律出台较晚，1994年实施的《中华人民共和国公司法》，针对中小投资者保护做出了具体的规定（如中小股东表决权等）。截至2010年1月，我国已经出台了94部涉及中小投资者利益保护方面的法律法规，累计183条。从我国的现实情况看，对中小股东的保护，无论是法律的完备性，还是法律的执行方面，均存在较多缺陷，致使上市公司中控股股东对中小投资者的攫取行为相当严重。这主要体现在：发行上市中存在欺诈行为；配股、增发、关联交易、利润分配中存在败德行为；上市公司操纵利润，信息披露质量较低。在公司治理方面，我国于2005年开始实行股权分置改革，尽管当前市场已处于全流通，但所有权结构仍然体现为国有股或家族企业实际控制人"一股独大"，因此，我国上市公司股权总体上是相对集中的。在国有股"一股独大"的情况下，政府对企业的干预行为既可能是"帮助之手"，也有成为"掠夺之手"的可能；在非国有上市企业中，家族拥有控股权，导致效率缺乏。由于缺乏有效的投资者保护，一方面所有者需要留下大量股权以监督经营者；另一方面，金融市场本身很难分散所有权，这又使企业内部人控制、财务舞弊行为更加严重。特别是对民营企业而言，长期由家族治理，不能建立起现代企业治理结构。为了更大限度地维护中小股东的权益，我国公司治理的进一步改革必须将保护中小股东的权益作为重点突破的方向。因此，建立健全资本市场的相关制度、完善投资者法律保护、提高执法效率，既可以稳固我国资本市场的基础，又能保证上市公司顺利进行股权融资，降低企业资本成本，提高企业价值，促进资本市场的可持续发展。

"一股独大"是否一定会导致企业的低效率？什么样的股权结构才能产生最好的法人治理结构，才能提高企业绩效、保护股东权益？本书主要从股权集中度与股权制衡两个方面讨论股权结构。有关投资者法律保护与股权集中度之间关系的研究，主要有两种观点。一种是以 LLSV（1999）为代表提出的"替代假说"观点。"替代假说"主要关注公司管理层与广大分散股东间的利益制衡，忽视了大部分国家的上市公司因控股股东和中小股东间的利益摩擦而引起的代理问题，在第一类委托代理关系下，集中的股权结构可以代替投资者法律保护来提供公司治理的作用。另一种观点认为股权集中并非投资者法律保护不足的替代机制，而是适应投资者法律保护不足的后果，即"结果模型"（Bebchuk，1999）。公司控股股东能获得多少控制权私人收益，取决于投资者法律保护状况的好坏，因而，投资者法律保护间接影响了公司的股权结构。本书将从"替代"和"结果"两个角度，比较全面地实证分析股权集中度与法律保护之间的关系。就投资者法律保护与股权制衡的关系而言，作为公司重要的内部治理机制，有效的股权制衡是一种合理的股权结构安排，能够解决控股股东与外部中小股东之间的委托代理问题，能够有效发挥对投资者专用性投资的保护机制，从而降低股东将资金投入企业获取投资报酬的风险，即降低公司的资本成本。理论模型证明这种机制作用的发挥仅仅存在于宏观立法水平高的制度环境下。本书在研究两者的关系时着重强调股权制衡这一内部治理机制如何提高投资者保护水平，以及这一内部治理机制发挥作用的传导机制及经济后果。

本书基于双重代理理论，借鉴"法与金融"的系列研究成果，将股权结构、中小投资者法律保护与权益资本成本置于一个研究框架中进行理论分析与实证研究。

本书共8章，各章主要内容如下：

第1章"导论"，从研究背景、理论与现实意义等方面论述了研究投资者保护与股权结构关系的重要性。一直以来，保护投资者利益都是公司治理中的核心问题，是资本市场健康发展的重要保障。因此，研究投资者法律保护与股权结构的关系，理解不同治理机制的互动作用，有助于从理论上探寻增强投资者保护的机制和途径，从而寻求最优的所有权结构，提高投资者法律保护水平，提升公司治理水平，保护中小股东利益。

第2章"文献评述"，从投资者法律保护与股权集中度、投资者法律保护与股权制衡、投资者保护的测度三个方面对国内外相关文献进行了评述。这有助于在现有研究基础上厘清投资者法律保护与股权结构的各种关系，为进一步的研究提供理论基础。

第3章"投资者法律保护、股权结构与资本成本——一个分析框架"，从理论上探寻投资者法律保护对股权结构的影响机理，并将两种治理机制——内部股权结构和外部法律机制统一在一个分析框架中，通过作用于公司金融与资本市场的核心指标"资本成本"来研究投资者法律保护与股权结构的关系。公司治理的内外部机制如能有效发挥作用，则投资者保护水平较高，企业的权益资本成本将降低；反之，若公司治理机制未能有效发挥作用，则投资者保护水平较低，投资者投入资本后将承担内部人侵占其利益的风险，相应的风险报酬要求较高，企业的权益资本成本将增加。

第4章"制度背景、投资者法律保护现状与测度"，主要在中国制度背景下对投资者法律保护与股权结构的现状进行描述，并基于中国投资者法律保护实践，在宏观层面上，以 LLSV（1998）和沈艺峰等（2004）的中小投资者法律保护分值体系为基础，重新计算 2003—2010 年中小投资者法律保护分值，并以此为基础来研究我国上市公司股权集中度同立法变量之间的关系。

第5章"股权集中能够替代投资者法律保护吗——基于中国中小投资者法律保护实践的实证研究"和第6章"'替代'还是'结果'——对投资者法律保护与股权集中关系的进一步研究"，在双重委托代理关系框架下，分别从宏观视角与微观视角证明股权集中与投资者法律保护的"替代"与"结果"假说。第5章从宏观的角度，即从一国法律进程的视角对替代模型进行证明。研究结果表明，中小投资者法律保护的逐步完善促使上市公司股权集中度下降。与非国有企业相比，国有企业的股权集中度能代替法律机制给投资者提供更好的保护。在投资者法律保护差的阶段，股权集中是投资者法律保护重要的替代机制，能够降低资本成本；但在投资者法律保护完善的阶段，这种替代机制则不成立。第6章进一步考察两种治理机制的关系。研究表明，首先，股权集中度是否能够替代中小投资者法律保护，主要取决于大股东对经理层的监督是否完善。当公司存在严重的第一类代理问题时，如果中小投资者的立法保护较差，则得出"集中的公司股权结构能够替代较弱的投资者法律保护"

的结论。其次，以现金股利分配率作为衡量公司投资者法律保护执行程度高低的变量，从微观执法角度，证实了股权集中度的产生是公司执法效果不佳的结果。股权的集中是投资者法律保护程度不高的情况下控股股东追求自身利益的结果，特别是在两权分离度高或控制层级较多的公司当中，上市公司的委托代理关系多体现为第二类委托代理问题，而此时，投资者保护程度越低（公司执法水平越低），股权会变得越集中。

第7章"股权制衡、投资者法律保护与资本成本"，基于姜付秀（2008）的投资者保护分值，修订并重新计算微观主体的投资者保护指数，并使用中介效应检验方法验证投资者保护这一中介变量的存在，在此基础上，实证研究股权制衡、投资者法律保护与权益资本成本的关系。研究结果表明：首先，投资者保护指数与股权制衡度之间呈倒 U 形曲线关系，即股权制衡的折中并非总是有效的，股权之间相互牵制降低对投资者侵害的同时会导致讨价还价的低效率。此外，股权制衡发挥作用存在一定的前提，仅当相对控股或者股权分散的情况下股权制衡才能有效发挥作用。其次，在研究股权制衡与权益资本成本的关系时，基于微观公司执法水平的投资者保护是重要的中介变量。作为公司重要的内部治理机制，有效的股权制衡代表着一种合理的股权结构安排，能够解决控股股东与外部中小股东之间的委托代理问题，可通过提高投资者权益的保护水平来降低权益资本成本。最后，在第一大股东的性质为国有的情况下，第二大非国有性质的股东不易与第一大股东勾结合谋分享控制权私利，更倾向于发挥监督作用，提高投资者保护水平。

第8章"政策建议与展望：投资者法律保护替代机制研究"。在法律保护水平不断提升的前提下，本章提出应从适度减持国有股、降低股权集中度、建立引入多个大股东机制、培育法人股东、完善管理层持股等方面来调整股权结构，并从增强司法独立性等方面提高法律执行效率。此外，在建立健全法规和配套机制的基础上，寻找替代性的投资者法律保护机制（政府行政管制、国有股权、社会资本、交叉上市、外部独立审计、非正式力量等）。

中国资本市场经过 20 年的发展取得了巨大成就，但近年来国内外许多大公司相继曝出丑闻，其实都是公司治理的问题，投资者保护也因此受到前所未有的重视。可以说正是社会各界对投资者保护的持续关注和讨论以及笔者本人的研究兴趣，促成了本书的出版。本书得到了国家社会科学基金青年项目（10CJY007）和西南财经大学专著出版项目（JBK130803）的支持。在写作的过程中，笔者的研究生金玉、江琳、苗文龙等协助搜集了大量的资料，也参与了很多相关研究工作，在此表示感谢。

何 丹

2014 年 6 月

# 目　录

# 1 导论

## 1.1 研究背景

2010 年 2 月,中小股东权益保障委员会在北京发布了《2009 年度中国中小股东权益保障评价报告》,报告显示沪深 A 股市值最大的 300 家上市公司的中小股东权益保障水平为"基本不合格",由此引发了关于投资者利益保护的广泛讨论。2013 年,新一届证监会主席肖钢也明确指出"保护投资者就是保护资本市场"。LLSV(1998,1999,2000)的研究表明一国或地区的投资者保护越好,其资本市场就越发达,抵抗金融风暴的能力就越强,对经济增长的促进作用也就越大。在成熟的发达国家证券市场上,仍然不乏侵害中小投资者利益的情况,比如轰动一时的安然事件、世通事件。我国正处于经济高速发展过程中,各项制度政策还有待健全,保护投资者利益更是任重而道远。

此外,改善和提高公司治理一直都是资本市场研究的重点。公司治理不仅包括董事会、薪酬制度、股权结构以及信息披露等内部机制,还包括控制权市场、投资者法律保护等外部治理机制。内部治理机制直接对公司治理产生作用,外部治理机制间接对公司治理产生作用,两者相互作用、紧密联系。公司治理在很大程度上是外部投资者为保护其利益免于被公司内部人攫取的一组制度安排（Shleifer 和 Vishny，1997）。有效的公司治理，不仅意味着公司绩效高，更意味着投资者能够凭借其股权分享应得的公司收益，进而投资者更愿意投资于企业，降低资本成本，提高公司价值，从而促进资本市场良好运行和经济稳定发展。

20 世纪 90 年代，国际经济学界对投资者保护的研究有了比较大的发展，特别是对投资者法律保护与股权结构的研究。LLSV（2000）在《投资者保护与公司治理》一文中发展了"法与金融"的一系列观点，研究结论支持"集中的股权结构可以代替投资者法律保护来提供公司治理的作用"这一观点。然而，另一些学者基于控制权私人收益的观点，认为股权集中并非投资者法律保护不足的替代机制，而是适应投资者法律保护不足的后果（Bebchuk，1999；Claessens，Djankov 和 Lang，1999，2000）。投资者法律保护不足将导致控股股东能够以较低的成本动用较多的经济资源，侵占外部股东利益以获得可观的私人收益，从而使得大股东进一步集中股权锁定控制权。由此，随着人们对股权集中带来控股股东追求控制权私人收益的诟病，理论和实践开始转向股权制衡这一相近持股比例的股权结构安排的研究。通常认为，股权制衡一方面能够形成对管理层的有效监督，另一方面控股股东与外部大股东间的相互监督有助于增加控制权私人收益的攫取成本，提升公司治理水平。

那么，在我国特殊制度背景之下，股权集中与投资者法律保护是什么关系？股权制衡能否提供有效的投资者保护？股权制衡又是如何发挥公司治理的保护机制？股权结构、投资者法律保护与公司金融的核心指标"资本成本"之间的关系如何？是否有其他替代型的保护投资者利益的机制？对这些问题的回答，不仅有利于深刻认识当前公司治理发挥投资者保护作用的机制，促进证券市场投资者保护机制的建立与完善，而且对于优化上市公司融资，保护中小股东的合法权益，促进资本市场健康有序发展，都具有重要意义。

## 1.2 研究的理论价值与现实意义

### 1.2.1 理论价值

第一，对投资者法律保护与所有权结构关系的研究，有利于厘清一系列问题，比如：股权集中能够替代投资者法律保护吗？股权集中是弱投资者法律保护下大股东追求控制权私人收益的结果吗？股权制衡能够降低资本成本、提高企业价值吗？在高昂的法律制定成本下，是否有其他替代机制存在？对这些问题的解答，有利于为正确处理我国上市公司所有权结构和法律制度问题奠定理论基础。

第二，研究投资者法律保护和股权结构的关系，理解不同治理机制的互动作用。法律保护是直接决定了股权集中度，还是控股股东出于对控制权收益的追求，间接影响了股权集中度？股权制衡在什么样的法律水平下能够发挥作用？股权制衡这一内部治理机制又是否会影响投资者保护水平，进而降低资本成本？以股权结构作为研究主线，有助于从理论上探寻增强投资者保护的机制和途径，从而寻求最优的股权结构，提高公司治理水平，保护中小股东利益。

第三，本书成果包括一套既符合国际惯例，又适应我国具体制度背景且能运用于不同公司的投资者法律保护指标体系。对基于宏观立法的1992—2010年跨度近20年的投资者保护的法律法规内容的梳理，以及法律保护分值的计算结果，可以广泛运用于"书面法律"制度变迁的理论分析;对基于微观公司执法水平的投资者法律保护指数的计算,有助于学者分析既定制度(法律)背景下公司的差异,从而推动投资者法律保护理论的发展。

### 1.2.2　现实意义

第一,通过对近 20 年有关投资者保护的法律法规的系统梳理及测度,以及科学地计算反映投资者法律保护执法效率指标,了解投资者法律保护立法及执法现状。尽管中国的法律水平与其他转轨经济国家相比已经相对完善,但制度设计仍然有提高的空间,在法律执行方面还存在执行效率低下等诸多问题。对该问题的深入研究,有助于推动我国保护中小投资者权益的法律法规改革顺利实施。

第二,通过理论与实证研究,进一步分析投资者法律保护与所有权结构的关系。用现实数据证明了股权集中与股权制衡两种所有权结构发挥作用的前提条件:股权集中仅在投资者法律保护较差的阶段,对投资者法律保护(立法角度)有替代作用;股权制衡在投资者法律保护水平越高的公司越能发挥作用。在控制了立法变量的前提下,股权制衡通过增强投资者法律保护(执法角度)来降低资本成本。在我国上市公司股份进入全流通的重大转折时刻,这一内部治理机制和外部治理机制关系的梳理,对于促进我国上市公司所有权结构优化具有重要的意义。

第三,为实现投资者法律保护、提高监管效率提供了重要的决策参考依据。本书的研究结论既包括从适度降低股权集中度、建立引入多个大股东机制、培育法人股东、完善经理层持股等方面来调整股权结构,又包括在建立健全法律法规配套制度基础上探寻投资者法律保护替代机制,并从增强司法独立的角度提高执法效率，以及通过完善其他公司治理机制等方面增强投资者权益保护。

# 1.3　研究方法与思路

## 1.3.1　研究方法

本书的研究方法分为两个层次。第一层次是本书的总体研究方法，它们贯穿于研究的全过程，指导整个研究工作的开展，主要有系统法、行为分析法、归纳法等；第二层次是本书的具体研究方法，包括理论分析、比较研究法、定量研究法、实证研究法。

（1）比较研究法。对比分析中国与不同法系国家投资者法律保护与股权结构的差异性。主要将我国的投资者法律保护水平按照 LLSV（1998）标准与不同法系的国家进行比较，以及按照 Pistor（2000）的标准与其他转轨经济国家进行比较。对于股权结构的研究主要从纵向比较的角度分析了 2005—2010 年我国股权集中度的变化以及国有企业和非国有企业股权结构之间存在的差异。

（2）理论分析。从大股东控制（股权集中）和多个大股东控制（股权制衡）两个方面分别对控股股东、外部大股东的行为动机进行考察，主要考察利益相关者的选择取向、选择动机和选择后果，以及投资者法律保护对股权结构的影响机理，为最优股权结构设计提供决策参考。

（3）定量研究和实证研究。在一定的财务经济学理论的支持下，通过数据分析和建立模型等统计方法的运用，实证研究投资者法律保护、股权结构与资本成本的关系。实证研究法在本书中被广泛使用。主要的实证研究问题包括三个：第一，基于中国中小投资者保护实践，股权集中能够替代投资者法律保护吗？第二，基于宏观"书面法律"和微观"法律执行"，替代假说和结果假说如何来解释投资者法律保护与股权结构的关系？第三，"书面法律"一定的情况下，内部股权结构的安排——股权制衡能够增强投资者保护，进而降低资本成本吗？

### 1.3.2 研究思路

本书在相关文献综述的基础上，首先根据投资者法律保护对股权结构的作用机理，构建了股权结构选择的理论模型，对股权结构从股权集中与股权制衡两个方面来进行探讨，并将投资者法律保护、股权结构与权益资本成本统一在一个分析框架中。其次，分析了我国投资者法律保护现状和所有权结构的制度背景与特点，并从宏观与微观的角度对投资者法律保护进行测度。再次，在分析框架的统领下，对投资者法律保护与股权集中度的关系分别从替代假说和结果假说进行证明；进一步，对股权制衡、投资者法律保护与资本成本的关系进行检验，此处重点实证研究股权制衡是否能够增强投资者法律保护（执法水平），为探寻合适的股权结构提供进一步的证据。最后，在既定的股权结构安排下，通过法律法规的制定和实施，完善投资者法律保护机制，探寻投资者法律保护替代机制。

本书的基本研究思路如图 1-1 所示：

投资者法律保护与股权结构：理论与经验证据

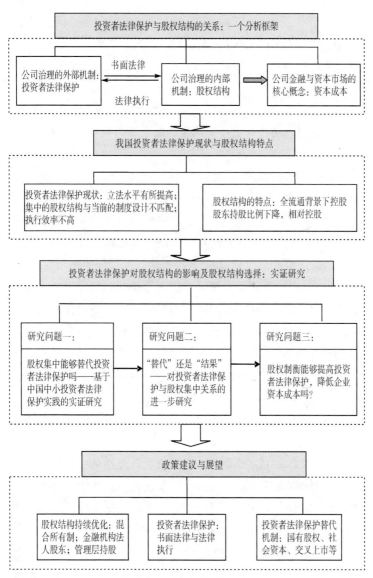

图 1-1 本书的基本研究思路

# 1.4 创新与不足

## 1.4.1 特色与创新

### 1.4.1.1 建立投资者法律保护概念框架和投资者法律保护与股权结构关系的理论分析框架

现有的研究对投资者法律保护与股权结构关系的不同研究得出的结论不尽相同，这其中必然涉及不同国家或不同时期制度背景因素所造成的差异，且当前对投资者法律保护程度的评价，侧重于从事前法律制定与事中法律执行的角度来设计指标体系，对法律制度实施环境、投资者法律保护效果则较少关注。因此，本书构建投资者法律保护概念框架，除了根据立法进展从宏观角度设计投资者法律保护的分值，更强调根据对法律保护的实行，从微观角度考虑投资者法律保护的执行效果，并将内部股权结构和外部法律机制这两种公司治理机制统一在一个分析框架中，通过作用于公司金融与资本市场的核心指标"资本成本"来研究投资者法律保护与股权结构的关系。

### 1.4.1.2 从宏观立法与微观执法两方面分别测度投资者保护分值

本书从宏观立法和微观执法的角度，分别从中小投资者保护法律法规的进程和公司对法律法规的执行这两个方面对我国投资者法律保护的现状进行描述和测度。在宏观层面上，以LLSV（1998）和沈艺峰等（2004）的中小投资者法律保护分值体系为基础，重新计算 2003—2010 年中小投资者法律保护分值。在微观层面上，沿用姜付秀等（2008）设计的投资者利益保护指数，在此基础上加入了"交叉上市"这一影响投资者保护水平的因素，并对大股东占款这一影响投资者保护的因素的计算方法进行了修订。根据投资者保护指数包含的内容和权重，采用德尔菲法确定微观行为主体公司的投资者保护分值，以此衡量不同公司间投资者保护程度的差异。

### 1.4.1.3 分别从宏观视角和微观视角证明股权集中与投资者法律保护的替代假说与结果假说

就投资者法律保护与股权集中的关系而言，替代假说由于仅将注意力集中于管理者与股东的利益冲突，没有注意到在大多数国家，公司内部的利益冲突主要存在于控股股东与中小股东之间，而不是管理者与股东之间，因此提出大投资者与投资者法律保护相替代的观点。而结果假说认为股权集中是投资者法律保护较弱的结果。由于投资者法律保护较弱，剥夺中小股东所获得的私人收益更为可观，从而诱发大股东锁定控制权，利用控制权获取私人收益，进而导致了更加集中的股权结构。就当前的实证研究而言，替代假说多是证明法律制度与投资者保护的负相关关系，从而说明了替代作用的存在；而"股权集中是投资者法律保护较弱的结果"一说，多是通过描述性统计或建立理论模型来加以证明，未能提供相应的经验证据。因此，需要寻找新的视角和分析框架来寻求两者之间的关系。本书从宏观的角度，即从一国法律进程的视角对替代模型进行证明；从微观的角度，即公司执法的差异，对结果模型进行证明，从而为相关理论研究提供了新的证据，丰富了投资者法律保护与股权结构的理论研究成果。

### 1.4.1.4 对股权制衡作为一种重要的治理机制发挥作用的约束条件进行了证明

就投资者法律保护与股权制衡的关系而言，作为公司重要的内部治理机制，有效的股权制衡能够解决控股股东与外部中小股东之间的委托代理问题，提高投资者权益的保护水平。投

资者保护指数与股权制衡度之间呈倒 U 形曲线关系，表明股权
制衡的折中并非总是有效，股权之间相互牵制降低对投资者侵
害的同时会导致讨价还价的低效率。股权制衡发挥作用要具备
一定的前提条件：仅在相对控股或者股权分散的情况下，股权
制衡才能有效发挥作用。此外，在第一大股东性质为国有的情
况下，第二大非国有性质的股东不易与第一大股东勾结合谋分
享控制权私利，更倾向于发挥监督作用；而性质同为非国有的
股东之间并未勾结分享控制权收益，相反会在较低成本获取较
高的控制权私利的诱惑下相互争夺控制权，最终导致持股比例
相近的股东间讨价还价，激烈斗争，反而造成了公司治理的低
效率。

在研究股权制衡与权益资本成本的关系时，基于微观公司
执法水平的投资者保护是重要的中介变量。作为公司重要的内
部治理机制，有效的股权制衡代表着一种合理的股权结构安排，
能够解决控股股东与外部中小股东之间的委托代理问题，通过
提高投资者权益的保护水平（法律执行）来降低权益资本成本。

1.4.1.5　针对法律制定成本高，从法律替代制度方面提出
对策建议

在任何国家，成熟的法律环境都不太可能在短时间内迅速
形成。当法律制度不能提供有效的投资者保护时，应该采取相
应的措施来提供替代性的投资者保护，譬如政府行政管制、国
有股权、社会资本、交叉上市、外部独立审计、非正式力量等。
特别是转轨经济国家，有效的市场机制和市场体系并不会一夜
之间建立起来，市场制度的确立只能通过一个渐进的过程完成。
因此，在市场失灵、法律制度不完备的情况下，寻找合适的替
代性制度，对于保护投资者利益，增强其对资本市场发展的信
心具有重要的意义。

### 1.4.2 研究的不足

第一，对投资者法律保护立法分值的确定，本书对 2003—2010 年 1 月所有涉及投资者保护的法律、行政法规和部门规章进行了系统的梳理，并增加了一部行业规定（《上海证券交易所会员自律准则》）和一部司法解释（《最高人民法院关于审理证券市场因虚假陈述引发的民事赔偿案件的若干规定》），共计 94 部法律法规、183 条条款、18 项具体保护措施。有关法律法规的数据来自北大法律信息网和《中国法律年鉴》，但仍难免有疏漏，进而对研究结论产生一定影响。

第二，尽管本书对微观角度的保护分值的计算考虑的因素更加全面，但总的来讲权重的取得是基于姜付秀（2008）采用德尔菲法的结果，因此，该主观评分的合理性问题，可能会影响微观公司角度评分的科学性。

第三，投资者法律保护与股权制衡的关系互为因果，存在较强的内生性问题。为了解决这一问题，本书将法律保护从立法与执法的角度进行区分，且仅从执法的角度研究股权制衡对微观公司执法水平的影响，未能实证研究法律保护作为制度背景对股权制衡的影响。

第四，对"投资者法律保护、股权制衡和资本成本"的证明，样本选择 2008—2010 年三年的数据，样本量相对较少，可能会在一定程度上影响研究结论。此外，对公司治理机制作用的经济后果——资本成本的衡量，主回归主要使用资本资产定价模型（CAPM）来衡量，其对实证结果的稳健性可能会产生一定影响。

# 2 文献评述

本书讨论投资者法律保护与股权结构之间的关系并进行相关实证研究。本章主要从投资者法律保护与股权集中度、投资者法律保护与股权制衡、投资者保护的测度三个方面来进行文献综述。

## 2.1 投资者法律保护与股权集中度

现有的投资者法律保护与股权集中度相关性的研究，主要包括对替代假说和结果假说的证明。因此，本章首先对替代关系与结果关系进行文献综述。

### 2.1.1 股权集中是投资者法律保护的替代——替代关系

Shleifer 和 Vishny（1997）认为公司治理要处理的是公司的资本供给者（股东和债权人）确保自己可以得到投资回报的途径问题。投资者法律保护和股权集中是一个好的公司治理结构的关键因素。他们通过建立理论研究模型的方式对股权结构进行研究，发现在某些对投资者保护不力的国家中，股权集中度会充当比较有用的治理机制，会提高公司治理效率和业绩水平，公司外部的股东也能对经营管理者进行某种程度的监管，进而维护其自身利益。当法律不能给小股东提供有效保护时，大股东能获得有效的控制权，所以大股东持股在世界各国很普遍。尤其在德国、日本，金融行业通常是混业经营的，银行会成为很多公司的股东，其较高的参与度提升了上市公司股权结构的集中程度，并能够提升公司的业绩。

LLSV（1998，1999，2000）开辟了"法与金融"研究的新领域，他们通过对法律和投资者保护、股权关系和投资者关系进行跨国比较分析。研究发现：各国投资者法律保护程度的差异主要是由于各国法律起源的不同，进而形成了各国企业股权结构的差异。投资者法律保护越好的国家和地区，企业的股权越分散；而在投资者法律保护越弱的国家，股权越集中。具体来说，普通法系国家的传统是偏向私有财产所有者，通常具有最强的投资者保护，公司股权结构大多较为分散；而法国法系国家对私有财产的保护最弱；德国和斯堪的纳维亚法系国家居中。在这些国家，对投资者的法律保护较弱，如果股权高度分散，外部投资者的权益则更容易被内部人侵害从而更没有保障。所以，集中的股权能够在一定程度上替代法律对投资者起保护作用，即股权集中可以对管理层起监督与约束作用。LLSV 的逻辑思路可以概括为：不同的法源或法系的差异决定了投资者保护程度的高低，进而直接影响到一个国家金融体系的模式选择，因为好的法律机制保证了市场的透明与公正，某种程度上投资者愿意以优惠的条件进行投资，企业也能够发行更多的股票与债券，由此，融资模式和股权结构又决定了公司的治理水平与公司价值。因此，在 LLSV 的分析框架中，股权集中的大股东控制通常在公司治理中发挥积极的作用。

Himmelberg，Hubbard 和 Love（2002）对 38 个国家的样本数据进行研究后发现：公司内部人所持有的股权比重越大，投资者法律保护立法和执法效率就越低。而 Denis 与 McConell

（2003）通过分别比较股权集中度与投资者保护对公司治理作用的程度得出结论：经济欠发达的国家很可能缺少有效的公司外部治理机制，例如投资者法律保护，在这种情况下，股权集中度这一内部治理机制可以作为外部机制的替代机制，从而对投资者进行保护。

Boubakri，Cosset 和 Guedhami（2005）在控制了公司和国家因素的条件下进行研究，他们认为，投资者法律保护与股权集中度存在显著的替代关系，尤其是在新兴市场国家，随着政府对投资者利益保护的立法水平下降，上市公司股权结构会表现得更加集中。可见，股权集中度已经成为了一种更有效的公司治理机制。但东欧和西欧国家近来的发展经历与替代假说不相符，因为可以看到，尽管在20世纪90年代这些国家的法律变革使其投资者法律保护水平上升很快，甚至已经接近于普通法国家，但是这些国家的股权集中度同样呈上升态势。Ferdinand（2010）通过对50多个国家的500家商业银行进行研究发现，股权集中大大降低了银行的不良贷款率，从而证明股权集中对商业银行来说是有利的。

就国内的研究而言，一些学者的研究也得出了"公司股权的集中化成为投资者法律保护重要的替代机制"的结论。孙永祥（2002）指出，在公司契约不完备的情况下，外部法律可以对契约作用进行替代。而在外部法律保护较差的情况下，公司股权的集中化又对外部法律作用进行替代。王克敏和陈井勇（2004）从大股东的监督程度出发，研究了股权集中化对于投资者法律保护的替代作用。研究表明，大股东对管理层的监督程度与外部投资者法律保护程度负相关，从而说明了公司股权的集中化可以替代外部投资者法律保护的作用。毕先萍和李正友（2004）则通过借鉴家族企业继任模型，对公司股权结构产生影响的因素进行了研究，发现公司股权结构受到外部投资者法律保护程度的重要影响，公司股权的集中化与外部投资者保护程度负相关。沈艺峰（2007）以上海证券交易所和深圳证券交易所2000—2004年间152家ST公司为样本进行了实证研究。研究结果表明，当公司处于亏损或违规的情况下，公司管理层的变更受到公司股权结构的影响，公司股权的集中化具有积极影响，进而表明公司股权的集中化可以作为有效发挥公司治理作用的一种重要手段，在投资者法律保护程度较弱的情况下可以发挥替代作用。赵中伟（2008）通过比较研究认为公司股权结构受到国家法律体系的影响，其中投资者法律保护程度是其重要的影响因素，股权结构的集中程度与投资者保护程度具有显著的负相关关系。计小青和曹啸（2007，2009）认为在我国转轨时期市场秩序、法律体系和管制制度不完善的制度环境下，标准的投资者保护机制不能有效地发挥作用，而国有控股的股权结构通过支撑外部投资者信心以及控制上市公司内部人的掠夺激励为投资者提供了替代性的保护，从而支持了我国股票市场早期的超常规发展。翟华云（2010）通过对1997—2006年期间2291家上市公司的国有股权比例、股权集中度对投资者保护的替代效应的研究发现，国有股权作为弱投资者法律保护的替代机制，提高了上市公司应计质量。

由此，在"替代关系"的实证研究中，学者们大多选择相应的投资者法律保护变量，证明投资者法律保护和所有权集中度呈反比的关系。这一分析框架显示，在投资者法律保护较差的制度背景下，股权集中所代表的控股股东在公司治理中发挥了正的"激励效应"。

### 2.1.2 股权集中是弱投资者法律保护下对控制权私人收益追求的结果——结果关系

"替代关系"的研究主要将研究重点放在代理问题中的公司

股东与管理层的利益冲突上，实际上，在很多国家里公司突出的代理问题主要是大股东与中小股东之间的公司内部利益冲突。在考虑中小股东利益的前提下，公司股权结构的集中化是在弱投资者法律保护下对控制权私人收益追求的结果，即"结果关系"。毫无疑问，制度环境对公司的所有权结构具有重要的影响。各国由于法律体系不同，投资者法律保护程度也不同。在普通法系国家，股东和债权人权利受保护程度最高；在法国法系国家，股东和债权人权利受保护程度较低；在德国和斯堪的纳维亚法系国家，股东和债权人权利受保护程度介于上述两者之间。法律体系不同带来的投资者法律保护程度差异最终影响着公司股权结构。当股东权利受到法律保护程度较差时，公司控制权价值得以扩大，成为公司内部人利益争夺的焦点。大股东因持有公司较多的股权，从而掌握了更多的投票权利，在决定并购事项、选举董事会成员等方面具有绝对优势，倾向于将"自己人"安排到董事会当中。特别是当其拥有的控制权超过现金流权利时，公司的大股东为了获取私利，通常会利用这种控制权强化机制来侵占公司和其他投资者的利益。我国上市公司所面临的代理问题主要体现在大股东对中小股东的侵害。控股股东可能会同时拥有控制权、执行权和监督权。如果控股股东利益受到威胁，经营管理者会迫于控股股东所施加的压力对其利益进行维护，两者会联合起来谋取不正当的利益。

Bebchuk（1999）针对控制权的租金保护模型表明，在中小投资者利益保护弱的国家，如果不能在法律形式上向公司外部股东提供良好的保障，那么公司拥有控制权的股东为了有更多机会获取私人收益而不希望公司上市，即便上市也不愿意交出公司的控制权，从而致使股权结构变得过度集中。Claessens，Djankov和Lang（1999，2000）对东亚9个国家和地区的3000家公司进行调查研究后发现，日本是唯一的投资者法律保护较好的国家。在其他的 8 个国家和地区中，家族企业在公司样本中占据绝大部分，在控制权强化方式上更加倾向于采用金字塔式的控股方式。数据显示，在控制标准为 20% 时，在样本中平均有 41.2% 的控制者采用金字塔式的控股方式。Black（2000）通过对 2000 年以前转轨国家的研究发现，在经济体制转轨的国家中，第一大股东平均持股比例为 40%，在俄罗斯这一比例更高。转轨国家出现的公司股权集中化，主要是由于在国家私有化阶段，司法体系出现了真空和漏洞，对投资者法律保护缺失，为大股东创造了大量的利益寻租空间，通过关联交易攫取公司利益，损害中小股东利益。Shleifer 和 Wolfenzon（2002）从外部投资融资的角度对公司股权结构选择行为进行了研究。研究发现，控制权私人收益是公司在选择股权结构时重要的权衡因素。投资者法律保护程度越低，控制权收益越大，公司股权结构越集中。这证明了投资者法律保护程度与公司股权集中度之间负相关。Lamba 和 Stapledon（2002）的观点与 LLSV 不同，他们对澳洲公司进行分析得出结论，决定股权结构差异的是控制权私人收益而并不是投资者法律保护程度。Dyck 和 Zingale（2004）的研究同样证实了这一观点，投资者法律保护程度通过控制权私人收益，最终影响公司的股权结构。Holmen 和 Hogfeldt（2005）对瑞典 229 家 IPO 公司所进行的研究证明，股权的集中并不是对股东法律保护不足导致的，而是大股东为了保证自身控制权而产生的。

  Dyck 和 Zingafe（2004）认为，在投资者法律保护较差的国家，股权集中度较高而且控制权私有收益较高。相关实证研究发现，一国的投资者保护水平与控制权溢价显著相关，大股东在投资者保护差的环境下更容易控制公司，更容易损害中小投资者的利益。Ronald（2009）以美国公司为样本，研究公司价值，发现控制性私人收益与两权分离有关。在这种情况下，管理者控制权超过现金流权，更容易牺牲其他股东的利益而追求私人利益，同时有助于解释为什么提高企业价值可以通过降低内部多余的控制权来实现。Jerry（2009）以24个国家的公司为样本，探讨投资者法律保护对盈余管理的作用。研究结果表明，投资者法律保护不强的国家，股权集中度普遍较高，而且这些国家的盈余管理水平明显高于投资者保护程度高的国家，就是说股权集中度高的公司，盈余管理问题更加严重。Esther（2011）通过研究证实了在投资者法律保护不足的情况下，股权集中度高的公司普遍存在侵占现象。

就国内的研究而言，王信（2001）认为投资者法律保护的缺失是公司股权集中的重要原因，要从根本上解决公司治理问题就需要完善法律体系，而不是单纯地分散股权。栾天虹和史晋川（2003）认为，投资者法律保护弱导致了公司股权的集中化，并且指出投资者法律保护的缺失和漏洞为大股东侵占中小股东利益，谋求控制权私人收益，提供了寻租空间，因此大股东常常采用金字塔式等分离现金流所有权和控制权的控股形式。栾天虹（2005）进一步利用博弈模型，从项目融资时利用外部监督股权的选择过程出发进行研究考察，并得出结论：企业家可以容忍的外部监督股权比例与投资者法律保护程度呈负相关关系，在投资者法律保护较弱的国家或地区，第二大股东由于所占股权比例较低，外部监督效用被弱化。也就是说，在投资者法律保护较弱的国家，第二大股东所持的公司股份较低，这削弱了其外部监督的能力。中小股东考虑到高额的参与成本，他们往往会放弃参与监督的权利，这为拥有控制权的股东侵占中小股东的利益创造了机会。栾天虹结合中国的实际情况指出，中国公司治理问题的根源在于投资者法律保护的完善。刘剑民和张蕊（2007）也认为大股东会为了谋求自身控制权私人收益而采取"隧道行为"，第一大股东所持公司股份比例与控制权私人收益存在正的相关关系。

显然，在结果关系这一分析框架下，股权集中所代表的控股股东在公司治理中发挥了负的"侵占效应"，即投资者法律保护越弱，大股东控制下的公司越不愿意放弃控制权，进而导致股权集中。

### 2.1.3 投资者法律保护与股权集中度的其他相关关系

无论是替代关系还是结果关系，现有的文献都是从投资者法律保护与股权结构的负相关关系得以证明或者通过建立理论模型进行推导的。但是，也有部分研究发现内部人持股比例与投资者法律保护程度并非单调的相关关系。

Stepanov（2003）通过构建模型指出，投资者法律保护程度与公司股权集中度之间的关系，受到法律作用与股东监督作用之间关系的影响，呈现 U 形关系。具体来说，投资者法律保护程度与公司股权集中度在法律作用和股东监督作用同时发挥效用并且两种作用互补时，呈现负相关关系；但在法律作用和股东监督作用相互替代、单一发挥作用时，两者关系并不明确，没有明显的正负相关关系。Aganin 和 Volpin（2005）以一个世纪为期限分析了意大利公司的股权结构，发现公司每年的股权集中度都会发生变化，这可能是因为用来保护股东的法律发生了变化，两者的相关关系呈倒 U 形。Castillo 和 Skaperdas（2005）建立了一个理论模型进行研究，当经营管理者同时充当公司所有者时，则会加大其与外部股东之间的利益摩擦，证明投资者法律保护与内部人持有股份比例的关系可能并不是单调的。Burkart 和 Panunzi（2006）对投资者法律保护、经营管理层监督和激励与公司股权集中度之间的关系进行了全面的研究，发现对投资者的法律保护可能会影响大股东的监督动机。当法律保护与大股东的监督相互补充时，法律保护与股权集中度负相关；当法律保护与大股东的监督互相替代时，两者呈非单调关系，可能是正相关关系，也可能是负相关关系。

侯宇和王玉涛（2010）对我国国有上市公司控制权转移样本进行了研究，为考察投资者保护同股权集中度的关系提供一个天然的测试环境，较好地解决了 LLSV 系列研究中所存在的内生性问题，结果显示投资者法律保护的加强提高了股权集中度，使大股东的利益同公司利益更加一致，增加了大股东的协同效应。也就是说，加大对投资者的法律保护，可以改善资本市场中上市公司的治理水平。

### 2.1.4 投资者法律保护与股权集中度不相关

LLSV 开创了"法与金融"的研究领域，随后大量的学者围绕这一主题展开了研究，但也有学者对"法与金融"从不同的角度提出了质疑。Coffee（1999）认为是经济的发展影响了法律的进程，而非 LLSV 框架中的法律影响了股权结构进而影响金融市场与经济的发展。他指出，美国和英国都是普通法系国家，但两国的投资者保护法律执行机制和执法水平存在差异。19 世纪末美国和英国均没有很好的中小投资者保护制度，但是两国均成功建立了证券市场。

Cheffins（2000）对 20 世纪上半叶英国公司股权结构演变历程所做的研究发现，在股权结构比较分散的情况下，中小投资者并不能得到良好的法律保护，用来规范上市公司和资本市场的一系列特定法律法规并没有保证股权分散成为公司治理的一个主要特征。Franks 等（2003）分析了英国 60 家公司的股权结构在 20 世纪中的演变过程，并进一步研究了影响这种过程的因素。他们发现，这些公司股权结构的分散与抗董事指数无显著相关性，即不能证实投资者法律保护程度影响股权集中度的变化，而股权比例的变动是因公司为了并购和股权置换，需要进行股权融资，稀释了原始股东所持有的股权，并不是因投资者法律保护的加强而导致的。此外，Chirinko 等（2004）对1992—1996 年 93 家荷兰公司的研究结果表明，不能过分强调法律对投资者保护的作用，LLSV 关于"投资者保护越好，股权越分散，企业绩效越好"的结论无法合理解释荷兰的情况。投资者法律保护与集中的股权结构并没有表现出替代性，企业在没有投资者保护措施的股票市场融资时业绩反而更好，集中的股权形式没有对业绩产生显著影响。Allen，Qian 和 Qian（2005）提出了著名的"中国之谜"（Puzzle of China），即中国的法律保护较弱，但经济发展强劲，所依赖的并非 LLSV 证明的"法律保护→金融市场发展与资源配置效率→经济发展"这一规律，而是更重要的替代机制，比如关系与声誉。

国内学者许年行和吴世农（2006）的研究表明，导致我国上市公司股权结构分散的原因有很多，包括 IPO 发行制度的演变、保护中小股东的立法不完善、与股权集中度相关的中小投资者法律保护的法律法规相对比较少、政府对国有股权的转让有严格的管理制度、非国有控股公司在持有实际控制权的情况下降低控股比例等，这些都有可能导致股权结构的分散，而与法律保护这一制度因素无关。

从上述投资者法律保护与股权集中度关系的相关文献评述中可以看出：第一，对替代机制的实证研究中，国外的学者大多进行跨国横向比较研究，从不同国家法律起源的角度，讨论法律保护与股权集中度的关系，并基于股东与经理层的代理冲突，证明了替代关系的存在。国内的研究多是从理论模型、所有权性质差异或者特殊背景下大股东积极作用的发挥来证明所有权集中对投资者法律保护的替代，但并未从一国动态的角度研究两者的关系。第二，对结果假说的实证研究中，基于大股东与中小股东的代理冲突，现有大多数文献都是从一国内部进行研究，并提出股权集中是弱投资者保护下公司追求控制权私人收益的结果。股权集中在公司治理中发挥负面作用，即大股东掏空的作用。第三，对股权集中与投资者法律保护不相关关系的证明大多质疑 LLSV 的"法与金融"的理论，这些差异源于研究样本的地域或时间差异及研究重点和研究方法的不同，然而这些差异的存在将在未来很长一段时间内引起争鸣，从而推动该领域的进一步发展。

## 2. 2　投资者法律保护与股权制衡度

从股权分散下的股东与经理的代理冲突，到股权集中下的大股东与中小股东的代理冲突，理论与实务界试图寻找最优的股权结构。20 世纪 90 年代，国外学者的研究开始关注持股比例相近的股权结构，即股权制衡。Pagano 和 Roell（1998）与 Ke（1999）的研究发现，公司持股比例相近的多个股东的存在，对解决公司这两方面的代理问题都具有积极作用：一是大股东的多元化能够对管理层形成有效监督，二是通过股东间相互监督能够降低大股东控制权私人收益并减少大股东对中小股东利益的侵占。Gomes 和 Novaes（2006）的研究认为，公司中持股比例相近的大股东通过组成控制联盟，增加共有的现金流权。随着共有的现金流权的增加，易形成权益效应（Equity Effect），即股东掏空公司资源的成本增加。权益效应有利于降低大股东控制权私人收益，使股东权益与公司利益趋于一致，从而提升公司价值。但是，控制性大股东间的博弈也会降低公司的效率，进而影响小股东的利益。所以，多个大股东股权比例的分布是对控制性大股东监督和多个大股东之间私人利益讨价还价成本之间的一种权衡。Laeven 和 Levine（2006）通过实证研究发现，大股东间的现金流权越分散，公司价值越大；反之，公司价值越小。这也在一定程度上说明了对股权制衡之于企业价值的正向关系。On Kit Tam（2010）通过研究发现，不同类型的投资者在分析公司治理实践及其对公司绩效的影响之后发现适度的股权集中度，也就是股权制衡这样的股权结构对公司绩效来说是最有益的。

关于投资者法律保护与股权集中度之间的关系，现已形成了较为成熟的研究结论，但是关于投资者法律保护与股权制衡度之间的关系，国内外的研究还比较少。两者都可以作为提高投资者保护水平的公司治理机制。法律机制能够发挥中小股东利益保护作用的主要原因在于：法律机制的存在增加了大股东侵占行为实施的成本，从而抑制了大股东的侵占行为。而大股东侵占行为成本的增加主要是违法行为受到的法律制裁和处罚。同样，股权制衡能够抑制大股东侵占中小股东利益行为的主要原因在于：股权的分散会增加非控股股东通过代理权的争夺更好地对大股东行为进行监督和约束。Stepanov（2009）通过数理模型首次研究了投资者法律保护和股权制衡的关系，发现两者呈 U 形关系。具体来说，虽然股权制衡在一定程度上可以监督大股东，但是在法律保护较弱的情况下，分散持股的股东也可以选择合谋的方式侵占中小股东利益，获取更多的控制权收益。因此，股东是选择监督还是合谋取决于外部法律保护，股权制衡和投资者法律保护呈 U 形关系。

而国内研究很多时候将股权制衡作为一种内部治理机制，认为股权制衡能够提高公司经营绩效，使公司价值增加，有效抑制控制权私人收益的攫取，保护投资者利益。孙永祥和黄祖辉（1999）分析研究了控股股东与其他大股东并存、股权高度分散和股权高度集中三种股权结构在公司治理机制中的不同效用，结论是控股股东与其他大股东并存的股权结构在代理权竞争、监督机制、并购行为和经营绩效上能够更好地发挥治理效用。黄渝祥等（2003）通过实证研究，证实了上市公司中股权制衡能够有效抑制内部人控制权私人收益的攫取，发挥治理效用，保护中小投资者利益。陈信元和汪辉（2004）通过对样本的剔除选取研究分析，证实了上市公司中股权制衡对公司价值的正向影响。其中在存在股权制衡的公司样本选择上要求第一大股东持股比例超过总股本的25%，第二大股东持股比例达到第一大股东持股比例的50%以上，且两者间不存在因关联关系而产生的合谋倾向。研究分析还认为，在我国的制度背景下，持股股东的性质对于股权制衡效用的发挥具有一定的影响，法人股的效果优于国家股。白重恩等（2005）对研究变量的度量进行了一定的改进，采用除第一大股东以外的前十大股东的股权集中度来度量公司控制权的竞争程度，并且构建了衡量公司治理的G指标。研究结论显示，控制权的竞争程度与控股股东的"隧道行为"呈负相关关系，从而说明公司其他股东股权集中度对公司绩效的提升具有正向影响。沈艺峰（2005）等的研究表明，尽管一股独大使得上市公司权益资本成本较高，但多股同大则可能起到制衡作用，从而有利于降低公司权益资本成本。但该文并未讨论股权制衡对权益资本成本的影响机理。邓建平等（2006）对控制权的竞争程度和公司股权制衡度采用了控股股东持股比例的平方与除第一大股东以外的前五大股东持股比例的平方和的差距来进行度量，得出了相同的结论。

也有学者将外部法律保护纳入分析框架，在既定的法律制度背景下，分析股权制衡的治理效果。刘伟和姚明安（2009）通过对公司股权制衡度与股改股价之间的关系进行实证研究，从而证明股权制衡在公司治理中的效用。研究结论是，公司股权制衡的治理效用的发挥很大程度上要受到外部投资者法律保护程度的影响。在投资者法律保护较弱的地区，公司股权制衡很难发挥积极治理效用。因此，要充分发挥股权制衡的治理机制，还需要从外部加强投资者法律保护。周方召等（2011）的研究发现，股权制衡度越高，控股股东的侵占水平会越低；但是法律保护和股权制衡之间存在替代关系，两者对于控股股东侵占的作用具有一定的重合性，法律保护越好，不一定通过股权制衡的方式来监督控股股东，这可能在一定程度上削弱股权制衡对控股股东侵占的限制作用。

对于股权制衡的治理效用，有些学者通过实证研究提出了相反的观点，认为股权制衡不仅不能发挥治理效用，还会对公司价值产生负面影响。朱红军和汪辉（2004）对宏智科技控制权争夺案例进行研究分析，认为股权制衡在公司治理中并未发挥效用，相反各大股东间会因为控制权的争夺而降低经营效率、损害公司利益。赵景文和于增彪（2005）通过1992—2001年A股中股权制衡公司与其匹配样本的对比分析，研究发现股权制衡并未提升公司经营业绩，甚至经营业绩比一股独大的公司更差。刘运国和高亚男（2007）基于2003年沪市和深市的上市公司样本，实证研究发现股权制衡的公司的治理效用并未显著优于股权集中的公司的治理效用。

对于股权制衡作用的差异，不少学者从制衡股东性质的角度寻找原因。唐跃军和谢仍明（2006）以1999—2003年中国上市公司数据为样本，研究发现不同持股比例股东对于大股东通过派发现金股利的隧道行为的抑制效果具有一定的差异。第三大股东的持股比例高，对控股股东的监督和约束能力强，对控股股东的隧道行为具有一定的抑制作用，而第四、第五大股东则不具有与第三大股东一样的监督约束力，更倾向于与控股股东合谋。刘星和刘伟（2007）通过引入股东性质和公司股权制衡机制，对经典的LLSV（2000）模型进行了扩展，研究证实了股权制衡积极的公司治理效用，对公司价值具有正向影响，并且进一步发现大股东中国有和非国有股东共存，能够更好地发挥股权制衡机制的作用；相反，单一股东性质的股权制衡并不能有效地发挥其作用。徐丽萍、辛宇和陈工孟（2006）的研究不仅考虑了制衡股东的性质，还考虑了公司控股股东的性质，并且分析了两者间的制衡效用联系。研究结果表明，总体来说公司股权制衡机制并不能发挥治理效用，提高公司经营绩效，但不同性质的制衡股东和控股股东的制衡效用存在差异：制衡股东性质为中央直属国企或者外资企业，股权制衡机制能够发挥一定作用，对公司绩效具有正向影响；制衡股东性质为金融机构的公司，股权制衡度对公司绩效具有负面影响，特别是对控股股东为私有产权的公司；制衡股东性质为国有资产管理机构而控股股东为中央直属国企的公司，制衡效用并不显著。

综上所述，对投资者法律保护与股权制衡的关系，两者都可以作为提高投资者保护水平的公司治理机制。一方面，作为外部治理机制的法律保护，实际上对股权制衡作用的发挥起着重要的作用，大部分研究对此进行了证明。就法律保护对股权制衡的作用而言，股权制衡在投资者保护水平更高的时候更能发挥作用，这里实际上两种治理机制体现出互补的关系。也有观点认为两者存在替代关系，当法律保护较好的时候，股权制衡的作用发挥会受到限制。另一方面，就股权制衡对投资者法律保护而言，如果从书面法律和法律执行两个方面来定义投资保护，股权制衡影响的应该是公司的法律执行效果。因此，股权制衡如何影响投资者保护水平，发挥公司治理的作用，进而影响企业资本成本，为本书提供了进一步研究的空间。此外，关于股权制衡与企业价值关系的研究并没有得出一致的结论，国内学者大多从企业内部股权结构的性质（控股股东的性质、制衡股东的性质）来寻求差异。股权制衡到底如何影响资本成本（企业价值），影响的机理何在，也是本书需要进一步探讨的问题。

## 2.3　投资者保护的测度

外部投资者向某公司融资，就意味着投资者必须承担被内部人（控股股东和管理者）剥夺的风险。投资者法律保护是一种外部投资者保护自身利益不被剥夺的机制，投资者保护程度的测度一直都是研究的难点之一，如何将这一指标有效量化，从而科学、合理地评价投资者保护的程度具有重大的理论价值与现实意义。现有的文献根据研究的视角不同，一般从宏观立法角度与微观执法角度对投资者保护进行测度。LLSV（1997，1998）主要从立法和公共执法两个视角来测度一国的投资者法律保护水平。随后，许多学者在 LLSV 研究的基础上不断修正和完善对投资者法律保护的测度。

从宏观立法的角度，LLSV 通过对股东权利、债权人保护和执法效率三个方面测度投资者保护的程度，建立了一套指数评分法对投资者保护的程度进行量化。具体而言，股东权利包括一股一票权、邮寄投票权、无阻碍出售权、比例投票权、受压小股东保护机制、优先认购权、召开临时股东大会的权利、抗董事会指数；债权人保护包括非自动扣押抵押品、有抵押债权人的优先获偿权、对重组的限制、管理层不得参与重组；执法效率则包括司法体系效率、法制规则、政府剥夺风险、政府对合约的否认、腐败水平与会计准则等指标。当然，该指标仅以 0 和 1 作为判断衡量的标准过于简单，且各指标权重相同并未能体现不同指标对投资者保护的影响程度。在 LLSV 研究的基础上，Pistor（2000）在对 24 个转轨经济国家的投资者法律保护状况进行研究时，对 LLSV 的研究指标进行了扩展，在 LLSV 的指标体系基础上加入了五个指标，分别为呼吁（VOICE）、退出

（EXIT）、防管理者（ANTIMANAGE）、防大股东（ANTIBLOCK）、股票市场整体质量（SMINTEGR）。呼吁即发言权，除了包括所有的 LLSV 的确定变量外，也包括其他明确指向少数股东的变量。具体来讲，发言权的内容主要包括少数股东要求设立审计委员会的权利、股东大会做出有约束力决议必须达到的最低法定人数要求、做出影响公司存在形式决议（如修订公司章程，公司清算、兼并和重组）必须达到的绝对多数股份比例。特别需要指出的是，发言权还包括一个反映转型经济国家公司章程特色的条款，即高管聘用和解聘权分配。退出主要涉及方便股东退出公司的相关法律条款，具体包括无须事先征得其他股东或公司董事会批准出售股份的权利、认沽期权、股权强制接管规则和股东出售股份不受限制的规定。防管理者包括起诉管理层的权利和自我交易规则（主要涉及要求管理层规避或披露自我交易，以免损害其对公司的忠诚义务的相关法律条款）。防大股东包括对股东大会决议的质疑权、认沽期权和股东大会法定人数要求。股票市场整体质量涉及自我交易规则、内幕交易规则、股东独立性条款和股票市场监管法规。此外，Pistor 的研究表明，转轨经济国家的投资者保护状况不同于发达国家，在法律改革以前，转轨经济国家的投资者保护普遍很弱，改革以后，投资者保护状况得到明显改善，但法律法规的执行状况依然不乐观。Djankov 等（2008）[①]（以下简称 DLLS）、Spamann 等（2009）则从测度方法方面修正了 LLSV（1997，1998）的研究成果。DLLS（2008）通过对 72 个国家的研究构建了抗董事权修订指数。该指数虽然包含了与 LLSV 相同的构成变量，但

---

① DJANKOV, S., LAPORTA R., LOPEZ-DE-SILANES F. AND SHLEIFER A. The law and economics of self dealing [J]. Journal of Financial Economics, 2008, 88: 430–465.

是采用了更加精确的方法来界定和测算。两者的关键区别之一在于对赋权条款（Enabling Provisions）的处理。LLSV没有区分赋权条款与强制和默认规则，因此把美国视为有累积投票权的国家。DLLS（2008）认为赋权条款在英美法国家比在大陆法国家更加普遍，因此建议对英美法较之大陆法能够更好地保护投资者的假设持保留意见。所以，DLLS把美国视为没有累积投票权的国家。Spamann（2009）则采用了更加精确的方法来构建抗董事权修订指数，提供了原始法律数据，且成功地将这些数据转换成投资者法律保护分值。

对整个司法体系的有效性而言，法律条文只是其中的一个方面，法律条文只有得到了遵守和执行，才能真正发挥威慑和教育功能，进而起到有效保护投资者的作用。因此，就投资者法律保护而言，执法效率可能比立法本身更加重要。有效的执法能够抵消立法缺陷造成的一些负面效果，尤其是在法制环境不甚完善的国家更是如此。已有研究表明，一些发展中国家虽然制定了法律，但是缺乏有效的执行，制定的法律不能发挥应有的作用（Bhattacharya等，2000）。另外，Pistor（2000）也认为，对于经济转型国家而言，执法效率比法律条文的质量更加重要。Pistor和Xu（2003）的研究发现，在经济转型国家，较之立法，执法在促进金融发展方面发挥着更加重要的作用。

一般而言，从执法主体的角度看，投资者法律保护的执行可以分为公共执法和私人执法两种机制（戚文举，2011）。学者们主要从权力、资源、结果三个视角来构建和完善投资者法律保护公共执法指数（Jackson和Roe，2009）。基于权力视角的公共执法测度强调执法机构是否拥有正式权力，侧重于衡量提高投资者保护公共执法水平的权力基础。现有研究主要针对一般交易行为、股份出让行为和自我交易行为中的代理问题来构建权力视角的公共执法测度指标。LLSV（1998）基于私人风险机构的调查数据，最先在一般交易行为意义上构建了投资者保护公共执法指数，即"法律与秩序"，具体包括司法系统的效率、法治水平、腐败水平、私人财产完全被政府没收或国有化的风险以及政府违约的可能性。随后，基于对 49 个国家律师的调查，LLSV（2006）基于潜在投资者与出让股份的发起人之间的代理问题，构建了权力视角的公共执法指数，包括监管者特征、法规制定、法律秩序、调查权和刑事制裁五个方面。

基于资源视角的公共执法测度研究强调执法主体是否能够为执法投入足够的资源，侧重于衡量为提高投资者保护公共执法水平而提供的资源条件。有研究表明，自我交易管制效率的关键不在于监管机构是否有权制裁违法者，而在于监管机构是否真正行使该项权力（Bhattacharya 和 Daouk，2002）。Jackson 和 Roe（2009）认为，较高的预算和较充足的人员编制有助于监管机构审查对不法行为的指控，谨慎制定规则，进行市场监管和复审备案，经常性地实施补救措施，并阻止和惩罚不法行为。因此，他们采用每百万人口中的监管人员数量和每十亿美元 GDP 的监管预算额来测度公共执法力度。

基于结果视角的公共执法测度研究强调执法的实际威慑作用，侧重于衡量投资者保护公共执法水平提高的实际效果。Zhang 和 Ma（2005）从结果视角来测度公共执法力度，从而弥补了基于资源视角的公共执法测度研究所存在的缺陷。Zhang 和 Ma（2005）采用两组不同的变量来测度公共执法效率：一组变量用于测度检察院执法效率，包括检察院受理的商业案件挽回的损失金额占 GDP 的比重、被检察院公诉并受到法律制裁的县级及以上官员人数占总人口的比例、检察院受理的商业案件数与总人口的比例、检察院受理的商业案件数与 GDP 的比例；另一组变量用于测量法院执法效率，包括每百万人口法院受理的商业案件数、商业案件结案数与受理案件数之比。然而，这些指标包含不涉及投资者利益的执法结果，因此，难以直接准确地衡量投资者保护公共执法力度。

戚文举（2011）的研究表明，尽管私人（公司）在法律执行方面也发挥着重要作用，但是私人执法测度（主要包括一般交易行为、特定交易行为和交叉上市三个方面）却相对滞后。一般交易行为视角的测度研究具有全面性和普适性，较为综合地反映了与一般交易行为相关的投资者法律保护水平，但针对性相对较弱；特定交易行为视角的测度研究具有指向性和针对性，较为准确地反映了与特定交易行为相关的投资者法律保护水平，但适用范围比较狭窄。LLS（2006）、DLLS（2008）等从特定交易行为视角切入进行投资者法律保护私人执法测度研究。LLS（2006）聚焦于股份转让行为，基于证券法采用针对49个国家的律师的调查数据，编制了私人执法指数，包括信息披露指数和责任标准指数。信息披露指数，指有关招股说明书、报酬、股东、股权结构、合约规范性和交易六个方面信息披露的算术平均数；责任标准指数，指包括证券发行人和董事的责任标准、证券承销商的责任标准和会计师的责任标准三项内容的算术平均数。DLLS（2008）则关注自我交易行为，构建了反自我交易私人执法指数，包括事前私人控制指数和事后私人控制指数。前者包括无利益关系股东的批准、买方的信息披露、关联方的信息披露和独立审计四个方面，后者包括定期报告中要求的信息披露项目、股东诉讼权、证据使用权、终止交易的权利、要求关联方承担民事责任的权利和要求交易批准主体承担民事责任的权利六个方面。而交叉上市视角的测度研究具有行为特指性和指标笼统性的矛盾，较为粗略地反映了交叉上市公司与非交叉上市公司之间的投资者法律保护水平差异，仅适用于交叉上市的公司。Reese 和 Weisbach（2002）、Doidge 等（2004）基于不同国家或地区法制环境的差异，以交叉上市为立足点测度私人执法力度。基于捆绑理论（Bonding theory），Reese 和 Weisbach（2002）认为，投资者法律保护较弱的国家的公司可以主动选择到境外上市，自愿接受投资者法律保护较强国家的法律约束，进而提升投资者法律保护水平。

国内关于投资者法律保护的测度，部分学者选择单一的替代变量，比如王克敏和陈井勇（2004）采用上市公司年报中审计意见类型来刻画投资者保护程度。白重恩等（2005）基于我国存在 B 股市场和部分公司拥有境外上市机会的现实，也以是否在其他市场挂牌上市（交叉上市）来测度我国上市公司的投资者法律保护水平。大量的研究表明，隧道（Tunneling）行为普遍存在于我国的上市公司中，我国上市公司的大股东具有利用股利政策套现的动机，并认为现金股利也成为大股东攫取小股东利益的重要手段，股利分配率也作为投资者保护程度高低的一个指标（陈冬华，2003；吕长江、周县华，2008；赵玉芳、余志勇等，2011；祝继高、王春飞，2013）。计小青和曹啸（2009）认为，上市公司的信息披露质量是度量投资者保护水平的良好替代变量，以监管机构的处罚作为认定虚假信息披露的标准，这样，未因披露虚假信息而遭到处罚的上市公司便被视为信息披露质量相对较高的公司，即投资者保护较好的公司。

也有学者建立了相应的投资者法律保护指数，如沈艺峰、许年行和杨熠（2004）以 LLSV（1998）的研究为基础，结合我国的法律制度背景、证券市场特点和上市公司现状，选取了从 1992 年 5 月至 2002 年 6 月间施行的 50 部法律法规，运用与 LLSV（1998）相同的赋分原则，构建了一套特殊的中小投资者保护立法指数，该指数将时间维度融入其中。许年行和吴世农（2006）增加了"其他条款"这项内容，并将投资者保护立法指数的时间跨度扩展了一年。此外，他们还从 68 部法律法规中找出与股权集中度相关的中小投资者法律保护条款，并且按照同样的赋分原则进行加减分处理，从而形成了一种相关于股权集中度变化的中小投资者法律保护子指数。肖珉（2008）从法的建立和法的实施两个角度，对我国中小投资者法律保护作用进行衡量。其中，法的建立沿用了沈艺峰（2004）投资者法律保护的分值，在衡量公共执法力度时，采用公检法司支出测度指标，同时考虑了法制环境和政府质量两个方面，在稳健性检验中采用樊纲和王小鲁（2004）的律师人数、市场中介组织发育和法律环境指数两个替代指标来测度公共执法力度。该研究可以看成是基于资源视角的公共执法测度。许年行和吴世农（2006）还采用年处罚金额与年筹资总额的比值、年违规家数与上市公司数的比值来衡量与证券市场有关的法律法规的执行情况，其实质是基于结果视角的公共执法测度。王鹏（2008）对投资者保护的测度从法律制度及其实施来进行，法律制度采用抗董事权和其他投资者法律保护条款共七项对法律指数进行打分，法律执行力度的衡量则通过法律环境数据以及信用数据来度量。

就私人（公司）执法效果而言，与国外从特定交易行为进行私人执法测度不同，国内对私人执法测度的研究大多集中于一般交易行为视角。王晓梅和姜付秀（2007）从事后角度构建了公司层面的股东权利保护指数，包括股东获得的投资回报、公司质量和公司诚信三个方面。姜付秀、支晓强和张敏（2008）基于投资者为公司提供资本后应该享有的权益，针对上市公司执行相关制度的情况，采用德尔斐法和专家调查打分法确定投资者法律保护指数的维度及其权重，构建了由知情权、股东对公司利益的平等享有权、股东财富最大化、投资回报和上市公司诚信五个方面构成的私人执法指数。沈艺峰、肖珉和林涛（2009）基于1184家上市公司公布的自查报告和整改计划的调查结果，从抗董事权、信息披露和投资者保护实施三个方面构建了投资者法律保护的私人执法指数。

综上所述，关于投资者保护指标的测度，LLSV（1998）尽管开辟了这一研究领域，从多个方面界定了投资者利益，但投资者利益保护是一个综合的概念，其内涵丰富，单一的指标体系无法较为全面地呈现其多元化的内容，因此，LLSV 指标体系的适用性具有一定的局限，该指标适用于不同国家之间的对比研究，却无法应用于一国内的不同公司之间的研究。此外，LLSV 框架下的投资者保护研究仅仅侧重于事前的保护机制，对于事后的保护结果无法有效衡量，且对不同公司之间投资者利益保护存在极大差异的现实问题无法进行有效解释。因此，本书将从宏观与微观两个维度设计投资者保护指数，即除了从一国法律进程的角度衡量投资者保护的立法程度外，更把焦点集中于同一制度背景下不同公司之间投资者保护的差异，从私人（公司）执法中的一般执法效果的角度并综合考虑交叉上市这一指标，对微观公司主体的投资者保护程度进行合理测度，进而多角度地阐释投资者法律保护与股权结构之间的关系。

# 3 投资者法律保护、 股权结构与资本成本

## ——一个分析框架

## 3.1 公司治理：投资者保护视角

伯利和米恩斯（Berle 和 Means）于 1932 年在《现代公司与私有财产》一书中，最早提出在现代公司分散的股权结构中存在经理人与股东之间的委托代理问题。委托代理问题一经提出就成为公司治理研究的热点问题，特别是在美国出现"世通""安然"等财务舞弊事件之后，引起了学术界和理论界更多的关注。委托代理关系中双方信息不对称所产生的道德风险和逆向选择问题，以及对代理人的激励和监督，成为后续研究的重点。然而，Mork，Shleifer 和 Vishny（1988）的实证研究结果推翻了伯利和米恩斯关于大部分公司股权分散的论述，认为相对集中的股权结构存在于很多国家的公司中。LLSV（1999）对 27 个发达国家的上市公司样本进行研究后发现，除英国和美国外的其他 25 个发达国家中，存在控股股东的公司比例达到 64%，支持了 Mork，Shleifer 和 Vishny 的结论。Claessens，Djankov 和 Lang（2000）研究证实了相对集中的股权结构广泛存在于东亚经济体

中。在东亚9个经济体的上市公司样本中，有57%的公司存在持股比例超过20%的控股股东。Faccio和Lang（2002）研究发现在西欧国家中，除英国和爱尔兰以外，集中股权结构广泛存在于各国公司中。集中股权结构可以缓解股东和经理人之间的代理问题，大股东有动机和能力对经理层违背股东利益最大化的行为进行约束和监督，但是大股东由于掌握绝对的控制权，会利用公司资源实现私人收益最大化，从而使中小股东利益受损，由此产生了新的委托代理问题——控股股东与中小股东之间的矛盾。公司治理的研究热点也转向从投资者保护的角度思考公司融资及治理问题。

Williamson（1985）根据不完全契约下交易费用理论，将交易、契约视为某种保护投资关系的治理结构。该理论强调对专用性投资的事后保护。Shleifer和Vishny（1997）将公司治理定义为"一种使公司资金的提供者确保自己获得投资回报的途径"，表明公司治理实质上是针对投资者专用性投资获取回报的保护机制。

基于投资者保护的公司治理，是内部治理与外部治理的结合。公司治理要发挥投资者保护的作用，需要内部治理机制与外部治理机制共同协调作用。其中，内部治理机制是最为直接的工具，内部治理机制主要指公司股权结构、管理层薪酬、董事会、公司信息披露等内部治理结构；外部治理机制主要指外部保护投资者利益的法律的制定和执行，外部治理机制对内部治理机制作用的发挥也会产生影响。因此，对股权结构（内部治理机制）和投资者法律保护（外部治理机制）关系的研究，有利于对公司治理内外机制的作用机理有更加清晰的了解，进而更好地发挥公司治理的作用，实现有效的投资者保护。

## 3.2   法律起源与投资者保护

LLSV（1999）以 27 个发达国家的大公司为样本进行的研究，拓展了投资者保护视角下公司治理的研究范围，将公司治理与外部法律相联系。研究将外部投资者法律保护效用作为公司治理有效施行的重要保障，开创了公司治理研究的新范式，创造了法与金融的基本观点。LLSV（2000）在《投资者保护与公司治理》一文中对其研究做了进一步拓展，更加强调法律的制定和执行效率对投资者保护水平的决定性影响。

法学家 David 和 Brierley（1985）将商法按起源分为两大类——大陆法系和英美法系（普通法系），进一步细分，大陆法系又分为德国大陆法系、法国大陆法系和斯堪的纳维亚大陆法系。大陆法系起源于罗马法，而英美法系则起源于英国普通法。大陆法系适用于德国、法国、西班牙等国家，而英美法系适用于英国及其原有的殖民地，包括现今的美国、澳大利亚、加拿大等国家。LLSV（1998）沿用 David 和 Brierley（1985）的法源分类，通过对 49 个国家上市公司的实证研究发现：法源差异对投资者保护程度具有重要影响。普通法系（英美法系）国家，投资者法律保护程度最高；法国法系国家，投资者法律保护程度最低；德国法系和斯堪的纳维亚法系国家，投资者法律保护程度介于上述两者之间（见表 3-1）。因此，他们通过研究得到一个法与金融关系的基本观点：一国的法律体系的渊源对其投资者法律保护程度有重要影响，即"法律起源论"。

表 3-1　　　　　　　　　　　　法律渊源与投资者法律保护

| 指标 | 普通法系<br>（18 国） | 法国法系<br>（21 国） | 德国法系<br>（6 国） | 斯堪的纳维亚<br>法系（4 国） | 世界平均<br>（49 国） |
|---|---|---|---|---|---|
| A 栏：股东的权利保护指数 | | | | | |
| 抗董事会指数 | 4.00 | 2.33 | 2.33 | 3.00 | 3.00 |
| 邮寄投票权 | 39% | 5% | 0% | 25% | 18% |
| 无阻碍出售权 | 100% | 57% | 17% | 100% | 71% |
| 累积投票权或小股东的<br>比例投票权 | 28% | 29% | 33% | 0% | 27% |
| 受压小股东保护机制 | 94% | 29% | 50% | 0% | 53% |
| 优先认购权 | 44% | 62% | 33% | 75% | 53% |
| 召开临时股东大会的<br>股权比例（小于等于 10%） | 94% | 52% | 33% | 0% | 78% |
| B 栏：债权人权利保护指数 | | | | | |
| 债权人权利指数 | 3.11 | 1.58 | 2.33 | 2.00 | 2.30 |
| 非自动扣押抵押品 | 72% | 26% | 67% | 25% | 49% |
| 有抵押债权人的优先<br>获偿权 | 89% | 65% | 100% | 100% | 81% |
| 对重组的限制 | 72% | 42% | 33% | 75% | 55% |
| 管理者不得参与重组 | 78% | 26% | 33% | 0% | 45% |
| C 栏：执法效率指数 | | | | | |
| 司法体系效率 | 8.51 | 6.56 | 8.54 | 10.00 | 7.67 |
| 腐败水平 | 7.06 | 5.84 | 8.03 | 10.00 | 6.90 |
| 会计准则 | 69.92 | 51.17 | 62.67 | 74.00 | 60.93 |

资料来源：LA PORTA R., LOPEZ-DE-SILANES F., SHLEIFER A., VISHNY R. Investor protection and Corporate Governance ［J］. Journal of Financial Economics, 2000（58）：3-27.

　　国内投资者法律保护的研究，主要关注保护投资者法律的建立和执行。从保护投资者法律建立的角度，研究普遍认为投资者保护法律的发展需要经过一个由弱到强的渐进过程。肖珉（2008）通过对我国中小投资者保护法律的建立和执行的研究，发现投资者保护法律制度需要有效的法律执行作为保障，才能达到降低权益资本成本，从而使公司价值提升的目的。陈信元等（2009）采用事件研究法，对最高人民法院颁布《关于受理证券市场因虚假陈述引发的民事侵权纠纷案件有关问题的通知》后的市场反应进行研究，从投资者法律保护执行的角度论证了司法独立性对投资者法律保护效果的重要影响。司法相对独立，即地方政府对法院实施影响程度相对较低，则投资者法律保护实施的可能性更高。计小青和曹啸（2007）研究指出，依靠单一的制度不能达到有效的投资者保护水平，应该依靠多种机制共同作用相互补充，特别是管制制度作用的发挥。研究指出，当前在我国股票市场中，管制制度未充分发挥效用，存在监管机构效率低下和监管质量不高的问题。

综上，投资者法律保护作为重要的投资者保护外部机制，是公司治理内部机制作用的协调和补充，是有效进行公司治理的重要前提。然而，有效的投资者法律保护制度的建立存在一定的路径依赖，需要一个长期渐进的过程。因此，投资者法律保护水平的提高除了外部法律保护机制的不断完善外，更需要内部治理机制充分发挥作用，多种制度协调发展。

## 3.3 投资者法律保护对股权结构影响的理论模型

为分析法律这一制度背景对股权结构的影响，此处借用LLSV（1999）等研究的假设，根据栾天虹和史晋川（2003）

的研究①，即用 k 表示影响控股股东剥夺外部股东的成本参数，定义为投资者法律保护程度，投资者法律保护越好，k 越大，控股股东剥夺外部股东的成本就越大，从而控股股东可获取的私人收益就越少。假设上市公司中存在大股东 L，大股东 L 可以通过直接控股、交叉持股和金字塔结构等形式对上市公司拥有控制权，以获取私人收益。假设取得控制权的最低股权比例是 S，由于控股股东多以金字塔结构获取控制权私人收益，下面就以大股东控制和存在多个大股东时候的股权结构为例，考察股东的法律保护状况、控股股东私人收益与所有权结构的关系。

### 3.3.1 大股东控制下最优股权结构确定

当大股东 L 以直接控股的形式控制该上市公司时，其控制权比例与现金流所有权比例是相对应的。假设其在该公司的股权比例就是最低的标准比例 S，上市公司利润为 I，大股东转移公司利润的比例为 m，用 C 表示大股东 L 转移利润 I 的成本，它是转移利润比例 m 和股东法律保护程度 k 的函数，其中 Ck>0，Cm>0。即当法律保护程度越高，转移利润比例越大时，转移成本越大。当 L 控制上市公司后，其收益来自于两个部分：一是依据现金流所有权分得的红利 S(1-m)I；二是通过转移定价、转移资产等形式从上市公司获得的私人收益 mI-C(k,m)I。因此，大股东的总收益函数可表示为：

$$R = S(1-m)I + mI - C(k,m)I \qquad (3-1)$$

L 通过选择最大化其收益 m 的一阶条件是：

$$Rm = (-S + 1 - Cm(k,m))I = 0$$

可求得：

---

① 栾天虹，史晋川. 投资者法律保护与所有权结构 [J]. 财经论丛，2003 (7)：80-85.

$$Cm(k,m) = 1-S \qquad\qquad (3-2)$$

（3-2）式表明，当外部股东所拥有的现金流所有权较高时，大股东获取私人收益的成本由自身承担的就越少，从而通过正常分红获取收益的可能性越大，即大股东在上市公司的现金流所有权越高，大股东对小股东利益剥夺的激励就越小。这与詹森-麦克林对企业家在职消费的假设条件是一致的：企业家的现金流所有权越高，他通过正常途径分配红利的激励越大。当给定投资者保护水平 k 时，较高现金流所有权减少了大股东对小股东的剥夺。根据 LLSV（1999）的假设，设 $C(k,m) = 1/2km^2$，则可以得到：

$$m = (1-S)/k \qquad\qquad (3-3)$$

对 k 求一阶导数

$$m_k = \frac{(S-1)}{k^2} \qquad\qquad (3-4)$$

从（3-3）式和（3-4）式可以发现，大股东转移利润的比例与股东法律保护程度和其现金流所有权成反比。当股东法律保护越强时，大股东所能攫取的利润比例就越小，在极端情况下，k 趋于无穷大时，即股东法律保护完美时，可转移利润的比例为 0，此时控制权不再具有吸引力，因此没有人会锁定控制权，所有权结构将极度分散。在给定投资者法律保护程度时，大股东所拥有的现金流所有权越大，其攫取利润的比例就越小。根据（3-4）式也可以得出这一结论。可见，大股东在上市公司中拥有的现金流所有权越大，其所获取的私人收益就越少。

但是，在金字塔结构下，大股东 L 可以通过其下属子公司层层控股，利用更少的现金流所有权对公司实施比例的控制权。假设公司的控股权比例皆为 S，即公司 1 对公司 2 的控股权比例是 S，以此类推，公司 n-1 控制公司 n 的股权也为 S（金字塔结构的层次为 n>2）。在这一金字塔结构下，L 在公司中拥有的控制权是 S，而其在该公司拥有的现金流所有权却只有 $S''$，$S'' < S$。所以，大股东的总收益函数在金字塔控制结构中变为：

$$R' = S''(1-m')I + m'I - C'(k,m')I \qquad (3-5)$$

比较（3-5）式与（3-1）式，由于 $S < 1$ 有 $1 - S'' > 1 - S$，可以发现，通过选择金字塔结构，大股东获取私人收益的激励增加，而且金字塔结构的层级越多，其转移利润的边际收益越高。同理，解出：

$$m' = \frac{1 - S''}{k} \qquad (3-6)$$

比较（3-6）式与（3-3）式，可以发现，大股东通过金字塔结构获取了更多的私人收益，而且金字塔的层级越多，即 n 越大，大股东 L 获取的私人收益越大，从而按正常途径分红的激励就越小，对中小股东的剥夺就越重。

由此，可以得出如下结论：在股东法律保护较弱的情况下，大股东常常愿意锁定控制权以获取私人收益，而且为增加私人收益，其更倾向于利用金字塔结构、交叉持股等形式，以较低现金流所有权掌握上市公司的控制权。而在股东法律保护较强的环境下，大股东获取私人收益的成本较高，从而没有激励利用金字塔等结构获取私人收益。由此，我们可以解释为什么在投资者法律保护状况越不好的国家，股权结构越集中，而且控股股东往往通过金字塔结构和交叉持股等形式控股公司。在美国和英国等股东法律保护状况较好的国家，股权结构集中的情况很少，金字塔结构和交叉持股现象就更少。

### 3.3.2　存在多个大股东时的最优股权结构确定

根据上述内容可知，股权制衡是指控制权由几个大股东分享，通过内部牵制，使得任何一个大股东都无法单独控制企业的决策，从而达到大股东互相监督的股权安排模式，即公司治理结构的安排中存在外部监督股权。

从控制权私人收益的角度来讲，外部大股东对公司治理的作用不能简单地概括为积极的还是消极的。要深入分析股权制衡这一公司治理机制发挥作用的条件，必须对投资者保护这一制度环境因素进行考察。在不同的制度环境下，外部大股东面临的激励是不同的，行为选择自然也就不同。

假定在现代企业制度中，股权制衡发挥的监督机制，一般反映在对内部人投资项目的执行及收益分配等方面。在基本模型中①，第一大股东与外部大股东的代理冲突集中体现在投资项目的选择上。具体来说，模型涉及三个主体：内部大股东、外部大股东（外部监督股东）和中小股东。研究分为三个时期，在时期 $t=0$，大股东有一个投资项目，该项目要求在时期 $t=1$ 初始投资 $I>0$，在时期 $t=2$ 该项目将产生投资收益 $H>I$。为简化分析，假设内部大股东可以两种不同的方式执行该投资项目：在第一种执行方式下，项目成功的概率为 $P_b$，大股东可以获取的私人收益为 $B>0$，以下称之为差项目；在第二种执行方式下，大股东可获得的私人收益为 0，项目成功的概率是 $P_g$，以下称之为好项目。$P_b<P_g\leqslant 1$，设 $Q=P_g-P_b$。私人收益水平 B 定义了外部大股东与内部大股东代理问题的严重程度和内部大股东执行差项目的激励，其具体取值是由项目的性质、管制环境和主体特征等外生因素决定的，同样也受到法律执行水平的影响。法律制度环境通过增加内部大股东获取私人收益的成本大小而影响其实际获取的私人收益的多少。因此，当内部大股东可以获取的私人收益为 B 时，其实际能够得到的控制权收益为（1-k）B。k 表示一国的制度对外部投资者的保护程度。假设大股

---

① 栾天虹. 投资者法律保护与外部监督股权的选择 [J]. 经济学家，2005（4）：106-111.

东股权比例为 α，那么大股东执行好项目获得的收益是 $\alpha P_g H$，大股东选择差项目获得的收益是 $\alpha P_b H + (1-k) B$，大股东选择差项目的激励来自于其实际可获得的私人收益 $(1-k) B$。大股东在选择好项目和差项目上没有差别时的股权结构由下式给出：

$$\alpha P_g H = \alpha PbH + (1-k) B \tag{3-7}$$

$$\alpha^* = \frac{(1-k) B}{(P_g - P_b) H} = \frac{(1-k) B}{QH} \tag{3-8}$$

公式（3-8）体现了股权比例对内部大股东选择行为的实际约束。当内部大股东持有的股权比例 $\alpha > \alpha^*$ 时，他会从自身利益最大化角度出发，选择私人收益 B=0 的决策；而当 $\alpha < \alpha^*$ 时，则通常会执行私人收益 B>0 的投资决策。因此，分析外部大股东对企业投资项目执行的监督，可以把分析范围锁定在 $\alpha < \alpha^*$ 的情景。

当 $\alpha < \alpha^*$ 时，内部大股东通常会执行私人收益 B>0 的投资决策。为了约束大股东的行为，通常可用的公司治理机制是外部大股东对内部大股东的监督（即股权制衡机制）。当内部大股东持有的股权比例 $\alpha < \alpha^*$ 时，存在一个外部大股东或其他大股东的集合，从股权持有量来看，该外部大股东的股权比例为 β。外部大股东的收益可以来自两个方面：一是项目的现金流收益（即按股权比例得到的红利或股息收入），二是与内部大股东合谋获取的部分控制权收益。这里，外部大股东是合谋还是监督，主要取决于外部大股东对其行动成本收益的权衡。这里存在两种博弈格局：①股权制衡发挥监督作用。当外部大股东都对内部人进行监督时，监督成本分别为 C。这时，控股股东将以概率 $E_1$ 执行好项目，以概率 $1 - E_1$ 执行差项目；当外部大股东实施监督时，项目总的预期现金流收益为 $E_1 P_g H + (1-E_1) P_b H$，记为 $V_1$。②外部大股东与内部大股东合谋。这时，控股股东选择差项目，并与外部大股东分享控制权收益。当外部大股东都采

取合谋策略时，项目总的预期现金流收益为 PbH，记为 $V_0$，$V_0$ < $V_1$。当外部大股东都选择与内部人合谋时，外部大股东的实际现金流为：

$$\beta V_0 + (1-K) B_w \qquad\qquad (3-9)$$

w 为外部大股东分得的控制权私人收益。

当外部大股东都采取监督策略时，外部大股东的实际现金流为：

$$\beta V_1 - C \qquad\qquad (3-10)$$

外部大股东是否选择监督，需要满足的一般性条件是：

$$L = \beta(V_1 - V_0) - C - (1-K) B_w > 0$$

对投资者法律保护求导：

$$\frac{\partial L}{\partial K} = B_w > 0 \qquad\qquad (3-11)$$

由公式（3-11）可以发现，一阶导数大于 0，函数单调递增，说明投资者法律保护越好，外部大股东通过监督实际得到的收益就越多。换言之，股权制衡发挥作用的前提与一国的制度环境相关，投资者保护越好，外部大股东选择监督而不是合谋的可能性越大。因为好的制度环境增加了获取控制权收益的成本，从而降低了外部大股东与内部人合谋的激励。因此，在投资者法律保护较好的情况下，股权制衡有利于维护投资者的利益。

由此，可以得出如下结论：外部大股东监督或者说多个大股东是否能有效发挥公司治理作用取决于一个国家制度环境的好坏。在制度环境不好的情况下，由于外部大股东的理性选择是与内部人合谋，因此其难以发挥公司治理作用，反而会加重对中小股东的剥夺。只有当制度环境达到一定水平以后，外部大股东的监督激励才会大于合谋激励，即这时多个大股东才能有效发挥公司治理作用。现阶段，我国很多企业的实际控制人并非直接以控股股东的身份出现，而是通过交叉持股和金字塔持股的方式进行隧道行为，且外部大股东多选择与控股股东合谋，无法发挥监督作用。因此，股权制衡这一内部监督模式在法律制度环境较差的前提下失效，盲目的股权多元化和制衡可能会适得其反，这可以从转轨经济国家的教训中窥斑见豹。

## 3.4 投资者法律保护与股权结构、双重委托代理关系

作为提高投资者保护水平的公司治理，包含一套指导和控制公司运作的制度和方法：既有投资者法律保护的外部机制，又有股权结构、管理层薪酬、财务信息披露等多方面的内部治理机制。股权结构作为公司治理内部机制有效性中的关键环节，对公司的控制权分布和委托代理关系的性质具有决定性的影响。

当股权结构较为分散时，公司的委托代理问题主要是第一类矛盾，即分散持股的股东与公司经理人之间的利益冲突。由于外部股东持股分散，又缺乏专业知识，不能完全掌控公司，对公司经理人难以形成有效的监督和约束。况且，监督行为具有公共物品性质，对于分散持股的股东而言，只能享有部分对经理人进行监督的收益，却要承担监督行为所带来的全部成本。因此，对于每一个分散的股东而言，缺乏进行监督的动力，而更倾向于"搭便车"，享受其他股东监督经理人行为带来的外部性收益。此外，在分散的股权结构下，一些小股东获取的收益主要是股利和资本利得，他们对经理人的行为要求不高，在公司治理中常常"用脚投票"。在分散的股权结构下，当公司内部治理机制失效时，外部法律对投资者保护更能发挥作用。

而当公司股权结构较为集中时，由于控股股东的存在，对

第一类委托代理问题能够较好地解决，即前述的股权集中度的替代机制。控股股东有足够的动力和能力对经理人偏离股东目标行为进行监督和约束，这是因为大股东监督企业经营增加的收益会大于其监督成本（McConnell，Servaes，1990；Shleifer，Vishny，1986）[1]。当持股比例较大的控股股东进入公司治理体系，对经理人偏离股东目标行为进行监督和约束时，要产生大股东代理成本，即大股东因为控制权所带来的私人利益最大化，这会在一定程度上损害中小股东利益，从而使公司委托代理问题集中于第二类矛盾：大股东和中小股东之间的利益冲突。

就中国的制度背景而言，在计划经济向市场经济转轨的过程中证券市场逐渐建立起来，其最初建立的主要目的是服务于国有大中型企业改革，这种改革由政府主导，因此企业一般都表现为国有控股并"一股独大"。即使是在完成了股权分置改革后的全流通背景下，国有股比例虽有所下降，但仍相对控股。此外，随着民营企业的发展，家族企业近年在我国发展迅速。家族企业最重要的治理结构特征表现为创业家族对企业所有权和经营权的控制。在亚洲、欧洲、拉丁美洲，大多数的上市公司都是由家族所有和控制的，且股权高度集中（Claessens，Djankov，Lang，2000）。截至2013年7月31日，我国共有2470家A股上市公司，其中1039家为国有公司，1431家为民营公司，后者占比达到57.94%。通过统计，又将民营企业划分为家族企业和非家族企业，共有711家民营上市的家族企业，占比为49.7%。可见，我国上市公司股权总体上是相对集中的。在股权相对集中或高度集中的情况下，国有企业产权主体缺位或

---

[1] McConnell 和 Servaes（1990）认为，大股东们有动力和方法来限制经理人的自利行为。Shleifer 和 Vishny（1986）的研究显示，大股东可以从公司绩效的改善中获得更多的监督收益。

民营企业在发展中与经理层产生冲突，使得上市公司实际上存在双重委托代理关系：一种是中小股东与其代理人之间的委托代理问题，另一种是控股股东或大股东与经营者之间的委托代理问题。所以，在股权相对集中或高度集中的上市公司，能否基本实现全体股东利益最大化，一方面取决于控股股东或大股东能否有效地监控经营者，另一方面则取决于中小股东能否实现控股股东或大股东损害其利益趋于最小化（冯根福，2004；吴育辉、吴世农，2011）。

在双重委托代理框架下，集中的股权是投资者法律保护的替代，有效地监督经理层，可解决第一类委托代理问题，而法律环境较差使得大股东通过控制权强化机制（交叉持股、金字塔结构）进行利益侵占成为可能，导致所有权的进一步集中，产生了第二类委托代理问题。因此，保护投资者利益，一方面需要设计合理的股权结构，发挥大股东治理机制的作用，有效地监督经理层，降低第一类委托代理成本；另一方面要完善"书面法律"与强化法律执行，通过投资者法律保护水平的提高有效抑制大股东对中小股东的利益侵占。

## 3.5　投资者法律保护、股权结构与资本成本

### 3.5.1　投资者法律保护与企业融资

投资者法律保护程度对一个国家的金融市场的发展水平具有决定性的影响。当法律等公司治理外部环境良好时，公司内部人愿意从外部金融市场融资，而外部投资者也愿意将资金投入公司。同时，如果对股东利益有很好的保障，外部投资者会倾向于采用股权方式促进资金融通，从而推动股票等金融市场

的发展。LLSV（1997）的研究认为，在投资者法律保护程度高的国家，金融市场能够更好地发展。这是因为投资者法律保护能够抑制公司内部人对公司利益的侵占，保护外部投资者的利益。因此，一方面外部投资者愿意为公司金融资产支付更高的价格，另一方面公司也能够获得更高的对价，降低公司的外部融资成本，从而考虑采用外部融资方式。LLSV（1999，2002）进一步研究认为，在控制权私人收益最大化的前提下，对股东权益的良好法律保护会抑制控股股东对外部投资者利益的侵占。由于控制权私人收益的下降，控股股东会减少持股比例以分散风险或获得更多资金，同时公司价值增加。同样，对债权人的权益进行良好的法律保护，也可以促进债券市场的发展。股票市场和债权市场能够在良好的投资者法律保护环境下共同地良性发展，两者间并不存在替代关系。因此，良好的投资者法律保护环境是金融市场良性发展的重要保障。LLSV（1997）用外部融资占 GNP 的比重、每百万人拥有上市公司家数、每百万人IPO 的数量、债务占 GNP 的比重等指标对不同法系国家的金融市场进行了实证比较分析，证实了上述推论，即普通法系国家不论是股票市场还是债券市场，都要比法国法系国家发达（见表 3-2）。

表 3-2　　　　　不同法律体系外部融资研究

| | 普通法系 | 法国法系 | 德国法系 | 斯堪的纳维亚法系 |
|---|---|---|---|---|
| 外部融资/ GNP | 0.60 | 0.21 | 0.46 | 0.30 |
| 上市公司/ 百万 | 35.45 | 10.00 | 16.79 | 27.26 |
| IPO/ 百万 | 2.23 | 0.19 | 0.12 | 2.14 |
| 债务/GNP | 0.68 | 0.45 | 0.97 | 0.57 |

资料来源：LA PORTA R., LOPEZ-DE-SILANES F., SHLEIFER A., VISHNY R. Legal Determinants of External Finance. Journal of Finance, 1997（52）：1131 -1150.

### 3.5.2 投资者法律保护与资本成本

事实上，保护公司投资者的利益，不仅有利于公司进行外部融资、促进金融市场发展，而且对降低公司的融资成本更具有重大的实际意义。资本成本作为公司金融的核心概念，是融资企业筹集资本（包括权益和负债）所付出的代价，是对投资者期望收益率的反映。资本成本不仅是公司选择融资方式、制定筹资方案的重要参考，还是公司投资项目评价和选择的重要标准，同时，它对公司价值评估和经营绩效评价具有重要影响。对资本成本与投资者法律保护之间关系的探讨，无疑对公司治理研究具有重大的现实意义。

其中，债务资本成本的计量相对简单，而权益资本成本的度量则存在一定的困难。权益资本成本是股东要求的必要报酬率，是企业筹集权益资本所需要付出的代价。

关于权益资本成本的度量模型，现有的研究有基于事前与事后两种方式。事前法是指借助已实现的收益率来度量权益资本成本，典型的有 CAPM 模型、APT 模型（Ross，1976）和三因素模型（Fama，French，1997）等。CAPM 模型仅考虑了单一因素，对收益率的解释性不强。APT 模型和三因素模型克服了 CAPM 模型的单一因素缺陷，但是基于事后的估计法所依据的假设是难以成立的，已实现的收益率并不是预期收益率的无偏估计。所以，此类方法的估计效果并不精确。Dhaliwal 等（2006）认为，用事前的预期收益率来度量企业的权益资本成本，比采用已实现收益率的效果更为准确。事前法基于广泛应用的估值模型，利用基于市场价格、财务数据的贴现模型进行估计，这样的方式更符合资本成本的定义。事前法包括股利贴现模型（DDM）、剩余收益贴现模型（GLS）、超常收益增长模型（AEG）等。Gebhardt 等（2003）认为，GLS 模型对权益资本成本的预测效果更好。陆正飞等（2004）认为将 GLS 模型稍加调整后，适用于估计我国上市公司的权益资本成本。沈艺峰等（2005）、肖珉（2008）等都使用过 GLS 模型。Guay 等（2011）的研究也发现，采用 GLS 模型是对预期收益率的最优估计。因此，本书在估计权益资本成本时也采用了 GLS 模型。

公司治理强调对投资者专用性投资获取回报的保护机制，即投资者保护。投资者对公司资本的投入具有获取收益的要求。投资者要求公司回报的多少取决于投资者所面临风险的大小，风险越大所要求的回报越高。而投资者法律保护水平的提高会降低投资者所面临的风险。根据资本资产定价模型（CAPM），资本成本等于无风险报酬率加上风险溢价，在投资者保护水平较低时，投资者所面临的风险增大，所要求的风险溢价增加，公司资本成本上升；反之，在投资者保护水平较高时，公司的资本成本将降低。Merton（1987）对资本资产定价模型进行了改进：在信息不完全的情况下，公司权益资本成本受到公司治理结构的影响，两者呈负相关关系。综上，投资者保护水平的提高可以降低公司的融资成本。因此，公司要想降低融资成本，更快速便捷地获得资金，就需要有效地保障投资者的利益。

自从 LLSV 开创了"法与金融"的研究方法后，国内外学者开始将公司权益资本成本背后的制度因素纳入研究范围，其中，受到关注较多的是投资者法律保护。早期的研究致力于分析不同法源、不同国别下的投资者法律保护对权益资本成本的影响，因此大部分文献进行的都是跨国研究。La Porta 等（1997）认为，在投资者法律保护较好的国家，公司的收益不容易被内部人侵占，而会更多地作为利息和股利回报给外部投资者，外部投资者因此愿意为金融资产支付更高的价格，使公司可以以较低的资本成本筹集资金，从而有利于公司向外部融资，也有利于金融市场的发展。此外，La Porta 等（1999，2002）认为，在控股股东寻求自身利益最大化的目标下，由于投资者法律保护能够减轻内部人对外部股东的剥削，控股股东更愿意减少持股以筹集资金或分散风险，从而使公司的价值得以提升。Demirguc-Kunt 和 Manksimovic（1998）对投资者法律保护与权益资本成本之间的关系进行了研究，发现对投资者的法律保护程度越高，公司的权益资本成本越低。可能的原因是，完善的法律体系、透明的金融环境不但能对公司的内部人进行有效监督，还能使外部投资者与公司内部人的信息更为对称，从而帮助公司筹集到更多的外部资金。Bhattacharya 和 Daouk（2002）则认为，内幕交易管制的实施可以起到降低公司权益资本成本的作用。Lombardo 和 Pagano（2002）对 22 个成熟市场和 22 个新兴市场进行检验，他们从制度质量总体指标、股东权利质量指标和会计准则质量指标三个方面考察影响权益收益率的法律因素，研究发现投资者法律保护对股利收益率和盈余价格比产生负的影响，会计准则质量与 IPO 的资本成本之间则存在显著的负相关关系。Himmelberg，Hubbard 和 Love（2002）也针对这一问题进行了跨国研究。他们的研究结果表明，一个国家的投资者法律保护状况越好，这个国家的公司股权融资成本就越低。Hail 和 Leuz（2003）研究了 40 个国家的法律和监管制度对权益资本成本的影响，结果表明，不同国家在法律和监管制度上的差异对权益资本成本有显著的影响，投资者法律保护越好，公司的权益资本成本越低。

国内学者沈艺峰、肖珉和黄娟娟（2005）在这一问题上有所突破，他们从动态和整体角度，研究了我国在法律法规上的变化对权益资本成本的影响。研究结果表明，随着我国投资者保护法律法规的不断完善，国内上市公司的股权融资成本在不断下降。姜付秀等（2008）同时考虑了微观的公司层面和宏观的制度执行层面，设计了适用于我国的上市公司投资者利益保护指数，检验上市公司投资者保护情况对权益资本成本的影响。

研究结果显示,投资者利益保护情况与上市公司的股权融资成本呈现显著的负相关关系。肖松和赵峰（2010）则从理论模型分析的角度,进一步阐释了投资者法律保护与权益资本成本的关系:投资者法律保护与权益资本成本呈反向关系。投资者法律保护水平越低,权益资本成本越高;投资者法律保护水平越高,权益资本成本越低。

### 3.5.3 投资者法律保护与股权结构、资本成本的关系

基于投资者保护的公司治理理论,本书将股权结构、投资者法律保护与公司的权益资本成本纳入一个框架分析,试图发现三者之间的重要联系。首先,投资者法律保护既包括书面的立法,也包括各个层次的执法水平（地方中观水平与企业微观水平）。投资者法律保护与股权结构相互作用,相互影响。一方面,投资者法律保护水平的高低会影响股权集中度的高低。根据替代关系假说,股权集中可以是有效的治理机制,投资者法律保护水平越低,股权集中度越高;根据结果关系假说,股权集中是在投资者法律保护水平较低的前提下,大股东追求控制权私人收益的结果。[①] 另一方面,股权结构同样会对投资者法律保护产生影响。当从私人执法角度测度投资者保护水平时,合理的股权结构则作为公司重要的内部治理机制,能够有效解决公司的两类委托代理问题——外部股东和公司内部经理人的冲突、控股股东和中小股东之间的利益冲突。股权制衡这一股权结构安排能够对内部人的利益侵占行为进行约束和监督,提高投资者法律保护水平。也就是说,从执法的角度来看,股权结构会对投资者法律保护产生影响。其次,投资者法律保护水平与权益资本成本之间存在负相关关系。即公司权益资本成本随

---

① 对于股权集中如何发挥作用、在什么样的条件下发挥作用,国有与非国有企业股权集中的作用有何差异,还需要进行进一步的实证分析。

着投资者法律保护程度的提高而降低，法律保护强时，投资者对投入资本要求的风险报酬降低，企业的股权资本成本减少。本书认为，从投资者保护视角来定义公司治理，公司治理的内外机制如能有效发挥作用，则投资者保护水平较高，企业的权益资本成本将降低；反之，公司治理机制未能有效发挥作用，投资者保护水平较低，投资者投入资本后将承担内部人侵占其利益的风险，相应的风险报酬要求较高，企业的权益资本成本将增加。由此可见，投资者法律保护与所有权关系共同决定了资本成本，并非单独发挥决定作用。当投资者法律保护较好，所有权结构较为合理时，资本成本较低。

综上，本书基于投资者保护的视角，从股权结构入手，研究内部治理机制与外部治理机制之间的关系，且以资本成本为经济后果进行三者关系的研究，并试图通过实证研究进一步验证三者的关系（见图3-1），尤其是深入分析股权集中与投资者法律保护之间的关系，以及股权制衡发挥作用的机制，从而为合理确定股权结构以及提高投资者法律保护水平提供决策参考。

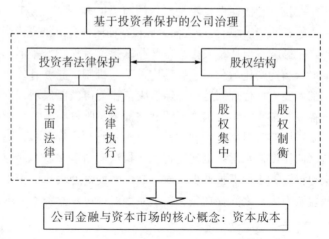

图3-1 投资者法律保护与股权结构关系框架图

# 4 制度背景、投资者法律保护现状与测度

## 4.1 我国股权结构的制度背景

在国有企业改革的过程中，仅仅调整国有企业的权责关系不足以解决国有企业存在的问题，必须进行企业制度的创新。1993 年我国通过《中共中央关于建立社会主义市场经济体制若干问题的决定》，首次确立了国有企业建立"产权明晰、权责明确、政企分开、管理科学"的现代企业制度这一改革方向。1993 年 12 月我国颁布《中华人民共和国公司法》，为国有企业改革提供了标准化的模式。从 20 世纪 90 年代中期开始，我国国有企业开始了公司制改革，政府按照公司制的规范履行作为公司出资人的权利和义务，授权经营机构行使股东权利，实现政企分开。国有企业改革取得了极大成效，进行股份制改革的国有大中型企业纷纷建立法人治理制度，政企职责进一步分开，企业活力得以增强，80% 以上企业的经济效益有明显提高，尤其是上市的国有企业各项经济指标明显高于其他国有企业。截至 2006 年，我国国有企业资产达到 29 万亿元，利润总额达 1.2 万亿元，上缴税金 1.4 万亿元，利润额相比 1997 年增长了 14 倍。2007 年美国《财富》杂志公布的全球企业 500 强中，我国

有 30 家企业入围，内地企业 22 家，均为国有控股企业，其中 16 家为中央企业。国有企业经过多年改革，已成为具有较强盈利能力和竞争力的市场主体，盈利水平不断提高，企业运行质量不断改善，为我国国民经济的健康稳定发展做出了重要贡献。回顾国有企业的改革历程，我国国有企业改革走的是渐进式道路，具有路径依赖的特性。我国市场经济发展体制无法完全摆脱计划经济发展模式的制约，国有企业的股份制改革路径也成为在既定制度供给条件约束下的最优制度安排。作为社会主义市场经济体制的根本特征，我国公有制的主导地位不可撼动，因而股份制改革中必须保证政府的控制权。我国的上市公司最初采用的是在原先的国有企业引入部分私人产权这种创新性的制度移植方式，上市公司被赋予国有企业改革的使命，因而在股权设置和股东设置方面体现了政府对自身利益的保护。在股权结构安排上，我国上市公司的股票分为可在上海和深圳证券交易所挂牌交易的流通股、不能挂牌交易而只能通过场外协议转让的非流通股。政府机关、事业单位持有的国有股（含国有法人股）以及境内法人股、境外法人股、内部职工股都是非流通股。流通股包括境内上市人民币普通股（A 股）、境内上市外资股（B 股）和境外上市外资股（H 股、N 股、S 股等）。为了保证公有制的主导地位，而使国有股绝对控股。国有企业的股份制改革也未采用西方的存量发行方式，而是采用增量发行方式，公司保留原有股东资产并按净资产折股，只有新增部分向社会公开发行而筹集资金，并且对流通股的发行额度进行指标控制。与国有企业庞大的存量股份相比，有限的增量股份难以改变我国国有股份的主导地位。因此，我国上市公司明显具有强制变迁下的外生设置的痕迹，股权结构也体现出以国有股权为主导的制度特征，由此最终控制人构建的金字塔控制结构普遍存在。

## 4.2 我国股权结构的现状与特征

### 4.2.1 国有股仍占较大比重

在股权分置改革前，我国上市公司股权结构最显著的特征是：非流通股所占比重较高，其中国有股权占绝对优势。非流通股是公司上市之前由存量资产股份化形成的，其形成成本远远低于流通股的形成成本。由于我国绝大部分上市公司是由国有企业改制而来的，因此未上市流通的股份所占比重较高，其中绝大部分是国家股。1992 年我国非流通股占总股本的比例为69.24%，其中国家股占总股本比例为 41.38%；直至 2005 年非流通股占总股本比例依然高达 63.51%，其中大约 70% 是国有股及国有法人股。从 2005 年起，随着股权分置改革的不断推进，证券市场上的股本逐渐走向全流通，其中国有股权所占的比例不断降低。一方面，从存量的角度看，随着国有经济的战略性调整，国有企业进一步从一般行业战略性退出，国有企业向非国有企业转变的步伐加快；且随着我国国有资产管理体制改革的不断推进，国有股在上市公司中所占的比例将呈现下降趋势。另一方面，从增量的角度看，随着我国证券市场股票发行制度市场化改革的推进，大量优秀的民营企业陆续进入证券市场，从而加速了国有股权在我国总股本中比重的下降。截至 2010 年12 月 31 日，我国证券市场上共有上市公司 2063 家，共发行股票 2149 只，总股本为 26 984.49 亿股，总市值达 265 422.59 亿元。其中，A 股股票 2041 只，B 股股票 108 只。我国证券市场上的 26 984.49 亿股股票中，流通股 19 442.16 亿股，流通市值达 193 110.42 亿元；非流通 A 股股份中，国有股份 4709.21 亿股，占非流通股份的 79.71%。

尽管如此，国有股的最终所有者为全体人民，所有者缺位导致的内部人控制问题在现阶段仍然没有得到彻底解决。在理论上，我国的每个公民都享有相应的国有股，但并非每个公民都参与了国有资产的经营管理，而是由各级政府以及国资委代表国家来管理国有资产。但是，各级政府以及国资委并不是完全意义上的独立产权主体，不具备承担风险的能力。由于权利与责任的不对称，产生了较为普遍的国有产权缺位现象，缺乏的是能真正对国有资产保值、增殖负责的人格化代表。股权结构的分散，使得任何一个股东都缺乏对管理层进行监督的动力，可大股东和管理层却对公司具有绝对的信息优势。大股东在股权分置改革之后更为关注二级市场的股价，更具有推高股价以获取收益的动力。例如，大股东利用其控制权配合二级市场进行炒作，这仍然可能导致证券市场发展不规范而出现恶性事件，也可能更大程度地损害中小股东的权益。与此同时，国有股所有权表面上看是由政府多个部门行使，属于多头管理，实际上却没有一个真正负责的部门。由此，相伴而生的国有股"所有者缺位"与"内部人控制"，使得公司所有者与经营者之间的制衡机制的功能被严重削弱，激励和监督机制的功能也随之退化。此外，我国法律对股东利益的保护不够、执法效率低、公司控制权市场缺位，可能导致我国上市公司内部人控制问题进一步恶化。

### 4.2.2　股权集中度较高

我国股权结构的第二大特征是股权集中度较高。根据对我国沪深两市上市公司第一大股东的统计，我国"一股独大"的股权结构现象普遍存在。从前十大股东的情况来看，2005 年前十大股东持股比例为 60%，这一比例虽然随着股权分置改革的推进而有所下降，但是股权结构仍然相对集中（见表4-1）。这一方面与我国国有企业上市方式和制度安排有关。国有企业上市大部分是通过独家发起的方式设立股份公司，股权集中度自然较高；且我国规定企业发行股票上市一般情况新发行的流通股占发行后总股本的比例超过25%但不超过65%，在现实操作中一般为35%，这也使得大股东能保证控股或相对控股。另一方面，我国民营上市公司不断增加，民营企业的创始人倾向于掌握公司的控制权，因而也会设计相对集中的股权结构。

表4-1　　2005—2010年我国上市公司股权集中度

| 年份 | 2005 | 2006 | 2007 | 2008 | 2009 | 2010 |
|---|---|---|---|---|---|---|
| Panel A | | | | | | |
| 第一大股东持股比例 | 40.45% | 36.39% | 36.03% | 36.37% | 36.29% | 36.33% |
| 前十大股东持股比例 | 60.54% | 56.55% | 56.09% | 55.81% | 56.03% | 58.18% |
| Panel B | | | | | | |
| 国有企业 | | | | | | |
| 第一大股东持股比例 | 45.17% | 40.27% | 39.97% | 40.04% | 40.64% | 40.27% |
| 前十大股东持股比例 | 62.19% | 57.43% | 56.83% | 56.44% | 56.73% | 57.15% |
| 非国有企业 | | | | | | |
| 第一大股东持股比例 | 33.60% | 31.47% | 31.40% | 32.12% | 33.07% | 33.86% |
| 前十大股东持股比例 | 58.13% | 55.44% | 55.21% | 55.07% | 55.52% | 58.82% |

资料来源：根据CSMAR数据库中的相关数据整理而得。

由表4-1可知，总的来说我国上市公司股权集中度偏高，特别是第一大股东持股比例超过30%。在这种特殊的股权结构中，大股东可以肆意利用其控股地位掠夺小股东的利益，因为公司外部治理机制如资本市场、经理人市场和控制权市场等的作用都得不到发挥。在股东大会上大股东享有巨大的话语权，他们既可以直接选拔高层经理，又拥有公司的重大经营决策权，公司经理层的经营行为是大股东意志的直接体现，所以我国公司治理中的"内部人"很多时候实际上就是指大股东。

自我国证券市场建立以来，不断出现严重的内部人掠夺现象，其掠夺方式也是五花八门。主要有：非法占用上市公司资金，利用上市公司的对外担保变相圈钱，利用关联交易转移资产与利润，上市公司的分红不规范、业绩造假，利用内幕消息进行交易，定向增发过程中向控股股东增发价格低于其他机构投资者的增发价格等。

### 4.2.3　金字塔式控制股权结构

我国上市公司股权结构的第三大特征为：金字塔控股结构是终极控制人控制上市公司的主要方式。金字塔控股结构使得控股股东的控制权超过现金流权，偏离了"一股一权"的原则，两权分离导致控股股东利用其对上市公司的控制，以其他小股东的利益为代价来最大化自身利益。我国国有控股公司的存在使得政府得以在上市公司构建金字塔控股结构，而民营企业在资本市场外部融资的机会相对缺乏，内部资本市场为民营企业创始人构建金字塔控股结构也提供了动力。刘芍佳等人（2003）研究论证了我国75.6%的上市公司是由政府构建金字塔控股结构实施终极控制的。上海证券交易所研究中心（2005）对民营上市公司进行研究发现，我国民营上市公司中90.19%采用了金字塔控股结构。由此可见，金字塔控股结构在我国上市公司中普遍存在。赖建清和吴世农（2005）比较了各种类型的终极控制人采用金字塔控股结构的情况后发现，自然人构建金字塔控股结构的比例高达 95.7%，而国有资产经营公司采用金字塔控股结构的比例最低为 15.7%。我国上市公司集中的股权结构普遍采用金字塔控股结构来实施终极控制。

### 4.2.4 股权流通状况得到极大改善，股东目标趋于一致

从表4-2可以看出，自2005年股权分置改革以来，我国上市公司股权流通比例逐年上升，截至2010年股权流通比例已达72.05%，基本达到 2005 年的两倍，股权流通状况得到极大改善。

表 4-2　　　　我国上市公司的股权流通状况

| 年份 | 2004 | 2005 | 2006 | 2007 | 2008 | 2009 | 2010 |
|---|---|---|---|---|---|---|---|
| 总股本（亿股） | 7149.43 | 7629.51 | 14 897.57 | 22 416.85 | 24 522.85 | 20 567.52 | 26 984.49 |
| 流通股数（亿股） | 2577.18 | 2914.77 | 5637.78 | 10 331.52 | 12 578.91 | 14 179.63 | 19 442.16 |
| 流通股比例 | 36.05% | 38.20% | 37.84% | 46.08% | 51.29% | 68.94% | 72.05% |

数据来源：根据 CSMAR 数据库中的相关数据整理而得。

在股权分置时期，非流通股与流通股股价不一致，使得非流通股股东更喜欢以股权融资来实现每股净资产和可控资产的最大化，而并非通过持续经营获得股权价值的增长以及经营效率的提升。随着股权分置问题的解决，非流通股和流通股的定价机制统一，非流通股股东和流通股股东的利益基础趋于一致，股票价格也会成为两者共同的价值判断标准，同时也可以加强对中小股东利益的保护。上市公司的经营目标也必然是追求全体股东财富的最大化，市场对企业定价的价值回归，意味着市场约束的形成。

总的来讲，就中国当前的股权结构特点而言，国有股在企业内部占有绝对数量，使得治理结构难以规范化和效益化。控股股东持股比例有所下降，但仍处于控股状态，金字塔控股结构在上市公司中普遍存在，中小投资者权益仍可能受到侵害。

# 4.3　我国中小投资者法律保护现状与测度

### 4.3.1　中小投资者保护法律法规进程

我国保护投资者的法律法规体系由国家法律、行政法规、部门规章和行业规定四个部分组成，其中《公司法》《证券法》和《刑法》是保护投资者利益的基本法律。以《公司法》《证券法》的实施为标志性事件，整个中国资本市场投资者法律保护进程可以分为三个阶段：初始阶段（1994 年 7 月以前）、发展阶段（1994 年 7 月—1999 年 7 月）和完善阶段（1999 年 7 月以后）。①

#### 4.3.1.1　中小投资者法律保护的初始阶段(1994 年 7 月以前)

1992 年以前，在上海和深圳等证券市场发育较早的城市，中小投资者法律保护的规范和依据主要来自于地方政府或各部委制定的一系列行政法规，如《深圳经济特区国营企业股份化试点暂行规定》（1986）、《上海市股份制企业暂行办法》（1988），以及国家体改委、国家计委、财政部和中国人民银行等发布的《股份制企业试点办法》（1992），国家体改委颁布的《股份有限公司规范意见》（1992）和《有限责任公司规范意见》（1992）等。这些地方性和部委级的法规主要对中小投资者的表决权和转让权等基本权利做出暂行规定，均带有明显的地

---

① 沈艺峰，许年行，杨熠. 我国中小投资者法律保护历史实践的实证检验 [J]. 经济研究，2004（9）：90-100.

方性和临时性的特点。随着国务院证券委员会和中国证监会的成立，证券立法进入全国性时期，中小投资者法律保护体系建设速度明显加快。1993年4月22日国务院发布《股票发行与交易管理暂行条例》，这是新中国第一部正式的全国性股票市场法规。该条例对上市公司信息披露、公司会计政策与审计制度、股权的持有与转让等与中小投资者法律保护相关的行为做出详细和具体的规定。与此同时，《公开发行股票公司信息披露实施细则》（1993）、《禁止证券欺诈行为暂行办法》（1993）、《关于上市公司送配股的暂行规定》（1993）、《会计法》（1994）等一批重要的法律法规相继出台，并对《股票发行与交易管理暂行条例》作了重要的补充和充实，使我国中小投资者法律保护状况得到明显改善。不过，这一阶段我国中小投资者法律保护仍存在如下几个问题：①中小投资者保护的法律法规具有明显的阶段性特征，容易被新的法律法规所替代；②行政色彩较为浓厚，缺乏法律法规的严肃性与权威性，未能依法保护中小投资者；③各项法律法规之间缺乏严密的立法逻辑，前后解释没有一致性；④有关中小投资者法律保护的条款往往仅具有原则性，可操作性较差。

4.3.1.2　中小投资者法律保护的发展阶段（1994年7月—1999年7月）

为了规范公司的组织和行为，保护公司、股东和债权人的合法权益，维护社会经济秩序，促进社会主义市场经济的发展，1994年7月1日实施了《中华人民共和国公司法》（以下简称《公司法》）。这是我国第一部规范公司行为的商法，其中许多法律条文都涉及了对投资者的法律保护，如对表决权和临时股东大会召集权、公司会计和送配股、信息披露和审计等制度性办法的规定。《公司法》的颁布实施标志着我国投资者保护进入有法可依的阶段，对我国的投资者法律保护具有划时代的意义。

在《公司法》颁布之后，我国又相继发布一系列与中小投资者保护有关的法律法规，主要是从信息披露这个角度来规范中小投资者法律保护。例如，这个时期先后出台了《公司股份变动报告的内容与格式（试行）》(1994)、《配股说明书的内容与格式》(1994)、《上市公司办理配股申请和信息披露的具体规定》(1994)、《年度报告的内容与格式》（第 1 次修订）(1995)、《中期报告的内容与格式》（第 1 次修订）(1996)、《企业会计准则——关联方关系及其交易的披露》(1997)、《上市公告书的内容与格式（试行)》(1997)、《招股说明书的内容与格式》(1997)、《中期报告的内容与格式》（第 2 次修订）(1998)、《年度报告的内容与格式》（第 2 次修订）(1998)、《配股说明书的内容与格式》（第 1 次修订）(1998)等，从各个方面较为系统和完整地建立起上市公司信息披露制度。

### 4.3.1.3　中小投资者法律保护的完善阶段(1999 年 7 月至今)

1999 年 7 月 1 日实施了我国的另一部投资者保护大法，即《中华人民共和国证券法》（以下简称《证券法》）。该法进一步规范了公司证券发行和交易行为，继续强化了上市公司信息披露制度，还开始关注上市公司的治理问题，对价格操纵、内幕交易以及欺诈投资者等行为及其法律责任都做出了较为明确的规定，具有较强的可操作性，是对《公司法》的重要补充。之后，《上市公司股东大会规范意见》(2000)、《关于在上市公司建立独立董事制度的指导意见》(2001)和《上市公司治理准则》(2002)陆续出台，进一步从公司治理角度确保中小投资者的权益能够得到有效的法律保护。这些法律法规的颁布实施有助于企业建立有效的法人治理结构、规范企业行为、保障投资者权益，对我国公司治理和投资者保护产生了深远的影响。

2002 年，证监会发布《上市公司收购管理办法》及《上市公司股东权益变动信息披露管理办法》等，对上市公司收购行为进行规范，并以保护被收购公司和中小股东的合法权益作为基本原则，明确控股股东和收购人对上市公司及其他股东负有诚信义务，不得通过上市公司收购损害被收购公司及其他股东的合法权益。2003 年最高人民法院发布《关于审理证券市场因虚假陈述引发的民事赔偿案件的若干规定》，这是我国证券市场审理侵权民事纠纷案件的首个司法解释，允许投资者进行共同诉讼。2003 年 2 月，上海证券交易所发布《上海证券交易所会员自律准则》，通过会员的自我要求和约束，为投资者提供良好的市场环境。2004 年，国务院下发《关于推进资本市场改革开放和稳定发展的若干意见》，证监会下发《关于加强社会公众股股东权益保护的若干规定》，对保护投资者特别是公众投资者的合法权益给予了空前关注。《上市公司股权分置改革管理办法》（2005）、《公司法》（2005 年修订）、《证券法》（2005 年修订），则进一步完善了中小投资者法律保护。上述两部法律的修订，对完善我国股东大会的召集制度、股东派生诉讼制度以及中小股东的保护制度做出了重大贡献。例如，2005 年《公司法》规定，股东的知情权可以延伸到查阅公司账簿；限制关联股东及董事的表决权；当公司的合法权益受到他人侵害，特别是受到有控制权的股东、母公司、董事和管理人员的侵害而公司怠于行使诉权时，符合法定条件的股东可以以自己的名义为公司的利益对侵害人提起诉讼，追究其法律责任（股东派生诉讼）；中小股东首次拥有了解散公司的请求权，即在公司经营发生严重困难，继续存在会使股东利益受到重大损失并且通过其他途径不能解决的情况下，持有公司全部表决权 10% 以上的股东可以请求人民法院解散公司。随后，中国证监会发布《公开发行证券的公司信息披露内容与格式准则第 2 号——年度报告的内容与格式》（2007 年修订），国资委、财政部发布《关于规范国有控股上市公司实施股权激励制度有关问题的通知》（2008），证监会发布《公开发行证券的公司信息披露编报规则第 15 号——财务报告的一般规定》（2010 年修订）、《上市公司收购管理办法》（2008 年修改第 63 条，2012 年修改第 62 条及第 63 条）和《上市公司重大资产重组管理办法》（2011 年修订）。

由此可见，这个阶段中小投资者合法权益的法律保护得到了高度重视，法律保护重点从信息披露等外部制度建设转移到上市公司治理上，董事会的独立性和重要性得以突显。总体而言，我国已初步形成了以《公司法》《证券法》为核心，多部法规和规章为补充的证券市场法律体系，在理论上初步建立了投资者法律保护体系。

### 4.3.2 投资者法律保护状况与其他转轨经济国家的比较

目前我国已经在理论上初步建立了投资者法律保护体系，但是仍存在诸多不完善的地方，制度设计仍存在一些问题，相关法律体系的完善仍有很长的路要走。

LLSV（2000）将 49 个国家分为普通法系、德国民法法系、法国民法法系和斯堪的纳维亚民法法系 4 组，在各个国家指标得分的基础上，对各组平均分进行比较。他们得出的结论是：每个国家法律起源的不同导致了各国对投资者法律保护的程度有所差异，从而使不同国家的企业形成了不同的股权结构。投资者法律保护越好的国家和地区，企业的股权越分散；投资者法律保护越弱的国家和地区，企业的股权越集中。当法律不健全时，投资者的权利得不到好的保护，中小投资者将会转移投资，由此会提高股权融资成本，间接融资和内部融资成为公司的主要融资途径，最终加剧股权集中。

我国的上市公司大多是国有企业或集体企业通过改制上市的，其成立之初的主要目的是为国有大中型企业改革服务，因而在这种政府主导的改革方式下，企业也往往表现为国有控股。

即使是在完成了股权分置改革后，在全流通的背景下，国有股比例虽有所下降，却仍相对控股。截至2010年12月，我国证券市场上共有上市公司2063家，共发行股票2149只，总股本为26 984.49亿股，总市值达265 422.59亿元。国有企业第一大股东持股比例为40.27%，非国有企业第一大股东持股比例为33.86%。在我国证券市场中，由于股权仍然集中在少数控股股东手中，导致中小投资者利益被上市公司控股股东侵害的事件时有发生，从而在一定程度上影响了我国证券市场的健康发展。

为清楚地反映我国外部投资者的法律保护状况，本书利用LLSV（1998）的计算方法，将我国投资者的权利的指标得分与LLSV所列出的国家进行了比较（见表4-3）。

表4-3　LLSV对不同法系国家（1998年）以及中国投资者
法律保护的评价

| 指标 | 普通法系（18国） | 法国法系（21国） | 德国法系（6国） | 斯堪的纳维亚法系（4国） | 世界平均（49国） | 中国 1998 | 中国 2010 |
|------|------|------|------|------|------|------|------|
| 抗董事会指数 | 4.00 | 2.33 | 2.33 | 3.00 | 3.00 | 3.00 | 5.00 |
| 邮寄投票权 | 39% | 5% | 0% | 25% | 18% | 0% | 100% |
| 无阻碍出售权 | 100% | 57% | 17% | 100% | 71% | 0% | 0% |
| 累积投票权或小股东的比例投票权 | 28% | 29% | 33% | 0% | 27% | 0% | 100% |
| 受压小股东保护机制 | 94% | 29% | 50% | 0% | 53% | 100% | 100% |
| 优先认购权 | 44% | 62% | 33% | 75% | 53% | 100% | 100% |
| 召开临时股东大会的股权比例（小于等于10%） | 94% | 52% | 0% | 0% | 78% | 100% | 100% |

数据来源：LA PORTA R., LOPEZ - DE - SILANES F., SHLEIFER A., VISHNY R. Investor Protection and Corporate Governance［J］. Journal of Financial Economics，2000. 本书仅选取其中的股东权利保护指数。中国数据通过手工搜集整理而得。

由表4-3可以看出，在1998年，我国的邮寄投票权、无阻碍出售权和累积投票权或小股东的比例投票权这三个指标得分均为0。当时只有德国法系的邮寄投票权与我国一样同为0分，普通法系得分最高（39%）。但2002年1月证监会发布的《上市公司治理准则》第8条规定，上市公司应在保证股东大会合法、有效的前提下，通过各种方式和途径，包括充分运用现代信息技术手段，扩大股东参与股东大会的比例。从此，我国在这一指标上有所突破。1998年，斯堪的纳维亚法系和普通法系的无阻碍出售权均达到100%，而我国的此项指标到2010年仍未得到有效改善。累积投票权或小股东的比例投票权这一指标在1998年的各法系中分值均比较低，得分最高的德国法系也仅为33%，得分最低的斯堪的纳维亚法系为0%。证监会发布的《上市公司治理准则》第31条规定，股东大会在董事选举中应积极推行累积投票制度。这使得我国2010年的累积投票权或小股东的比例投票权指标得分为100%。1998年，我国的受压小股东保护机制、优先认购权和召开临时股东大会的股权比例这三个指标分值均达到100%，超过了在当时得分最高的普通法系受压小股东保护机制（94%）、斯堪的纳维亚法系优先认购权（75%）、普通法系召开临时股东大会的股权比例（94%）。1993年修订的《公司法》第111条规定，股东大会、董事会的决议违反法律、行政法规，侵犯股东合法权益的，股东有权向人民法院提起要求停止该违法行为和侵害行为的诉讼。这为我国受压小股东保护机制这一指标提供了有效的立法基础。该法第138条第4项规定，公司发行新股，股东大会应当对向原有股东发行新股的种类及数额作出决议。这也初步体现了优先认购权这一指标。1992年5月国家体改委下发的《股份有限公司规范意见》第44条规定，当代表公司股份10%以上（含10%）的两名以上（含两名）股东请求时，可召开股东临时会议。这使得我国 1998 年的召开临时股东大会的股权比例分值为 100%。在 LLSV 投资者法律保护评价体系中，我国 1998 年的抗董事会指数得 3.00 分，比普通法系低 1.00 分，比法国法系和德国法系均高 0.67 分，达到了世界平均水平。到 2010 年我国的抗董事会指数达到 5 分，有了很大的进步。

在 LLSV 研究的基础上，Pistor（2000）对 24 个转轨经济国家的投资者法律保护状况进行了比较研究，除了 LLSV 的指标外，Pistor 还增加了其他五个指标：呼吁（VOICE）、退出（EXIT）、防管理者（ANTIMANAGE）、防大股东（ANTIBLOCK）和股票市场整体质量（SMINTEGR）。其中，VOICE 指标包括小股东要求设立审计委员会的权利、保证股东大会有效的最小法定股东人数、公司做出重大决策（包括章程的修改、公司的清算和兼并重组等）的表决权比例、无理由随时解雇董事和管理者的可能性及在董事会中是否有增加政府或雇员代表等强制性条款；EXIT 指标包括一些方便股东离开公司的法律规则，例如股东无需其他股东的事前同意可自行出售股票的权利或没有其他一些对股票买卖进行正式限制的条款，特别是包括了卖权和强制要约收购的条款。Pistor 兼顾了呼吁和退出两方面股东的权利。ANTIMANAGE 和 ANTIBLOCK 指标是用来评价一国法律在解决股东与管理者或控股股东与小股东之间冲突等代理问题的权重，ANTIMANAGE 包括目的在于保护小股东抗衡管理者的法律条款，而 ANTIBLOCK 规则的设计是为了保护小股东以抗衡大股东剥夺的条款。另外，Pistor 还构建了股票市场整体质量变量 SMINTEGR，其涵盖的内容包括利益冲突规则、股东登记的独立性、内部交易规则、法定信息披露要求、国家对资本市场监管机构的控制以及资本市场监管的独立性。

表4-4　Pistor 对转轨经济国家和中国的投资者法律保护的评价

| 指标 | 24 个转轨经济国家 | | 德国法系转轨经济 | | 法国法系转轨经济 | | 东欧转轨经济 | | 中国 | |
|---|---|---|---|---|---|---|---|---|---|---|
| | 1992 | 1998 | 1992 | 1998 | 1992 | 1998 | 1992 | 1998 | 1998 | 2010 |
| LLSV指标体系下股东权利 | 2.17 | 3.13 | 2 | 3.06 | 2 | 2.6 | 2.4 | 3.45 | 3.75 | 6.5 |
| 股票市场整体质量 | 0.96 | 2.86 | 1.44 | 3.44 | 0.6 | 2.4 | 0.7 | 2.58 | 4 | 4 |
| 呼吁 | 5.89 | 7.86 | 4.69 | 6.72 | 4.85 | 6.7 | 7.4 | 9.5 | 7.75 | 9.5 |
| 退出 | 1.06 | 1.76 | 1.06 | 1.67 | 0.45 | 0.90 | 1.40 | 2.26 | 0.5 | 1.5 |
| 防管理者权利 | 2.58 | 3.60 | 2 | 3.33 | 2.80 | 3.60 | 2.30 | 3.85 | 2.25 | 2.5 |
| 防大股东权利 | 1.85 | 3.49 | 1.72 | 3.53 | 2 | 3.3 | 1.9 | 3.55 | 4.5 | 6 |

数据来源：PISTOR K. Patterns of Legal Change：Shareholder and Creditor Rights in Transition Economics，2000.

注：中国1998年各指标分值计算详见表4-5，2010年各指标分值计算详见表4-6。

　　由表4-4可知，在1998年，由 Pistor 所列 LLSV 指标体系下我国投资者法律保护指数比世界转轨经济中分值最低的法国法系转轨经济高1.15，比分值最高的东欧转轨经济高0.3。可见，在 LLSV 投资者法律保护指标体系下，当时相对于其他转轨经济体，我国投资者法律保护水平总体较好。到2010年，我国这一指标体系的分值达到6.5。

　　在 Pistor 指标体系下，可以较为具体地分析出我国投资者保护立法中不同方面的优势和劣势。1998年，我国的"退出"和"防管理者权利"指标得分分别为0.5和2.25，低于世界转轨经济平均水平1.26分和1.35分，甚至不及这两个指标水平较低的法国法系和德国法系。到了2010年，我国的这两个指标的分值仍没能超过1998年的世界平均水平。我国的"股票市场整体质量"和"防大股东权利"这两个指标在1998年就已经超过了世界平均水平。1998年，我国的"股票市场整体质量"指标比其他转轨经济中此项分值最高的德国法系高 0.56。2010 年，我国的"股票市场整体质量"得分仍保持 1998 年的水平（4 分）。1998 年，我国的"防大股东权利"指标比同时期其他转轨经济中此项分值最高的东欧转轨经济高 0.95。到 2010 年，我国此项指标增长到 6，与 1998 年的 4.5 分相比，我国的"防大股东权利"在立法上有了长足的发展。1998 年，我国的"呼吁"指标得分 7.75，比世界平均水平低 0.11 分，但比得分较低的法国法系转轨经济高 1.05 分，处于世界中等水平，到 2010 年我国的这一指标分值达到 9.5 分。总的来说，我国从 1998 年至 2010 年对中小投资者的立法保护有所增强，但是在"呼吁"和"防管理者权利"方向还有待加强。

表 4-5　　1998 年中国投资者法律保护评价指标具体赋分结果

| | 指标 | 取值 | LLSV | SMINT | VOICE | EXIT | ANTIM-ANAGE | ANTIB-LOCK |
|---|---|---|---|---|---|---|---|---|
| 1 | 强制性一股一票制 | 1/0 | (1) | | 1 | | | |
| 2 | 邮寄投票权 | 1/0 | 0 | | 0 | | | |
| 3A | 无阻碍出售权 | 1/0 | 0 | | 1 | | | |
| 3B | 股东大会前无注册截止日期 | 1/0 | 0 | | 0 | | | |
| 4A | 累积投票权 | 1/0 | 0 | | 0 | | | 0 |
| 4B | 其他确保董事会比例的规则 | 1/0 | 0 | | 1 | | | 1 |
| 5A | 股东反对执行人员决策时拥有的司法救助 | 如果存在个人股东的直接或衍生诉讼得分为 1；如果对决策存在法律限制，则为 0.5；如果股东不能起诉，则为 0。 | 0.5 | | 0.5 | | 0.5 | |
| 5B | 股东反对股东大会决策时拥有的司法救助 | 有司法救助为 1；无司法救助为 0。 | 1 | | 1 | | | 1 |

表4-5(续1)

| 指标 | 取值 | LLSV | SMINT | VOICE | EXIT | ANTIM-ANAGE | ANTIB-LOCK |
|---|---|---|---|---|---|---|---|
| 6 优先认购权 | 法律赋予股东优先购买新发行股票的权利,这种权利只能经由股东投票加以限制,拥有此权的则为1;否则为0。 | 1 | | 1 | | | 1 |
| 7 召开临时股东大会的权利 | 要求10%比例的为1;20%的为0.5;超过20%的为0。 | 1 | | 1 | | 1 | |
| 8 红利支付条款 | 规定利润留出一定比例分红的为1;没有相应规定的为0。 | (0) | | | | | |
| 9 执行董事由董事会而非股东大会指定 | 由董事会而非股东大会指定的为1;由董事会指定而由股东大会解雇的为0.5;由股东大会指定和解雇的为0。 | | | | | 0 | 0 |
| 10 管理成员可以在任何时候被解雇 | 法律没有规定解雇条件的为1;否则为0。 | | | | 0 | 0 | |
| 11 股东大会做出决定（不小于50%） | 大于等于50%的为1;小于50%的为0。 | | | 1 | | | 1 |
| 12 召开监事会的权利（不大于10%） | 要求10%比例的为1;20%的为0.5;超过20%的为0。 | | | | 0 | 0 | |
| 13 重大决定要求绝大多数通过（3/4以上） | 仅章程修改和清算的为0.5;再加上注册资本的改变和公司重组的为0.75;除以上外,还有主要资产出售的为1。 | | | 1 | | | |
| 14 董事会由股东选举 | 1/0 | | | 1 | | | |
| 15 无限制股票转让权 | 股票可自由转让的为1;否则为0。 | | | | 0 | | |

表4-5(续2)

| 指标 | 取值 | LLSV | SMINT | VOICE | EXIT | ANTIM-ANAGE | ANTIB-LOCK |
|---|---|---|---|---|---|---|---|
| 16 对股票转让的正式要求（背书或注册） | 没有额外的正式要求的为1；否则为0。 | | | | 0 | | |
| 17 在反对公司重大交易时小股东可以要求公司以公平价格回购其股票 | 如果有权的话为1；否则为0。 | | | | 0 | | 0 |
| 18 强制性要约收购 | 比例小于等于25%的为1；大于30%的为0.75；大于50%的为0.5。 | | | | 0.5 | | 0.5 |
| 19 利益冲突条款 | 存在特定交易的利益冲突条款的为1；否则为0。 | | 1 | | | 1 | |
| 20 股东注册由独立公司管理 | 对上市公司有强制性规定的为1；由该公司管理的为0。 | | 1 | | | | |
| 21 内部人交易的法律禁止 | 法律禁止内部交易的为1；否则为0。 | | 1 | | | | |
| 22 收购的强制披露比例 | 比例为10%的为1；25%的为0.75；50%的为0.5；超过50%的为0.25；没有规定的为0。 | | 0 | | | | 1 |
| 23 政府对资本市场的监管 | 有指定的机构负责证券市场监管的为1；否则为0。 | | 1 | | | | |
| 24 资本市场监管的独立性 | 机构是独立的为1；否则为0。 | | 0 | | | | |
| 合计 | | 3.75① | 4 | 7.75 | 0.5 | 2.25 | 4.5 |

① 此分值与表4-3的计算结果不同，原因在于Pistor将LLSV的三个指标（无阻碍出售权、累积投票权和受压小股东保护机制）分解，且增加了LLSV最初考虑了但并未包括在其累计指标分数中的两个指标（强制性一股一票制和红利支付条款）。

对表 4-5 中各分值项的说明：

第 1 项，1992 年 5 月国家体改委下发的《股份有限公司规范意见》第 39 条规定，公司的股份持有人为公司股东。股东按其持有股份的类别和份额享有权利、承担义务。普通股股东有出席或委托代理人出席股东会并行使表决权的权利，每一股都拥有同等表决权。优先股股东无表决权。但公司连续三年不支付优先股股利时，优先股股东即享有第 41 条规定的权利。

第 4B 项，1993 年 12 月发布、1994 年 7 月 1 日实施的《公司法》第 113 条规定，董事会设董事长一人，可以设副董事长一至二人。董事长和副董事长由董事会以全体董事的过半数选举产生。

第 5A 项和第 5B 项，《公司法》（此处皆指 1994 年 7 月 1 日施行的《公司法》）第 111 条规定，股东大会、董事会的决议违反法律、行政法规，侵犯股东合法权益的，股东有权向人民法院提起要求停止该违法行为和侵害行为的诉讼。

第 6 项，《公司法》第 138 条第 4 项规定，公司发行新股，股东大会应当对向原有股东发行新股的种类及数额做出决议。

第 7 项，参见《股份有限公司规范意见》和《有限责任公司规范意见》。

第 8 项，"红利支付条款"在 LLSV 的指标中有涉及，而在此处的五项指标中未涉及，所以未给出分数。

第 11 项，《公司法》第 106 条规定，股东出席股东大会，所持每一股份有一表决权。股东大会做出决议，必须经出席会议的股东所持表决权的半数以上通过。

第 12 项，"召开监事会的权利（不大于 10%）"，监事会主席召集和主持监事会，没有提股东召集的事情，所以此处给出0 分。

第 13 项，"重大决定要求绝大多数通过（3/4 以上）"，我国要求的是 2/3，仅是标准不同，所以笔者认为此处应加分。

第 14 项，《公司法》第 38 条规定，股东会行使的职权中有选举和更换董事，决定有关董事的报酬事项。

第 18 项，1993 年 4 月国务院下发的《股票发行与交易管理暂行条例》第 51 条规定，收购要约期满，收购要约人持有的普通股未达到该公司发行在外的普通股总数的 50% 的，为收购失败；收购要约人除发出新的收购要约外，其以后每年购买的该公司发行在外的普通股，不得超过该公司发行在外的普通股总数的 5%。收购要约期满，收购要约人持有的普通股达到该公司发行在外的普通股总数的 75% 以上的，该公司应当在证券交易所终止交易。收购要约人要约购买股票的总数低于预受要约的总数时，收购要约人应当按照比例从所有预受收购要约的受要约人中购买该股票。收购要约期满，收购要约人持有的股票达到该公司股票总数的 90% 时，其余股东有权以同等条件向收购要约人强制出售其股票。

第 19 项，1997 年 12 月证监会发布的《上市公司章程指引》第 51 条规定，股东出具的委托他人出席股东大会的授权委托书应当载明的内容，包括对列入股东大会议程的每一审议事项投赞成、反对或弃权票的指示。

第 20 项，1997 年 12 月国务院证券委员会发布的《证券交易所管理办法》第 64 条规定，证券交易所应当设立一个证券登记结算机构，为证券的发行和在证券交易所的证券交易活动提供集中的登记、存管、结算与交收服务。第 67 条规定，证券登记结算机构的业务范围和职能，包括股权登记和证券持有人名册登记和证券账户的设立。

第 21 项，《股票发行与交易管理暂行条例》第 72 条规定，内幕人员和以不正当手段获取内幕信息的其他人员违反本条例规定，泄露内幕信息、根据内幕信息买卖股票或者向他人提出买卖股票的建议的，根据不同情况，没收非法获取的股票和其他非法所得，并处以 5 万元以上 50 万元以下的罚款。证券业从业人员、证券业管理人员和国家规定禁止买卖股票的其他人员违反本条例规定，直接或者间接持有、买卖股票的，除责令限期出售其持有的股票外，根据不同情况，单处或者并处警告、没收非法所得、5000 元以上 5 万元以下的罚款。

第 22 项，1993 年 6 月证监会发布的《公开发行股票公司信息披露实施细则（试行）》第 22 条第 4 项规定，收购公告书应当包括持有收购人 5% 以上股份的股东和最大的十名股东名单及简要情况。

第 23 项和第 24 项，我国的证券市场监管采用政府集中监管模式。中国证监会是国务院直属事业单位，是对证券业和证券市场进行监督管理的执行机构。

第 3、4、5 项，LLSV 的法律保护指标体系包括 6 个指标，Pistor 把这些指标分成两大类。指标 4A 和指标 4B 在 LLSV 的指标体系中是同一个指标。如果要得到能与 LLSV 指标体系可比的结果，第 4 项指标分值应为（4A+4B）/2。第 5 项指标分值的计算方法为（5A+5B）/2，原因与第 4 项指标相同。对于第 3 项指标，LLSV 的指标体系只采用了 3A，而 Pistor 增加了 3B，是因为股东大会前注册与拦截性股票的效果相似。即使在第一种情况下交易仍可能进行，在注册日后交易股票将不会影响股东大会的表决，则第 3 项指标的计算方法为（3A+3B）/2。

表 4-6　2010 年中国投资者法律保护评价指标具体赋分结果

| | 指标 | 取值 | LLSV | SMINT | VOICE | EXIT | ANTIM-ANAGE | ANTIB-LOCK |
|---|---|---|---|---|---|---|---|---|
| 1 | 强制性一股一票制 | 1/0 | (1) | | 1 | | | |
| 2 | 邮寄投票权 | 1/0 | 1 | | 1 | | | |

表4-6(续1)

| 指标 | 取值 | LLSV | SMINT | VOICE | EXIT | ANTIM-ANAGE | ANTIB-LOCK |
|------|------|------|-------|-------|------|-------------|------------|
| 3A 无阻碍出售权 | 1/0 | 0 | | 1 | | | |
| 3B 股东大会前无注册截止日期 | 1/0 | 0 | | 0 | | | |
| 4A 累积投票权 | 1/0 | 1 | | 1 | | | 1 |
| 4B 其他确保董事会比例的规则 | 1/0 | 0 | | 1 | | | 1 |
| 5A 股东反对执行人员决策时拥有的司法救助 | 如果存在个人股东的直接或衍生诉讼得分为1;如果对决策存在法律限制,则为0.5;如果股东不能起诉,则为0。 | 1 | | 1 | | 1 | |
| 5B 股东反对股东大会决策时,拥有的司法救助 | 有司法救助为1;无司法救助为0。 | 1 | | 1 | | | 1 |
| 6 优先认购权 | 法律赋予股东优先购买新发行股票的权利,这种权利只能经由股东投票加以限制,拥有此权的则为1;否则为0。 | 1 | | 1 | | | 1 |
| 7 召开临时股东大会的权利 | 要求10%比例的为1;20%的为0.5;超过20%的为0。 | 1 | | 1 | | 1 | |
| 8 红利支付条款 | 规定利润留出一定比例分红的为1;没有相应规定的为0。 | (1) | | | | | |
| 9 执行董事由董事会而非股东大会指定 | 由董事会而非股东大会指定的为1;由董事会指定而由股东大会解雇的为0.5;由股东大会指定和解雇的为0。 | | | | | 0 | 0 |

表4-6(续2)

| 指标 | 取值 | LLSV | SMINT | VOICE | EXIT | ANTIM-ANAGE | ANTIB-LOCK |
|---|---|---|---|---|---|---|---|
| 10 管理成员可以在任何时候被解雇 | 法律没有规定解雇条件的为1；否则为0。 | | | 0 | | 0 | |
| 11 股东大会做出决定（不小于50%） | 大于等于50%的为1；小于50%的为0。 | | | 1 | | | 1 |
| 12 召开监事会的权利（不大于10%） | 要求10%比例的为1；20%的为0.5；超过20%的为0。 | | | 0 | | 0 | |
| 13 重大决定要求绝大多数通过（3/4以上） | 仅章程修改和清算的为0.5；再加上注册资本的改变和公司重组的为0.75；除以上外，还有主要资产出售的为1。 | | | 1 | | | |
| 14 董事会由股东选举 | 1/0 | | | 1 | | | |
| 15 无限制股票转让权 | 股票可自由转让的为1；否则为0。 | | | | 0 | | |
| 16 对股票转让的正式要求（背书或注册） | 没有额外的正式要求的为1；否则这0。 | | | | 0 | | |
| 17 在反对公司重大交易时小股东可以要求公司以公平价格回购其股票 | 如果有权的话为1；否则为0。 | | | | 1 | | 1 |
| 18 强制性要约收购 | 比例小于等于25%的为1；大于30%的为0.75；大于50%的为0.5。 | | | | 0.5 | | 0.5 |
| 19 利益冲突条款 | 存在特定交易的利益冲突条款的为1；否则为0。 | | 1 | | | 1 | |
| 20 股东注册由独立公司管理 | 对上市公司有强制性规定的为1；由该公司管理的为0。 | | 1 | | | | |

表4-6(续3)

| 指标 | 取值 | LLSV | SMINT | VOICE | EXIT | ANTIM-ANAGE | ANTIB-LOCK |
|---|---|---|---|---|---|---|---|
| 21 内部人交易的法律禁止 | 法律禁止内部交易的为1；否则为0。 | | 1 | | | | |
| 22 收购的强制披露比例 | 比例为10%的为1；25%的为0.75；50%的为0.5；超过50%的为0.25；没有规定的为0。 | | | | 0 | | 1 |
| 23 政府对资本市场的监管 | 有指定的机构负责证券市场监管的为1；否则为0。 | | | 1 | | | |
| 24 资本市场监管的独立性 | 机构是独立的为1；否则为0。 | | | 0 | | | |
| 合计 | | 6.5 | 4 | 9.5 | 1.5 | 2.5 | 6 |

对表4-6中相对于表4-5分值变化项目的说明：

第2项，2000年5月证监会发布修订了的《上市公司股东大会规范意见》第6条规定，年度股东大会和应股东或监事会的要求提议召开的股东大会不得采取通信表决方式；临时股东大会审议下列事项时，不得采取通信表决方式：①公司增加或者减少注册资本；②发行公司债券；③公司的分立、合并、解散和清算；④《公司章程》的修改；⑤利润分配方案和弥补亏损方案；⑥董事会和监事会成员的任免；⑦变更募股资金投向；⑧需股东大会审议的关联交易；⑨需股东大会审议的收购或出售资产事项；⑩变更会计师事务所；⑪《公司章程》规定的不得通信表决的其他事项。2002年1月证监会、国家经贸委发布的《上市公司治理准则》第8条规定，上市公司应在保证股东大会合法、有效的前提下，通过各种方式和途径，包括充分运用现代信息技术手段，扩大股东参与股东大会的比例。股东大会时间、地点的选择应有利于让尽可能多的股东参加会议。这里放宽了通信表决权。伴随着互联网的迅速发展和普及，2004

年 11 月证监会发布《上市公司股东大会网络投票工作指引（试行）》。其第 3 条规定，上市公司召开股东大会，除现场会议投票外，鼓励其通过网络服务方向股东提供安全、经济、便捷的股东大会网络投票系统，方便股东行使表决权。

第 4A 项，《上市公司治理准则》第 31 条规定，在董事的选举过程中，应充分反映中小股东的意见。股东大会在董事选举中应积极推行累积投票制度。控股股东控股比例在 30% 以上的上市公司，应当采用累积投票制。采用累积投票制度的上市公司应在公司章程里规定该制度的实施细则。

第 5A 项，2003 年《最高人民法院关于审理证券市场因虚假陈述引发的民事赔偿案件的若干规定》第 12 条：本规定所涉证券民事赔偿案件的原告可以选择单独诉讼或者共同诉讼方式提起诉讼。这种共同诉讼方式可以称为衍生诉讼。

第 8 项，2006 年 5 月证监会下发的《上市公司证券发行管理办法》第 8 条第 5 项规定，最近三年以现金或股票方式累计分配的利润不少于最近三年实现的年均可分配利润的 20%。2008 年 10 月《中国证券监督管理委员会关于修改上市公司现金分红若干规定的决定》将此项条款修改为："最近三年以现金方式累计分配的利润不少于最近三年实现的年均可分配利润的 30%。"

第 17 项，《上市公司章程指引》（2006 年修订）第 23 条第 4 款规定，公司在股东因对股东大会做出的公司合并、分立决议持异议，要求公司收购其股份的情况下，可以依照法律、行政法规、部门规章和本章程的规定，收购本公司的股份。

Pistor 在 2000 年就已经设计出这五项指标下所属的子指标，时至今日，若仍然按这些指标来打分，2010 年的分值相比 1998 年的分值并未有太大的差别，即涨幅不大。仅在这个指标体系下，中国对投资者（此处指股东）保护的法律法规并没有太大的改进。VOICE 增长了 1.75 分，EXIT 增长了 1 分，ANTIMANAGE 增长了 0.25 分，ANTIBLOCK 增长了 1.5 分，SMINT 未增长。

### 4.3.3 法律制度设计不完备与法律执行效率低下

#### 4.3.3.1 法律制度设计不完备

集中的股权结构会导致中小股东的权益受到侵害。我国当前法律制度设计的不完备加剧了股权的相对集中。

第一，制度设计存在偏差。我国建立证券市场的主要目的是：为国有企业提供融资渠道，为筹资的多元化提供融资渠道；减小我国国有银行的借款压力和经营风险；优化资源配置。但我国在建立证券市场初期，把重点放在了为国有企业服务上，因此整个市场的制度设计都是基于这种市场定位。这在当时特定的历史条件下有其合理性与必然性，但这种对证券市场功能机制的扭曲到今天依旧没有纠正过来。也正是由于这种市场定位，导致证券市场制度设计对投资者利益保护这一个核心目标并未给予足够的重视，成为中小投资者利益受到侵害的制度性根源。

第二，市场行为规则不够细化，跟不上形势的变化。我国证券市场起步较晚，相关的法律法规建设滞后，且内容不够具体细化，明显跟不上形势的变化。随着我国证券市场的发展，以及股权分置改革的完成，市场出现了新形势，但相关法律法规建设和理念、方式，都不能适应证券市场迅速发展的需要。内幕交易行为和操纵市场行为不断出现，且呈现出交易更隐蔽、形式更多样的新特点，违法违规行为的模式、手段也发生了根本性变化，过去以上市公司虚构利润等虚假陈述方式为主，现在则以散布虚假信息配合二级市场股价操纵、内幕交易为主。而且，随着市场进入全流通时代，上市公司的并购、资产重组、增发、整体上市、海外回归等越来越多，内幕信息也相应增多，特别是出台股指期货产品与做空机制后，对市场行为的规则体系更需进一步细化。

第三，民事规范缺失。现行法律体系多以行政和刑事规范的面目出现，过于强调违法者对国家的责任，过于强调法律的威慑性和惩罚力，忽视了受害人的利益，忽视了民事救济的作用，而更多时候受害人的利益更需要民事救济来保护。

第四，法律缺乏可操作性。由于证券市场所特有的专业性和技术性，过于简单的法律法规条款所起的作用是十分有限的。例如，《证券法》虽规定受害人因虚假陈述行为导致的损害可得到法律救济，但对具体途径却未加说明。在我国，法官的自由裁量权很小，这就使得资本市场上的几宗侵权案件实际上处于无法可依的状态，所以法院迟迟不予受理，直到最高人民法院做出相应的司法解释，这一问题才得以解决。

第五，集中的股权结构与当前的制度设计不匹配。比如，广义的公司法是规定公司法律地位，调整公司组织关系，规范公司设立、变更与终止过程中的组织行为的法律规范的总称。它除包括《公司法》外，还包括其他法律、行政法规对有关公司的规定。《公司法》第一条规定："为了规范公司的组织和行为，保护公司、股东和债权人的合法权益，维护社会经济秩序，促进社会主义市场经济的发展，制定本法。"从公司法的定义，以及其制定目的来看，现有的《公司法》主要是对公司主体的一个行为规范，以约束公司的行为为目的，但是忽略了控股股东和实际控制人的行为对公司的影响。而我国治理结构的现实是，股东以及实际控制人的行为对公司产生的影响更大。

由此可见，一方面，我国的国情与法律制度的不完备形成了股权集中的常态；另一方面，在法律不健全的前提下，制度设计的缺陷也在一定程度上为集中的股权结构下大股东攫取控制权私人收益成为可能，从而又加剧了我国股权的相对集中程度，反过来又会影响投资者法律保护的程度。

### 4.3.3.2 中小投资者法律保护执行效率不高

虽然经过几十年的发展，我国的投资者法律保护水平已经有了很大的提高，但是根据前述分析，制度设计仍然存在提高的空间，此外，在法律执行方面也还存在执行效率不高的问题。

这体现在以下几个方面：

第一，行政干预大大降低了法律的执行效率。我国证券市场诞生的历史，决定了其必然受到行政手段的干预。政府部门会选择最优的政策来保持股市的稳定以及健康发展，期间也会夹杂一定的行政目的，使得证券市场并没有真正意义上实现市场化。行政干预极容易导致资源配置与激励机制的扭曲，诱发大量寻租行为，降低了法律的执行效率，进而导致证券市场无法高效运转。

第二，监管机构对自己在证券市场中的定位不清楚。在证券市场，监管机构往往充当着"裁判员"和"运动员"双重角色。一方面，市场监管者担当着执法者的角色，另一方面又代表国家维护国有股权的利益。这两者存在明显的利益冲突，从而导致监管者缺乏权威性和执法的自觉可信性。对违法违规行为的查处力度不大，是我国司法实践中的一个特殊状况，在证券违规案件的民事赔偿方面更是如此。对于由内幕交易、市场操纵、虚假陈述等侵权行为引起的民事赔偿案件，法院直到2001年才开始受理，而此前的10年时间，法院基本上没有介入。证监会虽然已将自己的监管目标定位于中小投资者保护，但也常常在国家利益与私有产权保护之间左右为难，这使得证券案件的审理和证券监管执法变成了艰难的政治权衡。如果监管机构不坚决执行自己的监管职责，对证券市场上的违法违规行为不严格处理，也就意味着放纵侵害中小投资者的恶意行为，中小投资者权益必定受到侵害。

第三，监管不力，执法不严。由于我国证券市场具有独特的历史责任，因此监管目标往往会在发展与规范之间摇摆。如果定位监管目标为发展，则会忽视和放松监管，最终以牺牲市场规范为代价；如果选择市场规范，就会损害市场正常发展的基础，以市场的停止或剧烈震荡为代价。因此，政策以及监管手段的选择成了影响市场的重要因素，市场的有效运行不再依赖市场，而更多靠政府的决策。同时，由于政策多变和监管尺度不一致以及执法的灵活性，导致市场缺乏理性的预期，加剧了市场的投机和不规范运作。

## 4.4 投资者法律保护分值计算
### ——基于我国中小投资者法律保护实践

### 4.4.1 中小投资者法律保护具体条款的设定

本书所涉及的有关中小投资者法律保护的具体条款收录了沈艺峰（2004，以下称"沈文"）① 所列的 16 项条款，在此基

---

① 与沈文中所列法律法规的差异：

第一，《公司法》，沈文中涉及的此法是 1994 年 7 月 1 日实施的，1999 年修正的《公司法》并未收录其中，原因应该是 1999 年修正的《公司法》的实施日期仍然为 1994 年 7 月 1 日。1999 年修正的《公司法》虽然在数据库中收录时标明的实施日期为 1994 年 7 月 1 日，但其在 1999 年发布这一事实不应忽略。本书所收集的 2002 年至 2011 年的法律法规，应包括 2004 年修正的《公司法》（实施日期仍为 1994 年 7 月 1 日）。同样，2004 年修正的《证券法》（实施日期为 1999 年 7 月 1 日）也应被收录其中。

第二，"外部独立董事"，沈文中涉及的法规日期为 2002 年 6 月 30 日，但其文中明显提到了《关于在上市公司建立独立董事制度的指导意见》，此法规实施日期为 2001 年 8 月 16 日。

第三，"送配股政策"，沈文中没有 1999 年 7 月 1 日实施的《证券法》，但其中提到了"第二十条 上市公司发行新股，应当符合公司法有关发行新股的条件，可以向社会公开募集，也可以向原股东配售。上市公司对发行股票所募资金，必须按招股说明书所列资金用途使用。改变招股说明书所列资金用途，必须经股东大会批准。擅自改变用途而未作纠正的，或者未经股东大会认可的，不得发行新股"和"第六十五条 国务院证券监督管理机构对上市公司年度报告、中期报告、临时报告以及公告的情况进行监督，对上市公司分派或者配售新股的情况进行监督。证券监督管理机构、证券交易所、承销的证券公司及有关人员，对公司依照法律、行政法规规定必须作出的公告，在公告前不得泄露其内容"。沈文中未对此进行打分，但本书认为这个符合此指标，且 2005 年 10 月修订发布、2006 年 1 月 1 日实施的《证券法》应当被收录其中。

础上增加了 2 项条款以作补充。沈文的 16 项条款分为"股东权利"和"其他制度与政策"两大部分。其中，股东权利包括 LLSV（1988）的 6 项与中小投资者权益法律保护相关的条款，分别为：一股一票、抗董事权中的通信表决权、代理表决权、累积投票权、临时股东大会召集权、股东起诉权，沈文在股东权利中增加重大事项表决方式一项条款，共 7 项条款。而本书在沈文的基础上增加了一项股东权益条款——共同诉讼权。《最高人民法院关于审理证券市场因虚假陈述引发的民事赔偿案件的若干规定》中规定，本规定所涉证券民事赔偿案件的原告可以选择单独诉讼或者共同诉讼方式提起诉讼。这加强了对中小投资者权益的法律保障。沈文中另 9 项条款是"其他制度与政策"，分别为上市公司信息披露、会计与审计制度、外部独立董事、送配股政策、内部人股权转让、管理层董监事持股规定、内幕交易、关联交易和限制大股东行为的规定。就"其他制度与政策"这部分而言，本书在沈文的基础上增加了两项条款，分别为"收购行为管理"和"会员自律"。本书所增加的这些条款，共同诉讼涉及司法解释，会员自律条款涉及行业规定，从而扩大了司法效力的范围。

### 4.4.2 中小投资者法律保护程度的赋分原则

由于法律、行政法规、司法解释、部门规章和行业规定的法律效力不同，本书对 20 项保护条款的规定分别赋予不同分值，原则见表 4-7 所示。对在同一日期实施或者发布的法律法规，将其分别打分，以免混淆。

### 4.4.3 投资者法律保护分值的说明

本书对所选取的 94 部法律法规（其中《公司法》《证券法》虽然实施日期分别为 1994 年 7 月 1 日和 1999 年 7 月 1 日，但均在 2004 年被修正，所以这两部法律按其发布日期来标定，其他法律法规按实施日期标定）按以下标准进行整合：每个样本期间的样本数量过少，不利于统计分析，所以从选取的 94 部法律法规中确定 19 部法律法规为与我国中小投资者法律保护相关的重要法律法规。其中，9 部来自于证监会"投资者维权教育手册"中"维护证券投资者权益的主要法律、法规、规章"，其他 10 部分别为《首次公开发行股票并上市管理办法》《关于开展加强上市公司治理专项活动有关事项的通知》《关于规范上市公司信息披露及相关各方行为的通知》《上市公司收购管理办法》《上海证券交易所会员自律准则》《关于规范上市公司与关联方资金往来及上市公司对外担保若干问题的通知》《国务院关于推进资本市场改革开放和稳定发展的若干意见》《国务院批转证监会关于提高上市公司质量意见的通知》《上市公司重大资产重组管理办法》《中国证券监督管理委员会公告〔2010〕1 号——〈公开发行证券的公司信息披露编报规则第 15 号——财务报告的一般规定〉（2010 年修订）》。由于 2004 年修正的《公司法》和《证券法》同在 2004 年 8 月 28 日发布，2005 年修正的《公司法》和《证券法》同在 2006 年 1 月 1 日实施，《上市公司章程指引》（2006 年修订）与《上市公司股东大会规则》同在 2006 年 3 月 16 日实施，所以这 19 部法律法规可分为 17 个时间点。与沈文中的另外 17 个时间点加总，共 34 个时间点，可将全部样本划分为 35 个期间。

本书增加的"收购行为管理"和"会员自律"这两项条款，分别来源于 2002 年 12 月 1 日实施的《上市公司收购管理办法》和 2003 年 2 月 28 日实施的《上海证券交易所会员自律准则》。证监会根据《公司法》《证券法》和其他相关法律法规制定了《上市公司收购管理办法》，规范上市公司的收购活动，优化配置证券市场资源，保护投资者的合法权益。上海证券交易所制定了《上海证券交易所会员自律准则》，强化了会员的自律意识，规范会员经营行为，维护投资者权益和证券市场秩序。本书认为这两个文件与中小投资者权益保护紧密相关，所以上述两项指标应该补充进我国中小投资者法律保护体系。

本书系统地梳理了2003—2010年1月所有涉及投资者保护的法律、行政法规和部门规章，并增加了一个行业规定（《上海证券交易所会员自律准则》）和一个司法解释（《最高人民法院关于审理证券市场因虚假陈述引发的民事赔偿案件的若干规定》），共计94部法律法规、183条条款、18项具体保护措施。其中，涉及"会员自律"条款的《上海证券交易所会员自律准则》为行业规定，涉及"股东诉讼"条款的《最高人民法院关于审理证券市场因虚假陈述引发的民事赔偿案件的若干规定》为司法解释，除这两者外，其余均为法律、行政法规或部门规章。投资者法律保护分值赋分原则见表4-7。本书将考察年限延长至2010年，扩展后的样本对于研究中小投资者法律保护具有重要意义（见表4-8）。

表4-7　　　　　中小投资者法律保护赋分原则

| 对保护条款的规定 | 法律或法规 | | 分值 |
|---|---|---|---|
| 当某项条款首次由法律或法规作相应规定时 | 法律 | | 2 |
| | 行政法规、司法解释或部门规章 | | 1 |
| | 行业规定 | | 0.3 |
| 当某项条款已由法律或法规作了规定，而后出台的法律或法规又对相同条款作了规定 | 新规定与旧规定相同 | 法律 | 1 |
| | | 行政法规、司法解释、部门规章或行业规定 | 0 |
| | 新规定比旧规定在相同条款上作了更具体规定 | 法律 | 1 |
| | | 行政法规、司法解释或部门规章 | 0.5 |
| | | 行业规定 | 0.1 |

表 4-8

中小投资者法律保护分值

沈艺峰所列指标

| 时间 | 股东权利 | | | | | | | 其他制度与政策 | | | | | | | | | 新增其他制度政策 | | 法律保护分值 | | |
|---|---|---|---|---|---|---|---|---|---|---|---|---|---|---|---|---|---|---|---|---|---|
| | 1 大会临时召集股东权 | 2 代理表决权 | 3 通信表决权 | 4 一股一票表决权 | 5 股东起诉权 | 6 累积表决权 | 7 重大事项表决方式 | 8 上市公司信息披露 | 9 会计审计政策与制度 | 10 外部董事独立 | 11 送配股政策 | 12 内部转让股权政策 | 13 管理层董事持股规定 | 14 内幕交易 | 15 关联交易 | 16 限制大规模股东行为定 | 17 收购管理行为 | 18 会员自律 | 新增赋值 | 累计分值 | 各段分值 |
| 1992年以前 | | | | | | | | | | | | | | | | | | | 0 | 0 | 0 |
| 1992 5.15 | 1 | 1 | | 1 | | | 1 | | 1 | | 1 | 1 | 1 | | | | | | 8 | 8 | 8 |
| 1993 4.22 | | | | | | | | 1 | 0.5 | | | 0.5 | 0.5 | 1 | | | | | 3.5 | 11.5 | 13.5 |
| 1993 6.12 | | | | | | | | 0.5 | | | | | | | | | | | 0.5 | 12 | |
| 1993 8.15 | | | | | | | | 0.5 | | | | | | 0.5 | | | | | 1 | 13 | |
| 1993 12.17 | | | | | | | | | | | 0.5 | | | | | | | | 0.5 | 13.5 | |
| 1994 1.1 | | | | | | | | | | | 1 | | | | | | | | 1 | 14.5 | 28 |
| 1994 1.10 | | | | | | | | 0.5 | | | | | | | | | | | 0.5 | 15 | |
| 1994 6.23 | | | | | | | | 0.5 | | | | | | | | | | | 0.5 | 15.5 | |
| 1994 7.1 | 1 | 1 | | 1 | 2 | | 1 | 1 | 1 | | 1 | 1 | 1 | | | | | | 11 | 26.5 | |
| 1994 7.27 | | | | | | | | 0.5 | | | | | | | | | | | 0.5 | 27 | |
| 1994 9.28 | | | | | | | | | | | 0.5 | | | | | | | | 0.5 | 27.5 | |
| 1994 10.27 | | | | | | | | | | | 0.5 | | | | | | | | 0.5 | 28 | |
| 1995 12.21 | | | | | | | | 0.5 | | | | | | | | | | | 0.5 | 28.5 | 28.5 |

表4-8（续1）

| 时间 | | 股东权利 | | | | | | | 其他制度与政策 | | | | | | | | | 新增·其他制度政策 | | 法律保护分值 | | |
|---|---|---|---|---|---|---|---|---|---|---|---|---|---|---|---|---|---|---|---|---|---|---|
| | | 1 大会临时股东召集权 | 2 代理表决权 | 3 通信表决权 | 4 一股一票 | 5 股东起诉权 | 6 累积表决权 | 7 重大事项表决方式 | 8 信息披露上市公司 | 9 会计政策与审计制度 | 10 外部董事独立 | 11 送配股政策 | 12 内部人转让股权 | 13 管理层持股规定监事董事 | 14 内幕交易 | 15 关联交易 | 16 限制大股东行为规定 | 17 收购行为管理 | 18 会员自律 | 新增赋值 | 累计分值 | 各段分值 |
| 1996 | 1.24 | | | | | | | | | | | 0.5 | | | | | | | | 0.5 | 29 | |
| | 2.7 | | | | | | | | | | | 0.5 | | | | | | | | 0.5 | 29.5 | |
| | 4.22 | | | | | | | | | | | | | | | | | | | 0.5 | 30 | 32 |
| | 6.20 | | | | | | | | 0.5 | | | | | 0.5 | | | | | | 0.5 | 30.5 | |
| | 7.24 | | | | | | | | | | | 0.5 | | | | | | | | 0.5 | 31 | |
| | 8.1 | | | | | | | | 0.5 | | | | | 0.5 | | | | | | 0.5 | 31.5 | |
| | 12.20 | | | | | | | | | | | | | | | 0.5 | | | | 0.5 | 32 | |
| 1997 | 1.1 | | | | | | | | 0.5 | | | | | | | | | | | 0.5 | 32.5 | |
| | 1.6 | | | | | | | | 0.5 | | | | | | | | | | | 0.5 | 33 | |
| | 3.3 | | | | | | | | 0.5 | | | | | | 0.5 | | | | | 1 | 34 | |
| | 4.1 | | | | | | | | 1 | | | | | | | | | | | 0.5 | 34.5 | 40 |
| | 10.1 | | | | | 0.5 | | 0.5 | | | | | | | 1 | | 1 | | | 2 | 36.5 | |
| | 12.16 | | 0.5 | | | | | | 0.5 | 0.5 | | | | | | 0.5 | | | | 3.5 | 40 | |
| 1998 | 6.18 | | | | | | | | 0.5 | | | | | | | | | | | 0.5 | 40.5 | |
| | 12.10 | | | | | | | | 0.5 | | | | | | | | | | | 0.5 | 41 | 41 |

表4-8(续2)

| 年 | 时间 | 沈艺峰所列指标 股东权利 | | | | | 其他制度与政策 | | | | | | | | | | | 新增 其他制度政策 | | 法律保护分值 | | |
|---|---|---|---|---|---|---|---|---|---|---|---|---|---|---|---|---|---|---|---|---|---|---|
| | | 1 大会临时召集股东权 | 2 代理表决权 | 3 通信表决权 | 4 一股一票 | 5 股东起诉权 | 6 累积表决权 | 7 重大决议方式表决权 | 8 信息上市披露公司 | 9 审计政策与制度 | 10 外部董事独立 | 11 送配股政策 | 12 内部人转让股权 | 13 管理层董事持股规定 | 14 内幕交易 | 15 关联交易 | 16 限制大股东行为规定 | 17 收购管理行为 | 18 会员自律 | 新增赋值 | 累计分值 | 各段分值 |
| 1999 | 3.17 | 0.5 | | | | | | | | | | | | | | | | | | 0.5 | 41.5 | |
| | 5.6 | | | | | | | | 0.5 | | | | | | | | | | | 0.5 | 42 | 47 |
| | 6.14 | | | | | | | | | | | 0.5 | | | | | | | | 0.5 | 42.5 | |
| | 7.1 | | | | | 1 | | | 1 | | | | | 1 | 1 | | | | | 4 | 46.5 | |
| | 12.8 | | | | | | | | 0.5 | | | | | | | | | | | 0.5 | 47 | |
| 2000 | 5.18 | 0.5 | | -1 | | 0.5 | | | | | | | | | | | | | | 0 | 47 | |
| | 6.6 | | | | | | | | 0.5 | | | | | | | | | | | 0.5 | 47.5 | 49 |
| | 6.15 | | | | | | | | | | | | | | | 0.5 | | | | 0.5 | 48 | |
| | 7.1 | | | | | | | | | 1 | | | | | | | | | | 1 | 49 | |
| 2001 | 3.15 | | | | | | | | | | | 0.5 | | | | | | | | 0.5 | 49.5 | |
| | 3.19 | | | | | | | | 0.5 | | | | | | | 0.5 | 0.5 | | | 1.5 | 51 | 53.5 |
| | 3.28 | | | | | | | | | 0.5 | | 0.5 | | | | 0.5 | | | | 1.5 | 52.5 | |
| | 4.6 | | | | | | | | 0.5 | | | | | | | | | | | 0.5 | 53 | |
| | 12.10 | | | | | | | | 0.5 | | | | | | | | | | | 0.5 | 53.5 | |

表4-8(续3)

| 时间 | | 沈艺峰所列指标 | | | | | | | | | | | | | | | | 新增 | | 法律保护分值 | | |
| | | 股东权利 | | | | | | | | 其他制度与政策 | | | | | | | | 其他制度与政策 | | | | |
| | | 1 大会临时召集股东权 | 2 代理表决权 | 3 通信表决权 | 4 一股一票 | 5 股东起诉权 | 6 累积表决权 | 7 表决重大方式事项 | 8 信息上市披露公司 | 9 审计会计政策与制度 | 10 外部董事独立 | 11 送配股股政策 | 12 内部人转让股权 | 13 管理层股事规定董事持 | 14 内幕交易 | 15 关联交易 | 16 限制大规股东行为定 | 17 收购管理行为 | 18 会员自律 | 新增赋值 | 累计分值 | 各段分值 |
| 2002 | 1.7 | | | 1 | | 0.5 | 1 | | 0.5 | | | | | | | 0.5 | 0.5 | | | 4 | 57.5 | 60.5 |
| | 1.15 | | | | | 0.5 | | | | | | | | | | | | | | 0.5 | 58 | |
| | 6.22 | | | | | | | | 0.5 | | | | | | | | | | | 0.5 | 58.5 | |
| | 6.30 | | | | | | | | | | 0.5 | | | | | | | | | 0.5 | 59 | |
| | 12.1 | | | | | | | | | | | | | | | | | 1 | | 1 | 60 | |
| | 12.13 | | | | | | | | 0.5 | | | | | | | | | | | 0.5 | 60.5 | |
| 2003 | 1.6 | | | | | | | | 0.5 | | | | | | | | | | | 0.5 | 61 | 65.3 |
| | 2.1 | | | | | 1 | | | | | | | | | | | | | | 1 | 62 | |
| | 2.28 | | | | | | | | | | | | | | | | | | 0.3 | 0.3 | 62.3 | |
| | 3.24 | | | | | | | | 0.5 | | | | | | | | | | | 0.5 | 62.8 | |
| | 3.24 | | | | | | | | 0.5 | | | | | | | | | | | 0.5 | 63.3 | |
| | 3.26 | | | | | | | | 0.5 | | | | | | | | | | | 0.5 | 63.8 | |
| | 6.24 | | | | | | | | | | | | | | | | 0.5 | | | 0.5 | 64.3 | |
| | 8.28 | | | | | | | | 0.5 | | | | | | | | | | | 0.5 | 64.8 | |
| | 12.22 | | | | | | | | 0.5 | | | | | | | | | | | 0.5 | 65.3 | |

表4-8（续4）

| 时间 | 1 大会临时召集股东权 | 2 代理表决权 | 3 通信表决权 | 4 一股一票 | 5 股东起诉权 | 6 累积表决权 | 7 重大事项决议方式表 | 8 上市公司信息披露 | 9 会计与审计制度政策 | 10 外部董事独立 | 11 送配股政策 | 12 内部人转让股权 | 13 管理层董事监事持定股权 | 14 内幕交易 | 15 关联交易 | 16 限制大股东行为规定 | 17 收购管理行为 | 18 会员自律 | 新增赋值 | 累计分值 | 各段分值 |
|---|---|---|---|---|---|---|---|---|---|---|---|---|---|---|---|---|---|---|---|---|---|
| 2004 1.7 | | | | | | | | | | | | | | | | 0.5 | | | 0.5 | 65.8 | |
| 8.28 | 1 | 1 | | 1 | 1 | | 1 | 1 | | | 1 | | 1 | 1 | | | | | 5 | 70.8 | |
| 8.28 | | | 0.5 | | 1 | | | | 1 | | 1 | 1 | 1 | | | | | | 9 | 79.8 | 82.3 |
| 11.29 | | | | | | | | | | | | | | | | 0.5 | | | 0.5 | 80.3 | |
| 12.7 | | | | | | 0.5 | | 0.5 | | | | | | | | | | | 1.5 | 81.8 | |
| 12.13 | | | | | | | | 0.5 | | | | | | | | 0.5 | | | 0.5 | 82.3 | |
| 9.4 | | | 0.5 | | | | | | | | | | | | | | | | 0.5 | 82.8 | |
| 2005 10.19 | | | | | | | | 0.5 | 0.5 | | | | | | 0.5 | | | | 1 | 83.8 | |
| 12.15 | | | | | | | | 0.5 | | | | | | | | | | | 0.5 | 84.3 | |
| 12.16 | | | | | | | | 0.5 | | 0.5 | | | | | | | | | 0.5 | 84.8 | 84.8 |
| 2006 1.1 | 1 | 1 | 0.5 | 1 | 1 | 1 | 1 | 1 | 1 | | 1 | | 1 | 1 | | 1 | | | 6 | 90.8 | |
| 1.1 | 0.5 | 1 | 0.5 | 1 | 0.5 | 0.5 | 0.5 | 1 | 1 | | 1 | -1 | 1 | 1 | | 1 | | | 10 | 100.8 | 112.8 |
| 1.1 | 0.5 | | | 0.5 | 0.5 | 0.5 | 0.5 | | 0.5 | | 0.5 | | 0.5 | | | | | | 0.5 | 101.3 | |
| 3.16 | 0.5 | | | | | | | | | | 0.5 | | | | | | | | 5 | 106.3 | |
| 3.16 | 0.5 | | | | | | | | | | 0.5 | | | | | | | | 1.5 | 107.8 | |

表4-8（续5）

| 时间 | | 沈艺峰所列指标 | | | | | | | | | | | | | | | | 新增 其他制度政策 | | 法律保护分值 | | |
| | | 股东权利 | | | | | | 其他制度与政策 | | | | | | | | | | 其他制度政策 | | 新增赋值 | 累计分值 | 各段分值 |
| | | 1 大临时股东会召集权 | 2 代理表决权 | 3 通信表决权 | 4 一股一票 | 5 股东起诉权 | 6 累积表决权 | 7 重大事项方式表决 | 8 信息上市公司披露 | 9 会计审计制度政策与 | 10 外部董事独立 | 11 送配股政策 | 12 内部人转让股权 | 13 管理层规定持董事股权 | 14 内幕交易 | 15 关联交易 | 16 限制大规股东行为规定 | 17 收购管理行为 | 18 会员自律 | | | |
| 2006 | 5.8 | | | | | | | | 0.5 | 0.5 | | | | | | | | | | 1 | 108.8 | |
| | 5.18 | | | | | | | | | 0.5 | | | | | | 0.5 | | | | 1 | 109.8 | |
| | 5.18 | | | | | | | | 0.5 | | | | | | | | | | | 0.5 | 110.3 | 112.8 |
| | 5.18 | | | | | | | | 0.5 | | | | | | | | | | | 0.5 | 110.8 | |
| | 6.29 | | | | | | | | 1 | | | | | | | | | | | 1 | 111.8 | |
| | 9.1 | | | | | | | | | | | | | | | 0.5 | | 0.5 | | 1 | 112.8 | |
| 2007 | 1.1 | | | | | | | | 0.5 | | | | | | | | | | | 0.5 | 113.3 | |
| | 1.30 | | | | | | | | 0.5 | | | | | | | | | | | 0.5 | 113.8 | |
| | 3.9 | | | | | | | | | | 0.5 | | | | | | 0.5 | | | 1 | 114.8 | |
| | 3.26 | | | | | | | | 0.5 | | | | | | | | | | | 0.5 | 115.3 | 118.3 |
| | 3.27 | | | | | | | | 0.5 | | | 0.5 | | | | | | | | 1 | 116.3 | |
| | 6.28 | | | | | | | | 0.5 | | | | | | 0.5 | | | | | 0.5 | 116.8 | |
| | 6.29 | | | | | | | | 0.5 | | | | | | | | | | | 0.5 | 117.3 | |
| | 8.15 | | | | | | | | | | | | | | 0.5 | | | | | 0.5 | 117.8 | |
| | 12.17 | | | | | | | | 0.5 | | | | | | | | | | | 0.5 | 118.3 | |

表4-8（续6）

| 时间 | | 沈艺峰所列指标 | | | | | | | | | | | | | | | | | | 新增 | 法律保护分值 | | |
|---|---|---|---|---|---|---|---|---|---|---|---|---|---|---|---|---|---|---|---|---|---|---|---|
| | | 股东权利 | | | | | | 其他制度与政策 | | | | | | | | | | | 其他制度政策 | | | | |
| | | 1 | 2 | 3 | 4 | 5 | 6 | 7 | 8 | 9 | 10 | 11 | 12 | 13 | 14 | 15 | 16 | 17 | 18 | 新增赋值 | 累计分值 | 各段分值 |
| | | 大会临时召集权股东 | 代理表决权 | 通信表决权 | 一股一票表决权 | 股东起诉权 | 累积表决权 | 重大决议方式表决项 | 信息披露上市公司制度 | 审计政策与会计制度号 | 外董事独立 | 送配股政策 | 内部人转让股股权 | 管理层监事规定董事持股 | 内幕交易 | 关联交易 | 限制行为大规定股东 | 收购管理行为 | 会员自律 | | | |
| 2008 | 5.18 | | | | | | | | | | | 0.5 | | | | | | | | 0.5 | 118.8 | |
| | 8.27 | | | | | | | | | | | | | | | 0.5 | | | | 0.5 | 119.3 | 119.8 |
| | 10.21 | | | | | | | | | | | | | | | | | 0.5 | | 0.5 | 119.8 | |
| 2009 | 2.28 | | | | | | | | | | | | | | 1 | | | | | 1 | 120.8 | |
| | 5.1 | | | | | | | | | 0.5 | | | | | | | | | | 0.5 | 121.3 | 121.8 |
| | 5.19 | | | | | | | | | | | | | | | | | 0.5 | | 0.5 | 121.8 | |
| 2010 | 1.11 | | | | | | | | 0.5 | | | | | | | | | | | 0.5 | 122.3 | 122.3 |

注：（1）1992—2010年有94部相关法律法规，共183条，其中1992—2002年48部92条，2003—2010年48部91条，2002年46部92条，沈文中的法律保护分值体系时点到2002年6月30日，本书以此时点为基准向后扩展，增加了2002年12月1日和12月13日实施的两部法律法规，因此从2002年12月1日到2010年1月11日收集了48部法律法规，共计93条。

（2）实施日期相同的法律法规分别为：①2003年3月24日实施的《公开发行证券的公司信息披露内容与格式准则第11号（2005年修正）》和《证券法（2004年修正）》和《上市公司新股发行管理办法》；②2004年修订的《上市公司章程指引（2006年修订）》；③2006年1月1日实施的《证券法》——上市公司发行新股招股说明书》；④2006年3月16日实施的《首次公开发行股票并上市管理办法》；⑤2006年5月18日实施的《上市公司股票发行与格式准则第1号——招股说明书（2006年修订）》和《公开发行证券的公司信息披露内容与格式准则第9号——首次公开发行股票并上市申请文件（2006年修订）》。

## 4.5　本章小结

本章主要从制度变迁的视角来分析上市公司股权结构的发展现状与中小投资者法律保护的实践，并构建了基于宏观立法的投资者法律保护分值。具体内容包括：

（1）从制度背景来看，中国上市公司股权集中的特点源于国有企业股份制改革的特殊性，股权分置改革这一制度变迁对企业股权结构产生了深远影响。虽然股权分置改革使得股权流通状况极大改善，全体股东目标趋于一致，但总体来看股权结构仍本现为：国有股股权占较大比重；股权集中度较高；无论是国有企业还是非国有企业，大都通过金字塔式的控制股权结构这一控制权强化机制来控制上市公司。

（2）从中国的投资者法律保护实践可以看出，在与不同法系国家的比较中，我国的法律保护水平不断提高，并且好于其他转轨经济国家。但制度设计仍然存在不完备之处，比如法律法规不够细化，缺乏相应的民事责任，部分法律法规缺乏可操作性等，且执行效果有待进一步提高。

（3）通过系统梳理2003—2010年的投资者保护法律、法规和部门规章，计算出基于书面法律的投资者法律保护指数。可以看出，我国中小投资者法律保护的立法水平逐年提高，这为下一步的实证研究提供了支持。

# 5 股权集中能够替代投资者法律保护吗?

## ——基于中国中小投资者法律保护实践的实证研究

## 5.1 提出问题

股权结构是公司剩余控制权与剩余索取权安排的基础, 也是公司治理的基础。不同性质的股东持股比例的大小, 在一定程度上决定了公司治理问题的基本性质。在股权分散的情况下, 公司治理结构中的主要冲突存在于管理者与股东之间。随着股权的集中, 代理问题转向控股股东与中小股东之间, 并由此影响公司业绩和投资者对企业风险的评估。在 LLSV (1998) 的分析框架中, 他们通过跨国比较研究发现: 当一国的投资者法律保护比较差的时候, 集中所有权的大股东可以部分替代法律, 发挥对管理者的监督作用。这就是通常所指的 "股权集中对投资者法律保护的替代"。

根据前一章对我国中小投资者保护的法律法规的梳理来看, 截止到 2010 年 1 月, 我国已经出台了 94 部与中小投资者利益保护有关的法律法规, 累计 183 条条款, 分别涉及信息披露、累积表决权、临时股东大会召集权、关联交易、股东诉讼等 18 项保护措施。由此可见，我国的中小投资者法律保护已进入日益完善的阶段。这些"书面法律"能否有效保障中小投资者的权益？中国投资者法律保护与股权集中度之间存在何种关系？股权集中能否发挥投资者法律保护的替代作用，以及在什么样的条件下发挥作用？对这一系列问题的解答，有助于更好地厘清公司治理的内部机制和外部机制之间的关系。虽然对股权结构内生性的讨论已经不是新话题，但是可以从新的角度关注股权结构的影响因素。本章通过研究法律制定对股权结构的影响进而对资本成本的影响，从而检验投资者法律保护的替代模型在中国的适应性。此外，与国外经典文献所进行的跨国比较研究不同，本章从一国内部法律发展进程的角度来检验股权集中的替代模型，从而为相关理论研究提供新的证据。

本章在上文对中国投资者保护的相关法律法规进行系统梳理的前提下，基于我国中小投资者法律保护实践，拟从一国法律进程的纵向角度讨论法律保护与股权集中度之间的关系，并对这种关系在国有企业和非国有企业之间进行详细论证。

## 5.2 研究假设

根据前述投资者法律保护替代机制理论，股权集中是对法律保护的替代。在法律对中小投资者的保护较弱的前提下，集中的股权结构可以取代投资者法律保护成为有效发挥公司治理作用的机制。在这一分析框架中，股权集中发挥替代作用的前提主要是针对美、英等国特别是美国的多数以股权分散为主要特征的上市公司治理问题。

就中国的法律法规发展进程看，以《公司法》和《证券法》的实施为标志，中小投资者法律保护的发展经历了初始阶段（1994 年 7 月以前）、发展阶段（1994 年 7 月至 1999 年 7 月）和完善阶段（1999 年 7 月以后）（沈艺峰等，2004）。在不同的发展阶段，中小投资者所处的法律与市场环境各不相同，中小投资者保护的法律条款和内容不同，具有明显的阶段性。总的来说，中小投资者法律保护经历了一个从无到有、从弱到强，逐步发展、逐步完善的过程。此外，在计划经济向市场经济转轨的过程中我国证券市场逐步建立起来，其最初建立的主要目的是服务于国有大中型企业改革。由于这种改革由政府主导，因此企业一般都表现为国有控股并"一股独大"。即使是在完成了股权分置改革后的全流通背景下，国有股所占比例虽有所下降，但仍相对控股。因此，我国上市公司股权总体上是高度集中的。在以股权相对集中或高度集中为主要特征的上市公司，实际上存在着双重委托代理问题：一种是控股股东或大股东与经营者之间的委托代理问题；另一种是中小股东与其代理人之间的委托代理问题（冯根福，2004；吴育辉、吴世农，2011）。

集中的股权结构虽然在一定程度上避免了股权分散情况下小股东在监督公司经理时"搭便车"的行为，却也增强了大股东谋取私人利益的能力。这种股权结构的公司通常被一个或少数几个大股东控制，通过关联交易、盈余管理、市场操纵等手段谋取私利，实现对小股东的利益侵占。控股股东对公司财产和利润的掏空是上市公司面临的严峻问题（Johnson，2000；李增泉等，2004）。但是，Allen，Qian 和 Qian（2005）提出了著名的"中国之谜"（Puzzle of China）——中国的法律保护较弱、金融体系落后，但其经济增长却相当强劲，这似乎与 LLSV 的法律与经济发展理论相悖。他们认为，中国的关系机制（主要是政治关系）和声誉机制起到了替代法律保护机制的作用。在投资者法律保护不健全的阶段，以国有控股股东为代表的集中的股权结构，在中国资本市场发展的初期通过增加外部投资者的信心和提供"帮助之手"，在公司治理中发挥了积极作用。再则，股权集中度越高，控股股东基于控制的公共利益（Public Benefits of Control）所产生的正向激励也就越大，控股股东也就越有可能对公司经理层进行有效控制；相应的，控股股东掏空上市公司的边际成本也就越高，这在很大程度上限制了控股股东为追求控制权私人收益（Private Benefits of Control）而使全体中小股东的利益遭受损害的能力。由此，提出假设H1。

H1：在法律保护替代模型下，股权集中度与法律保护负相关。

Shleifer和Vishny（1998）指出，在一国法律保护较弱的情况下，股东会利用非正规的手段来保护他们的产权。Che和Qian（1998）发现，政府所有制不仅可以减少政治干预，还可以减少政府攫取，使国有企业占有相当的比重，进而避免产出的J形下降问题，这正是中国渐进式改革的成功之处。Blanchard和Shleifer（2000）发现，1989年以来，中国和俄罗斯两个国家政府的质量不尽相同，这正是两国经济增长存在差异的一个主要原因，政府的照顾对企业发展是有积极作用的。进一步来看，在中国的制度背景下，这种观点成立主要依赖于公司必须建立一个适度保护中小股东利益不被侵占的信誉机制，建立这样一种声誉机制的方法就是国有股权担保（计小青，2009）。计小青等（2009）的研究方法是以信息披露质量作为投资者保护水平的替代变量，采用logit模型证明，相对于非国有上市公司来说，国有上市公司的经理人掠夺外部投资者的激励更小，国有控股股东将上市公司的信息披露质量维持在了一个可以容忍的底线之内。这说明在股票市场发展的初期，我国上市公司国有股"一股独大"的特殊股权结构，通过保证一定程度的信息披露质量维护了外部投资者的利益，在上市公司治理中发挥了积极作用。潘红波、夏新平、余明桂（2008）发现，在我国法律保护水平普遍较低的情况下，政治关联作为企业和政府沟通的重要手段，除了可以帮助企业争取到各种资源外，还可以作为法律保护的替代机制来保护企业的产权免受政府的掠夺，而在这一过程中，国有企业比非国有企业具有先天的优势。

但是，也应该看到，作为一种特殊性质的所有权，国有股权在转型经济中的作用一直以来都存在广泛争议，除了国有企业的"帮助之手"外，主流经济学认为，国有企业还存在复杂的委托代理关系（Shaprio 和 Willig，1988）、政府的目标函数多元化（Vickers 和 Yarrow，1988；Bai etal.，2000）、国有企业的预算软约束（Kornai，1998）、官员和国有企业经理人的寻租和腐败行为（Shleifer 和 Vishny，1993，1994）、政府对企业经营活动的行政干预（Li，2000；郑红亮，1987）等，这些内在的缺陷导致国有企业的绩效劣于私人企业。这是通常所说的"掠夺之手"。持"掠夺之手"观点的学者往往强调完善的市场制度环境下国家所有权相对于私人所有权的弊端；而持"帮助之手"观点的学者则看到了在不完善的市场制度环境下和经济转轨的特殊时期，私人所有权的弊端以及国家所有权在公司治理上的优势①能够在一定程度上成为投资者法律保护的替代机制。所以，本书针对股权集中度的替代机制发挥作用的前提条件，提出下面两个备择假设 H2：

--------

① 按照产权理论的分析，国有企业有政府的隐性担保和庇护，在投资者法律保护较弱的情况下，私营企业应更借重股权集中来实现保护，相比之下，股权集中的替代保护能力可能会弱一些。但是，非国有企业的所有者并不缺位，较好地解决了第一类代理问题，而国有企业的经理人的机会主义行为更严重，因此更可能借助集中的股权来监督经理人。

H2a：非国有企业与国有企业相比，非国有企业的股权集中度能代替法律给投资者更好的保护。

H2b：国有企业与非国有企业相比，国有企业的股权集中度能够代替法律给投资者更好的保护。

公司治理强调对投资者专用性投资获取回报的保护机制，即投资者保护。投资者对公司投入资本，目的在于能够获取应有的回报，而投资者保护能够有效降低投资者获取回报的风险。在投资者保护水平较高时，投资者要求的风险报酬减少，相应的资本成本降低；反之，面临高风险的投资者将慎重融资，同时要求的风险报酬亦将增加，对应的资本成本提高。Merton（1987）提出了不完全信息下的资产定价模型，研究结果表明公司治理结构与权益资本成本之间存在着负相关关系，同样证明了上述分析。因此，只有在投资者利益得到有效保护的情形下，投资者才愿意提供资金，企业才能快速、便捷、低成本地融资。

此外，国外大量的研究也表明，投资者保护、公司治理因素与公司权益资本成本之间存在着重要联系。Grossman 和 Hart（1988）等则分别论证了所有者权利、同股同权等治理因素对投资者保护程度以及公司权益资本成本的影响。Himmelberg，Hubbard 和 Love（2002）利用模型检验了公司存在代理冲突下的权益资本成本，研究表明投资者利益保护状况对公司的融资成本将产生较大的影响：投资者利益保护越好，公司的融资成本越低；投资者利益保护越差，公司的融资成本越高。Kevin（2003）检验了东亚证券市场上市公司治理因素与权益资本成本之间的联系。Hail 和 Leuz（2006）研究认为，在投资者法律保护较好的国家，公司权益资本成本较低。国内学者沈艺峰等（2005）研究表明，上市公司的资本成本随中小投资者法律保护措施的加强而递减，控制公司变量以及宏观经济变量后，发现中小投资者法律保护水平与公司权益资本成本呈负相关关系。姜付秀等（2008）的实证研究表明，我国上市公司的资本成本与投资者利益保护呈显著负相关关系。因此，提出假设 H3。

H3：在法律保护差的阶段，股权集中度具有重要的治理功能，与权益资本成本成反比关系。

## 5.3　实证研究设计

### 5.3.1　样本选取与数据来源

本章在研究公司上市后股权集中度与中小投资者法律保护的关系时，选取的样本是 2003—2010 年的全部 A 股股票。为了排除 IPO 对股权集中度的影响，剔除了统计年度当年上市的公司，剔除了 ST 公司，并剔除了 H5、CR1、CR5（H5 指 Herfindahl 指数，即前 5 大股东持股比例的平方和，CR1 为第一大股东持股比例，CR5 为前 5 大股东持股比例之和）等数据缺失的公司，并对变量极端值进行了处理（Winsorize）。这样，共得到 7206 个样本，国有企业 5049 个，非国有企业 2157 个。[①] 在研究股权集中度对资本成本的影响时，在全样本的基础上剔除根据剩余收益贴现模型计算出来的资本成本极端值的样本，剔除了潜在配股价格为负的样本，由于利用剩余收益贴现模型计算时用的是潜在配股价格，所以计算出来的潜在配股价格有可能是负值，且剔除股权资本成本小于 0 且大于 16% 的样本，共剩下 2950 个样本，其中 2003—2007 年有分样本 1449 个，2008—2010 年有分样本 1501 个。本章有关股权结构信息和财务

---

① 国有控股公司是指实际控制人为国有企业和政府的公司。

等数据来自 CSMAR 系列研究数据库，部分缺失数据是从上海证券交易所和深圳证券交易所网站披露报表中手工搜集的，有关法律法规的数据来自北大法律信息网和《中国法律年鉴》。

### 5.3.2 变量的定义

#### 5.3.2.1 股权集中度

上文已提及，本章研究公司上市后的股权集中度，分别采用 H5、CR1 和 CR5 作为其度量，并借鉴 Demsetz 和 Lehn（1985）研究中关于被解释变量股权集中度的处理方式：

$$Lnconcentration = Ln\frac{X}{1-X} \qquad\qquad （公式 5-1）$$

其中：X＝H5，CR1，CR5。

由上式可知，Lnconcentration 分别与 H5、CR1 和 CR5 成正比例关系。通过转换，Lnconcentration 趋于正态分布。

研究公司上市后的股权集中度，设定的解释变量为与立法相关的中小投资者法律保护累计分值（Law）和按照"法院执行（结案）数量/年末总人口数"计算的执法变量（Court）。沈文中以 17 部与中小投资者保护有关的重要法律法规文件实施日期为标准划分样本期间，其目的是保证每个样本期间都有足够多的 IPO 公司样本。而本章关注的是随着中小投资者法律保护的逐年加强，公司上市后投资者法律保护与股权集中度之间的关系，不讨论 IPO 公司对中小投资者保护法律法规实施的影响，因此以年份来划分期间更为合理。Law 为上市公司每年年底对应的法律保护分值累计（详细数值见第 4 章表 4-8）。

#### 5.3.2.2 投资者法律保护

由累计分值可以看出，2006 年共有 11 部关于中小投资者保护的法律法规开始实施，是 2003—2010 年期间最多的一年。其中《证券法（2005 年修订）》《公司法（2005 年修订）》《上市公司章程指引（2006 年修订）》《上市公司股东大会规则》和《刑法修正案（六）》是较重要的 5 部法律法规，在我国中小投资者法律保护立法方面有着举足轻重的意义。2007 年有 9 部有关中小投资者保护的法律法规开始实施，其中《企业财务通则（2006 年修订)》《上市公司信息披露管理办法》《证券市场操纵行为认定指引（试行）》及《证券市场内幕交易行为认定指引（试行)》是比较重要的法规。2007 年之后，出台的有关中小投资者保护的法律法规相对变少。也就是说，从 2007 年开始，我国中小投资者法律保护进入了更为完善的阶段，上市公司集中股权的分散开始进入平缓期，甚至略有集中。所以，预测从 2003 年至 2010 年我国上市公司股权集中度同法律保护分值的关系不一定是直线关系，有可能是折线关系，在 2007 年年末这一时间点上我国上市公司股权集中度会发生突变。

### 5.3.2.3　其他变量

最后，借鉴国内外研究的一系列成果，选取一组影响公司上市后股权集中度的控制变量，分别对公司的性质、已上市年限、公司业绩、公司规模、公司风险、公司发展能力、公司长期偿债能力和行业等进行控制。

### 5.3.3　模型的构建

本章采用多元回归的方法研究各因素对股权集中度的影响，并对提出的假设进行检验。

针对假设 1 构建的基本计量模型为：

$$\text{Lnconcentration} = \beta_0 + \beta_1 \text{Law} + \beta_2 \text{Court} + \sum \beta X + \mu \qquad （模型 5-1）$$

其中：Law 和 Court 为解释变量，$\sum \beta X$ 为其他控制变量与各自系数乘积之和。

为了检验假设 2，在上述回归模型的基础上加入一个 Type 变量和一个交乘项 Cross，由此建立模型如下：

$$\text{Lnconcentration} = \beta_0 + \beta_1 \text{Law} + \beta_2 \text{Court} + \beta_3 \text{Type} + \text{Cross} + \sum \beta X + \mu$$

（模型 5-2）

其中：Cross 等于公司类型虚拟变量（Type）乘以法律保护解释变量，以对比实际控制人为国有企业的股权集中度同非国有企业的股权集中度对法律保护的替代作用的强弱，其中法律保护变量包括法律的立法变量（Law）和执法变量（Court）。具体的变量定义见表 5-1。

表 5-1　模型（5-1）和模型（5-2）有关变量的定义与度量

| 变量类型 | 变量名称 | 符号 | 变量描述 | 相关研究 | 预测方向 |
|---|---|---|---|---|---|
| 因变量 | 股权集中度 | H5 | 前 5 大股东持股比例的平方和 | Demsetz，Lehn（1985） | |
| | | CR1 | 第一大股东持股比例 | 许年行、吴世农（2006） | |
| | | CR5 | 前 5 大股东持股比例之和 | 许年行、吴世农（2006） | |
| 解释变量 | 投资者法律保护分值 | Law | 以沈艺峰、许年行、杨熠的方法为基础，将法律保护分值更新至 2010 年 | 沈艺峰、许年行、杨熠（2004） | － |
| | 投资者法律保护执法变量 | Court | 法院执行（结案）/年末总人口（单位：万人） | Zhang Yi and Ma Guang（2005）许年行、吴世农（2006） | |

表5-1(续)

| 变量类型 | 变量名称 | 符号 | 变量描述 | 相关研究 | 预测方向 |
|---|---|---|---|---|---|
| 控制变量 | 规模 | Size | 总资产的自然对数 | Demsetz 和 Lehn(1985);<br>Prowse(1992)<br>冯根福、韩冰和闫冰(2002)<br>许年行、吴世农(2006) | - |
| | 公司绩效 | Mrev | 主营业务收入/总资产 | 冯根福、韩冰和闫冰(2002) | + |
| | | Roa | 总资产收益率 | 冯根福、韩冰和闫冰(2002) | + |
| | 上市年限 | Age | 公司上市日期至度量期间年末年数 | Lamba and Stapledon (2001) | - |
| | 经营风险 | Prisk | 收益的变化系数 | | + |
| | 财务杠杆 | Lev | 负债总额/资产总额 | 刘志远、毛淑珍(2007) | - |
| | 交乘变量 | Cross_Law | Type * Law | | - |
| | | Cross_Court | Type * Court | | - |
| | 成长能力 | Growth | 主营业务收入的年增长率 | Thomsen,Pedersen (1998)<br>许年行、吴世农(2006) | - |
| | 控股性质 | Type | 实际控制人是国有为1,否则为0 | 冯根福、韩冰和闫冰(2002)<br>许年行、吴世农(2006) | + |
| | 年度变量 | Year | 控制年度的影响 | | |
| | 行业变量 | Industry | 控制行业的影响 | | |

关于假设3,构建的模型为:

$$Re = \beta_0 + \beta_1 Lnconcentration + \beta_2 Size + \beta_3 B/M + \beta_4 Lev + \beta_5 Growth + \upsilon$$

(模型5-3)

Gebhardt, Lee 和 Swaminathan (2001) 提出了剩余收益贴现模型 (Discounted Residual Income Model, 以下简称"GLS 模型"),他们的检验结论说明了 GLS 模型对权益资本成本的预测能力大大优于传统的权益资本成本估计模型。这里,也用 GLS 模型估计权益资本成本。具体变量定义见表5-2。

**表 5-2     模型（5-3）有关变量的定义与度量**

| 变量性质 | 变量名称 | 符号 | 变量描述 | 相关研究 | 预测方向 |
|---|---|---|---|---|---|
| 因变量 | 权益资本成本 | Re | 根据剩余收益模型计算 | Gebhardt，Lee，Swaminathan（2001）沈艺峰等（2005）；曾颖、陆正飞（2006） | |
| 解释变量 | 股权集中度 | H5 | 前5大股东持股比例的平方和 | Demsetz，Lehn（1985） | − |
| | | CR1 | 第一大股东持股比例 | 许年行、吴世农（2006） | − |
| | | CR5 | 前5大股东持股比例之和 | 许年行、吴世农（2006） | − |
| 控制变量 | 规模 | Size | 总资产的自然对数 | 叶康涛、陆正飞（2004）姜付秀、支晓强、张敏（2008） | − |
| | 账面市值比 | B/M | 公司账面价值与市值之比 | Gebhardt，Lee，Swaminathan（2001）叶康涛、陆正飞（2004）姜付秀、支晓强、张敏（2008） | + |
| | 财务杠杆 | Lev | 负债总额/总资产 | 叶康涛、陆正飞（2004）姜付秀、支晓强、张敏（2008） | + |
| | 成长性 | Growth | 主营业务收入的年增长率 | Gebhardt，Lee，Swaminathan（2001）叶康涛、陆正飞（2004）姜付秀、支晓强、张敏（2008） | − |
| | 年度变量 | Year | 控制年度的影响 | | |
| | 行业变量 | Industry | 控制行业的影响 | | |

# 5.4  实证结果及分析

## 5.4.1  描述性统计分析

本书以 2003—2010 年所收录的样本公司的前 5 大股东持股比例的平方和（H5）、第一大股东持股比例（CR1）和前 5 大股东持股比例之和（CR5）作为对股权集中度的基本度量。表 5-3 报告了模型（5-1）和模型（5-2）的样本各年分布、被解释变量各年的均值、每年的立法分值和执法分值。

表 5-3　　　2003—2010 年样本分布及统计各年被解释变量均值

| | 2003 | 2004 | 2005 | 2006 | 2007 | 2008 | 2009 | 2010 |
|---|---|---|---|---|---|---|---|---|
| **Panel A 各年度样本分布状况及法律保护分值** | | | | | | | | |
| 国有 | 547 | 581 | 615 | 618 | 648 | 651 | 672 | 717 |
| 非国有 | 136 | 178 | 210 | 254 | 306 | 309 | 350 | 414 |
| 合计 | 683 | 759 | 825 | 872 | 954 | 960 | 1022 | 1131 |
| 立法分值 | 65.3 | 82.3 | 84.8 | 112.8 | 118.3 | 119.8 | 121.8 | 122.3 |
| 执法分值 | 18.14 | 16.54 | 15.58 | 16.35 | 16.01 | 16.76 | 18.33 | 18.71 |
| **Panel B 全样本股权集中度均值** | | | | | | | | |
| H5 | 0.24 | 0.24 | 0.23 | 0.18 | 0.17 | 0.17 | 0.17 | 0.17 |
| CR1 | 0.44 | 0.44 | 0.42 | 0.37 | 0.37 | 0.37 | 0.37 | 0.37 |
| CR5 | 0.59 | 0.60 | 0.58 | 0.52 | 0.51 | 0.50 | 0.50 | 0.50 |
| **Panel C 国有股权集中度均值** | | | | | | | | |
| H5 | 0.26 | 0.27 | 0.25 | 0.20 | 0.19 | 0.19 | 0.20 | 0.19 |
| CR1 | 0.47 | 0.47 | 0.45 | 0.40 | 0.39 | 0.39 | 0.40 | 0.40 |

表5-3（续）

| | | | | | | | |
|---|---|---|---|---|---|---|---|
| CR5 | 0.52 | 0.52 | 0.52 | 0.52 | 0.53 | 0.60 | 0.60 | 0.60 |

**Panel D 非国有股权集中度均值**

| | | | | | | | | |
|---|---|---|---|---|---|---|---|---|
| H5 | 0.14 | 0.14 | 0.14 | 0.13 | 0.14 | 0.16 | 0.17 | 0.15 |
| CR1 | 0.32 | 0.32 | 0.33 | 0.32 | 0.32 | 0.33 | 0.35 | 0.33 |
| CR5 | 0.47 | 0.47 | 0.48 | 0.48 | 0.50 | 0.55 | 0.57 | 0.56 |

**Panel E 国有与非国有股权集中度均值之差**

| | | | | | | | | |
|---|---|---|---|---|---|---|---|---|
| H5 | 0.059 | 0.059 | 0.047 | 0.052 | 0.053 | 0.092 | 0.099 | 0.11 |
| | (7.97***) | (7.56***) | (5.89***) | (6.68***) | (6.14***) | (9.06***) | (8.47***) | (8.20***) |
| CR1 | 0.077 | 0.078 | 0.064 | 0.071 | 0.072 | 0.119 | 0.127 | 0.144 |
| | (8.39***) | (8.00***) | (6.34***) | (7.10***) | (6.62***) | (9.78***) | (9.39***) | (9.33***) |
| CR5 | 0.05 | 0.058 | 0.04 | 0.038 | 0.029 | 0.047 | 0.039 | 0.039 |
| | (5.25***) | (5.84***) | (4.02***) | (3.85***) | (2.87***) | (4.51***) | (3.60***) | (3.21***) |

注：括号内为 t 值；***、**、*分别表示在 1%，5%和 10%水平下显著（全书同）。

其中，Panel A 是样本统计各年度按实际控制人区分的国有企业和非国有企业的分布状况和法律保护分值，Panel B 是全样本股权集中度各年均值。从表 5-3 的统计看，投资者法律保护立法分值逐年上升，而执法水平的趋势变化并不特别稳定；上市公司的股权集中度逐期下降，在 2007 年之后股权集中程度基本持平。Panel C，Panel D，Panel E 分别描述了国有企业与非国有企业的股权集中度的情况及差异，可以看出，国有企业的股权集中度显著高于非国有企业。图 5-1 描绘了全样本和各子样本下各年 H5 均值的变化情况和各年的法律保护分值。同样，CR1 和 CR5 也有类似的结果。图 5-2 描绘了全样本和各子样本下各年 H5 均值的变化情况和各年执法变量的情况。可以看出，不同于立法变量，各年的执法效率并非单调递增，而是波动上升，但幅度并不明显。

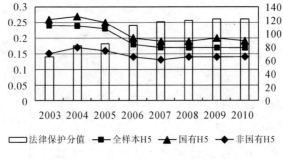

图 5-1　不同样本下的各年 H5 均值和法律保护分值

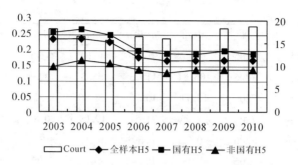

**图 5-2 不同样本下的各年 H5 均值和执法分值**

从总体上看，我国上市公司股权集中度是逐年下降的，在 2007 年之后股权集中度的下降速度变缓。2003—2010 年，我国中小投资者法律保护可以分为两个阶段：第一个阶段为 2003—2007 年，我国上市公司股权集中度下降速度较快；第二个阶段为 2008—2010 年，我国上市公司股权集中度的下降速度放缓。这和前文所述投资者法律保护指数在 2007 年之后的改变趋势是一致的。总的来说，我国上市公司股权集中度仍然偏高。

表 5-4 报告了模型（5-1）和模型（5-2）样本的描述性统计结果。从全样本来看，H5 的平均值（中位数）为 0.19（0.16），最小值和最大值分别为 0.00 和 0.73。这说明我国上市公司前 5 大股东持股比例的平方和平均达到了 0.19，而不同公司的这一指标差异较大。同样，CR1 和 CR5 也有类似的结果。全样本下 Law 和 Court 的平均值分别为 106.31 和 17.11（中位数分别为 118.3 和 16.76）。

表 5-4　模型（5-1）和模型（5-2）样本的描述性统计

|  | N | Mean | Median | Min | Max | SD |
|---|---|---|---|---|---|---|
| H5 | 7206 | 0.19 | 0.16 | 0.00 | 0.73 | 0.13 |
| CR1 | 7206 | 0.39 | 0.38 | 0.04 | 0.85 | 0.16 |

表5-4(续)

|  | N | Mean | Median | Min | Max | SD |
|---|---|---|---|---|---|---|
| CR5 | 7206 | 0.53 | 0.54 | 0.10 | 0.96 | 0.15 |
| Law | 7206 | 106.31 | 118.3 | 65.3 | 122.3 | 19.89 |
| Court | 7206 | 17.11 | 16.76 | 15.58 | 18.71 | 1.12 |
| Size | 7206 | 21.65 | 21.51 | 19.09 | 26.82 | 1.08 |
| Mrev | 7206 | 0.7 | 0.59 | 0.04 | 3 | 0.46 |
| Roa | 7206 | 0.03 | 0.03 | −0.44 | 0.27 | 0.05 |
| Age | 7206 | 8.57 | 8 | 2 | 17 | 3.56 |
| Prisk | 7206 | 0.45 | 0.67 | −6.94 | 4.89 | 0.73 |
| Lev | 7206 | 0.51 | 0.52 | 0.06 | 1.76 | 0.18 |
| Growth | 7206 | 0.16 | 0.15 | −0.77 | 1.11 | 0.19 |

表5-5报告了模型（5-3）变量的描述性统计结果。为了考察替代模型发挥作用的前提条件，将样本以2007年为分界点进行分类。其中，Panel A，Panel B，Panel C分别报告了子样本、子样本中2003—2007年分样本、子样本中2008—2010年分样本的描述性统计结果，Panel D报告了两组分样本之间的差异。从子样本来看，Re的平均值（中位数）为0.08（0.08），最小值（最大值）为0.03（0.13）；从分样本来看，2003—2007年样本Re的平均值（中位数）为0.07（0.07），2008—2010年样本Re的平均值（中位数）为0.08（0.09）。统计结果是：2003—2007年样本Re的平均值（中位数）显著小于2008—2010年样本Re的平均值（中位数）。表示股权集中度的H5，CR1，CR5变量，在2003—2007年样本中的平均值分别为0.21，0.42，0.56，中位数分别为0.19，0.41，0.56；在2008—2010年样本中平均值分别为0.18，0.38，0.52，中位数分别为0.16，0.38，0.52。这说明股权集中度是下降的，且两个阶段存在显著的差异。

表 5-5 模型（5-3）变量的描述性统计

| | N | Mean | Median | Min | Max | SD |
|---|---|---|---|---|---|---|
| **Panel A 子样本** | | | | | | |
| Re | 2950 | 0.08 | 0.08 | 0.03 | 0.13 | 0.02 |
| H5 | 2950 | 0.19 | 0.17 | 0.01 | 0.61 | 0.12 |
| CR1 | 2950 | 0.4 | 0.39 | 0.09 | 0.78 | 0.15 |
| CR5 | 2950 | 0.54 | 0.55 | 0.18 | 0.89 | 0.13 |
| Size | 2950 | 21.93 | 21.79 | 19.31 | 26.16 | 0.99 |
| B/m | 2950 | 0.89 | 0.71 | 0.11 | 2.98 | 0.6 |
| Lev | 2950 | 0.48 | 0.49 | 0.07 | 1 | 0.17 |
| Growth | 2950 | 0.19 | 0.18 | −0.77 | 1.08 | 0.17 |
| **Panel B 2003—2007 年分样本** | | | | | | |
| Re | 1449 | 0.07 | 0.07 | 0.03 | 0.13 | 0.03 |
| H5 | 1449 | 0.21 | 0.19 | 0.02 | 0.61 | 0.13 |
| CR1 | 1449 | 0.42 | 0.41 | 0.09 | 0.78 | 0.15 |
| CR5 | 1449 | 0.56 | 0.56 | 0.22 | 0.89 | 0.13 |
| Size | 1449 | 21.78 | 21.65 | 19.7 | 25.19 | 0.89 |
| B/m | 1449 | 0.95 | 0.8 | 0.11 | 2.98 | 0.61 |
| Lev | 1449 | 0.47 | 0.49 | 0.07 | 1 | 0.16 |
| Growth | 1449 | 0.21 | 0.2 | −0.77 | 0.88 | 0.15 |
| **Panel C 2008—2010 年分样本** | | | | | | |
| Re | 1501 | 0.08 | 0.09 | 0.04 | 0.12 | 0.02 |
| H5 | 1501 | 0.18 | 0.16 | 0.01 | 0.55 | 0.11 |
| CR1 | 1501 | 0.38 | 0.38 | 0.1 | 0.74 | 0.14 |
| CR5 | 1501 | 0.52 | 0.52 | 0.18 | 0.86 | 0.14 |
| Size | 1501 | 22.08 | 21.93 | 19.31 | 26.16 | 1.06 |
| B/m | 1501 | 0.82 | 0.65 | 0.11 | 2.93 | 0.57 |
| Lev | 1501 | 0.49 | 0.49 | 0.08 | 0.96 | 0.17 |
| Growth | 1501 | 0.18 | 0.16 | −0.46 | 1.08 | 0.18 |

表5-5(续)

Panel D 2003—2007 年样本与 2008—2010 年样本的差异

| | 平均数差 | T 检验 | 中位数差 | 秩和检验 |
|---|---|---|---|---|
| Re | −0.01 | −10.66*** | −0.02 | −11.5*** |
| H5 | 0.03 | 7.7*** | 0.03 | 7.25*** |
| CR1 | 0.04 | 6.77*** | 0.03 | 6.36*** |
| CR5 | 0.04 | 7.87*** | 0.04 | 7.63*** |
| Size | −0.30 | −8.21*** | −0.28 | −7.53*** |
| B/m | 0.13 | 5.98*** | 0.15 | 6.56*** |
| Lev | −0.01 | −1.92* | 0.00 | −1.79* |
| Growth | 0.03 | 4.53*** | 0.04 | 6.53*** |

表 5-6 报告了模型（5-1）样本的 Spearman 相关系数和 Pearson 相关系数。从 Spearman 相关系数来看，H5 与 Size 和 Mrev 正相关，与 Law，Court 和 Lev 负相关。这表明法律保护水平越高，股权集中度越低，股权集中度与业绩状况存在正相关关系，规模越大的公司股权集中度越高，长期偿债能力差的公司股权越分散。CR1 和 CR5 有基本相似的结果。从 Pearson 相关系数来看，H5 与 Size 和 Mrev 是正相关关系，而与 Law，Court 和 Lev 是负相关关系。这说明股权集中度与法律保护状况有负相关关系，与业绩和公司规模成正比，与资产负债率成反比。CR1 和 CR5 有类似的结果。综合以上结果来看，无论是 Spearman 相关系数还是 Pearson 相关系数，H5，CR1 和 CR5 均与法律保护状况是负相关关系，也就是说法律保护分值越高，股权集中度越低。

表 5-7 报告了模型（5-3）样本有关变量的相关系数。从 Spearman 相关系数来看，Re 与 H5，CR1，CR5，B/M 是负相关，而与 Size，Lev 是正相关。这说明股权集中度在一定程度上

表 5-6　模型 (5-1) 变量的相关系数

| | H5 | CR1 | CR5 | Law | Court | Size | Mrev | Lev |
|---|---|---|---|---|---|---|---|---|
| H5 | | 0.974*** | 0.837*** | -0.178*** | -0.0669*** | 0.190*** | 0.055*** | -0.057*** |
| CR1 | 0.964*** | | 0.717*** | -0.146*** | -0.0475*** | 0.201*** | 0.061*** | -0.051*** |
| CR5 | 0.796*** | 0.721*** | | -0.229*** | -0.0975*** | 0.113*** | 0.031*** | -0.050*** |
| Law | -0.213*** | -0.182*** | -0.249*** | | 0.6174*** | 0.222*** | 0.084*** | 0.038*** |
| Court | -0.059*** | -0.039*** | -0.079*** | 0.221*** | | 0.1362*** | -0.0053 | -0.0114 |
| Size | 0.232*** | 0.219*** | 0.171*** | 0.209*** | 0.141*** | | 0.052*** | 0.271*** |
| Mrev | 0.051*** | 0.054*** | 0.042*** | 0.087*** | -0.035*** | 0.081*** | | 0.071*** |
| Lev | -0.058*** | -0.050*** | -0.044* | 0.044*** | -0.023* | 0.251*** | 0.091*** | |

注：表格右上角是 Spearman 相关系数，表格左下角是 Pearson 相关系数。

表 5-7　模型 (5-3) 变量的相关系数

| | Re | H5 | CR1 | CR5 | Size | B/M | Lev |
|---|---|---|---|---|---|---|---|
| Re | | -0.079*** | -0.075*** | -0.066*** | 0.114*** | -0.354*** | 0.057*** |
| H5 | -0.077*** | | 0.976*** | 0.833*** | 0.181*** | 0.092*** | -0.011 |
| CR1 | -0.074*** | 0.967*** | | 0.719*** | 0.184*** | 0.096*** | 0.001 |
| CR5 | -0.058*** | 0.800*** | 0.720*** | | 0.105*** | 0.010 | -0.042** |
| Size | 0.126*** | 0.205*** | 0.193*** | 0.142*** | | 0.377*** | 0.374*** |
| B/M | -0.319*** | 0.095*** | 0.099*** | 0.02 | 0.371*** | | 0.450*** |
| Lev | 0.067*** | -0.016 | 0.001 | 0.001 | 0.371*** | 0.435*** | |

注：表格右上角是 Spearman 相关系数，表格左下角是 Pearson 相关系数。

可以代替投资者法律保护，降低资本成本。同样，从 Pearson 相关系数来看，Re 与 H5，CR1，CR5 和 B/M 是负相关关系，也说明了股权集中度在一定程度上可以代替投资者法律保护，降低资本成本。

### 5.4.2　实证结果

#### 5.4.2.1　投资者法律保护对公司上市后股权集中度的影响

表 5-8 分别列出了全样本、国有企业样本和非国有企业样本模型（5-1）股权集中度与中小投资者法律保护的回归结果。在模型（5-1）下，各年年末累计的法律保护分值（Law）同上市公司的股权集中度存在显著的负相关关系（第 8 列除外），说明了我国对中小投资者法律保护的立法力度越强，上市公司股权会越分散，这支持了 LLSV 有关股权集中度与法律保护的替代理论的观点，而执法变量（Court）同上市公司的股权集中度同样呈显著负相关关系（第 8 列除外），从而假设 1 得以证实。

就国有企业与非国有企业的回归结果而言，不同的代表股权集中度的变量，其回归结果存在差异。第（4）列法律保护系数的绝对值（$|-0.00869-0.0405|=|-0.04919|=0.04919$）小于第（7）列系数的绝对值（$|-0.00356-0.0513|=|-0.05486|=0.05486$），说明当 H5 作为被解释变量时，非国有企业股权集中度替代性更强；第（5）列系数的绝对值（$|-0.00663-0.0217|=|-0.02833|=0.02833$）大于第（8）列系数（法律保护系数不显著），说明当 CR1 作为被解释变量时，国有企业股权集中度替代性更强；第（6）列系数的绝对值（$|-0.00524-0.0447|=|-0.04994|=0.04994$）大于第（9）列系数（$|-0.00470-0.0448|=|-0.0495|=0.0495$）的绝对值，则表明国有企业股权集中度的替代性更强。以上回归结果虽然证明了股权集中度可能在一定程度上对法律保护有替代作用，但未能反映哪种类型的企业更加依赖于这种替代作用。

**表 5-8　全样本、国有企业和非国有企业样本模型（5-1）回归结果**

| | 全样本回归结果 | | | 国有企业子样本回归结果 | | | 非国有企业子样本回归结果 | | |
|---|---|---|---|---|---|---|---|---|---|
| | $\mathrm{Ln}\dfrac{H5}{1-H5}$ (1) | $\mathrm{Ln}\dfrac{CR1}{1-CR1}$ (2) | $\mathrm{Ln}\dfrac{CR5}{1-CR5}$ (3) | $\mathrm{Ln}\dfrac{H5}{1-H5}$ (4) | $\mathrm{Ln}\dfrac{CR1}{1-CR1}$ (5) | $\mathrm{Ln}\dfrac{CR5}{1-CR5}$ (6) | $\mathrm{Ln}\dfrac{H5}{1-H5}$ (7) | $\mathrm{Ln}\dfrac{CR1}{1-CR1}$ (8) | $\mathrm{Ln}\dfrac{CR5}{1-CR5}$ (9) |
| Law | -0.00967*** (-11.89) | -0.00710*** (-11.05) | -0.00565*** (-10.22) | -0.00869*** (-9.14) | -0.00663*** (-8.80) | -0.00524*** (-7.90) | -0.00356** (-2.22) | -0.000740 (-0.59) | -0.00470*** (-4.38) |
| Court | -0.0417*** (-3.08) | -0.0209* (-1.95) | -0.0457*** (-4.97) | -0.0405*** (-2.66) | -0.0217* (-1.81) | -0.0447*** (-4.21) | -0.0513* (-1.91) | -0.0276 (-1.32) | -0.0448** (-2.49) |
| Size | 0.211*** (19.55) | 0.169*** (19.79) | 0.138*** (18.86) | 0.199*** (15.64) | 0.150*** (14.89) | 0.165*** (18.65) | 0.105*** (5.01) | 0.101*** (6.17) | 0.0283** (2.01) |
| Mrev | 0.189*** (7.47) | 0.137*** (6.86) | 0.114*** (6.63) | 0.157*** (5.32) | 0.115*** (4.93) | 0.0951*** (4.61) | 0.163*** (3.53) | 0.101*** (2.80) | 0.127*** (4.11) |
| Roa | 0.700*** (3.02) | 0.415** (2.26) | 0.929*** (5.89) | 0.897*** (3.20) | 0.711*** (3.20) | 0.810*** (4.14) | 1.335*** (3.44) | 0.672** (2.22) | 1.445*** (5.55) |
| Age | -0.0318*** (-10.00) | -0.0180*** (-7.17) | -0.0368*** (-16.98) | -0.0361*** (-9.28) | -0.0225*** (-7.31) | -0.0362*** (-13.35) | -0.0454*** (-8.37) | -0.0269*** (-6.35) | -0.0465*** (-12.77) |

表5-8（续）

| | 全样本回归结果 | | | 国有企业子样本回归结果 | | | 非国有企业子样本回归结果 | | |
|---|---|---|---|---|---|---|---|---|---|
| | $Ln\frac{H5}{1-H5}$ (1) | $Ln\frac{CR1}{1-CR1}$ (2) | $Ln\frac{CR5}{1-CR5}$ (3) | $Ln\frac{H5}{1-H5}$ (4) | $Ln\frac{CR1}{1-CR1}$ (5) | $Ln\frac{CR5}{1-CR5}$ (6) | $Ln\frac{H5}{1-H5}$ (7) | $Ln\frac{CR1}{1-CR1}$ (8) | $Ln\frac{CR5}{1-CR5}$ (9) |
| Prisk | 0.0282* | 0.0237** | 0.00460 | 0.0136 | 0.0140 | -0.00816 | 0.0475* | 0.0329* | 0.0336** |
| | (1.87) | (1.99) | (0.45) | (0.76) | (0.99) | (-0.65) | (1.86) | (1.65) | (1.96) |
| Lev | -0.396*** | -0.343*** | -0.173*** | -0.516*** | -0.402*** | -0.288*** | 0.169 | 0.0746 | 0.122 |
| | (-5.90) | (-6.47) | (-3.79) | (-6.50) | (-6.39) | (-5.19) | (1.42) | (0.80) | (1.52) |
| Growth | 0.0423 | 0.0510 | 0.0870** | 0.0257 | 0.0266 | 0.0835* | 0.180* | 0.185** | 0.144** |
| | (0.71) | (1.08) | (2.15) | (0.35) | (0.46) | (1.65) | (1.85) | (2.44) | (2.21) |
| Year | 控制 | 控制 | 控制 | 控制 | 控制 | 控制 | 控制 | 控制 | 控制 |
| Industry | 控制 | 控制 | 控制 | 控制 | 控制 | 控制 | 控制 | 控制 | 控制 |
| Cons | -4.197*** | -2.810*** | -1.323*** | -3.984*** | -2.677*** | -1.424*** | -2.110*** | -1.696*** | 1.097** |
| | (-12.08) | (-10.23) | (-5.60) | (-7.53) | (-6.39) | (-3.86) | (-3.30) | (-3.40) | (2.56) |
| N | 7206 | 7206 | 7206 | 5049 | 5049 | 5049 | 2157 | 2157 | 2157 |
| adj. $R^2$ | 0.187 | 0.157 | 0.223 | 0.197 | 0.166 | 0.236 | 0.121 | 0.091 | 0.201 |

就控制变量而言，公司绩效中的总资产收益率（Roa）和主营业务收入/总资产（Mrev）均与预测的方向相同。一般来说，公司规模越大，其资本资源越多，同样份额的股权价值就高，越有利于吸引投资者，从而越有利于降低股权的集中程度（冯根福，2002）。本书实证结果反映出的规模与上市公司股权集中度的关系并不一致，这可能是我国资产规模大的上市公司多是国有企业因而其股权高度集中的缘故。股权集中度与资产负债率（Lev）的预测方向相同，为显著的负相关关系，说明了公司偿债能力越差，大股东增持其股份的动机越小。而股权集中度与公司的增长能力（Growth）存在显著的正相关关系，与预测方向不同，可能的原因是公司预期成长能力越强，大股东越看好公司的发展前景，增持其股份的动机越强烈。公司已上市年限（Age）越长，股权集中度越分散，与预测方向相同。

由于样本来自 2003—2010 年度，前文已经提出我国的投资者法律保护可能从 2007 年开始有了一个飞跃，所以这里把样本再细分为两个阶段进行回归，以探究不同阶段不同性质企业的股权集中度对投资者法律保护的替代效应。表 5-9 为 2003—2007 年样本的模型（5-1）回归结果。其中，1，2，3 列为国有企业，4，5，6 列为非国有企业。比如，第 1 列法律保护系数的绝对值（|-0.0128-0.0810|=|-0.0938|=0.0938）大于第 4 列法律保护系数（|-0.00660-0.0699|=|-0.0765|=0.0765）的绝对值，说明这一时期国有企业替代性更强。同样，第 2 列和第 5 列、第 3 列和第 6 列可得相似的结果。这说明在投资者法律保护较差的阶段，国有企业的股权集中度相对于非国有企业来说，替代法律保护的能力更强，假设 2b 得以证实。因为私有产权控股的上市公司比较好地解决了所有者和管理层之间的代理问题，可以维持对管理层的有效监管；而国有上市公司的特征是控股股东是国家，实际上，对国有上市公司而言，所有者是

缺位的，在存在两类代理问题的前提下，没有人对国有企业的经理人实施有效的监督，那么国有上市公司可能比非国有上市公司存在更加严重的掏空和掠夺行为。陈冬华等（2005）的研究表明，在政府对国有企业实行薪酬管制的情况下，在职消费成为国有企业经理的替代性选择，薪酬管制导致了国有企业的薪酬安排缺乏应有的激励效率。辛清泉等（2007）的研究发现，在国有资产管理机构和地方国企控制的两类公司中，存在着经理薪酬过低而引发的投资过度现象。因此，针对国有企业经理层的机会主义行为，国有企业更有可能通过股权结构的安排来对国有企业的经理人实施有效监督，所以，国有企业的股权集中度所体现出来的替代作用更为明显。

从表5-10可以看出，2008—2010年度，无论是国有企业还是非国有企业，其股权集中度对投资者法律保护已经均无替代作用。这从某种程度上说明了我国中小投资者法律保护状况在这一时期有了较大改善，股权集中度的治理功能在法律日趋完善的前提下不再发挥替代作用。

**表5-9 2003—2007年国有企业样本和非国有企业样本**
**模型（5-1）回归结果**

| | 国有企业样本 | | | 非国有企业样本 | | |
|---|---|---|---|---|---|---|
| | $\mathrm{Ln}\dfrac{H5}{1-H5}$ | $\mathrm{Ln}\dfrac{CR1}{1-CR1}$ | $\mathrm{Ln}\dfrac{CR5}{1-CR5}$ | $\mathrm{Ln}\dfrac{H5}{1-H5}$ | $\mathrm{Ln}\dfrac{CR1}{1-CR1}$ | $\mathrm{Ln}\dfrac{CR5}{1-CR5}$ |
| Law | -0.0128 *** | -0.00924 *** | -0.00925 *** | -0.00660 *** | -0.00290 ** | -0.00744 *** |
| | (-10.77) | (-9.59) | (-11.31) | (-3.70) | (-2.00) | (-6.40) |
| Court | -0.0810 *** | -0.0481 ** | -0.0816 *** | -0.0699 * | -0.0426 | -0.0618 ** |
| | (-3.50) | (-2.56) | (-5.12) | (-1.80) | (-1.35) | (-2.44) |
| Size | 0.197 *** | 0.162 *** | 0.138 *** | 0.0428 | 0.0752 *** | -0.0486 ** |
| | (10.92) | (11.05) | (11.07) | (1.50) | (3.25) | (-2.62) |
| Mrev | 0.142 *** | 0.0937 *** | 0.111 *** | 0.214 *** | 0.144 *** | 0.153 *** |
| | (3.76) | (3.05) | (4.26) | (3.50) | (2.90) | (3.83) |
| Roa | 1.000 *** | 0.842 *** | 0.775 *** | 0.883 * | 0.447 | 1.018 *** |

表5-9(续)

| | 国有企业样本 | | | 非国有企业样本 | | |
|---|---|---|---|---|---|---|
| | $Ln\dfrac{H5}{1-H5}$ | $Ln\dfrac{CR1}{1-CR1}$ | $Ln\dfrac{CR5}{1-CR5}$ | $Ln\dfrac{H5}{1-H5}$ | $Ln\dfrac{CR1}{1-CR1}$ | $Ln\dfrac{CR5}{1-CR5}$ |
| | (2.91) | (3.02) | (3.27) | (1.86) | (1.16) | (3.28) |
| Age | -0.0481*** | -0.0311*** | -0.0435*** | -0.0487*** | -0.0329*** | -0.0449*** |
| | (-8.51) | (-6.77) | (-11.16) | (-5.70) | (-4.73) | (-8.06) |
| Prisk | -0.0249 | -0.0173 | -0.0183 | -0.00576 | -0.00719 | 0.0135 |
| | (-1.04) | (-0.88) | (-1.10) | (-0.18) | (-0.27) | (0.64) |
| Lev | -0.588*** | -0.464*** | -0.277*** | -0.0434 | -0.0917 | 0.0844 |
| | (-5.89) | (-5.73) | (-4.03) | (-0.29) | (-0.75) | (0.87) |
| Growth | -0.0561 | -0.0414 | -0.0214 | -0.0918 | 0.0118 | -0.151* |
| | (-0.58) | (-0.53) | (-0.32) | (-0.77) | (0.12) | (-1.94) |
| Year | 控制 | 控制 | 控制 | 控制 | 控制 | 控制 |
| Industry | 控制 | 控制 | 控制 | 控制 | 控制 | 控制 |
| Cons | -2.313** | -1.489* | -0.0262 | -0.437 | -0.827 | 3.018*** |
| | (-2.31) | (-1.83) | (-0.04) | (-0.43) | (-1.00) | (4.54) |
| N | 3009 | 3009 | 3009 | 1084 | 1084 | 1084 |
| adj. $R^2$ | 0.195 | 0.165 | 0.215 | 0.114 | 0.087 | 0.199 |

表5-10    2008—2010年国有企业样本和非国有企业样本
模型 (5-1) 回归结果

| | 国有企业样本 | | | 非国有企业样本 (6) | | |
|---|---|---|---|---|---|---|
| | $Ln\dfrac{H5}{1-H5}$ | $Ln\dfrac{CR1}{1-CR1}$ | $Ln\dfrac{CR5}{1-CR5}$ | $Ln\dfrac{H5}{1-H5}$ | $Ln\dfrac{CR1}{1-CR1}$ | $Ln\dfrac{CR5}{1-CR5}$ |
| Law | -0.0102 | -0.00519 | -0.00241 | -0.0294 | -0.0162 | -0.0121 |
| | (-0.55) | (-0.36) | (-0.18) | (-1.12) | (-0.82) | (-0.69) |
| Court | 0 | 0 | 0 | 0 | 0 | 0 |
| | (.) | (.) | (.) | (.) | (.) | (.) |
| Size | 0.188*** | 0.129*** | 0.184*** | 0.123*** | 0.0969*** | 0.0722*** |
| | (10.22) | (9.18) | (14.14) | (3.92) | (4.07) | (3.44) |
| Mrev | 0.212*** | 0.168*** | 0.105*** | 0.183*** | 0.0992* | 0.173*** |
| | (4.41) | (4.56) | (3.09) | (2.64) | (1.89) | (3.74) |
| Roa | 1.028** | 0.647* | 1.200*** | 1.768*** | 0.995** | 1.673*** |

表5-10(续)

| | 国有企业样本 | | | 非国有企业样本 (6) | | |
|---|---|---|---|---|---|---|
| | $Ln\dfrac{H5}{1-H5}$ | $Ln\dfrac{CR1}{1-CR1}$ | $Ln\dfrac{CR5}{1-CR5}$ | $Ln\dfrac{H5}{1-H5}$ | $Ln\dfrac{CR1}{1-CR1}$ | $Ln\dfrac{CR5}{1-CR5}$ |
| | (2.10) | (1.73) | (3.47) | (2.78) | (2.06) | (3.94) |
| Age | -0.0257*** | -0.0152*** | -0.0299*** | -0.0450*** | -0.0245*** | -0.0475*** |
| | (-4.77) | (-3.68) | (-7.87) | (-6.19) | (-4.45) | (-9.78) |
| Prisk | 0.0525* | 0.0463** | 0.00333 | 0.103** | 0.0721** | 0.0568** |
| | (1.94) | (2.23) | (0.17) | (2.56) | (2.37) | (2.12) |
| Lev | -0.457*** | -0.344*** | -0.328*** | 0.368* | 0.269* | 0.0582 |
| | (-3.48) | (-3.42) | (-3.53) | (1.93) | (1.86) | (0.46) |
| Growth | 0.129 | 0.125 | 0.202** | 0.583*** | 0.432*** | 0.602*** |
| | (1.13) | (1.44) | (2.52) | (3.66) | (3.58) | (5.66) |
| Year | 控制 | 控制 | 控制 | 控制 | 控制 | 控制 |
| Industry | 控制 | 控制 | 控制 | 控制 | 控制 | 控制 |
| Cons | -3.902* | -2.246 | -3.148** | -0.934 | -0.708 | -0.169 |
| | (-1.74) | (-1.31) | (-1.98) | (-0.29) | (-0.29) | (-0.08) |
| N | 2040 | 2040 | 2040 | 1073 | 1073 | 1073 |
| adj. $R^2$ | 0.178 | 0.150 | 0.239 | 0.154 | 0.126 | 0.234 |

表5-11反映了股权集中度体现出来的治理作用在国有企业和非国有企业间的差异。可以看出，Cross_Law系数显著为负（第3列除外），Cross_Court系数虽无显著性，但也为负数。因此，国有企业更有可能通过股权结构的安排来对国有企业的经理人实施有效监督，所以，国有企业的股权集中度所体现出来的替代作用更为明显，从而进一步验证了假设2b。

表5-11　2003—2007年国有企业样本和非国有企业样本
模型（5-2）回归结果

| | $Ln\dfrac{H5}{1-H5}$ | $Ln\dfrac{CR1}{1-CR1}$ | $Ln\dfrac{CR5}{1-CR5}$ |
|---|---|---|---|
| Law | -0.00682*** | -0.00304** | -0.00797*** |
| | (-4.26) | (-2.34) | (-7.27) |

表5-11(续)

| | $\mathrm{Ln}\dfrac{H5}{1-H5}$ | $\mathrm{Ln}\dfrac{CR1}{1-CR1}$ | $\mathrm{Ln}\dfrac{CR5}{1-CR5}$ |
|---|---|---|---|
| Court | −0. 0719* | −0. 0451 | −0. 0627** |
| | (−1. 83) | (−1. 42) | (−2. 33) |
| Cross_ Law | −0. 00610*** | −0. 00632*** | −0. 00122 |
| | (−3. 49) | (−4. 46) | (−1. 02) |
| Cross_ Court | −0. 0131 | −0. 00535 | −0. 0228 |
| | (−0. 30) | (−0. 15) | (−0. 76) |
| Type | 1. 215 | 1. 070 | 0. 599 |
| | (1. 46) | (1. 59) | (1. 06) |
| Size | 0. 156*** | 0. 140*** | 0. 0854*** |
| | (10. 27) | (11. 39) | (8. 23) |
| Mrev | 0. 155*** | 0. 102*** | 0. 122*** |
| | (4. 82) | (3. 92) | (5. 54) |
| Roa | 1. 059*** | 0. 770*** | 0. 973*** |
| | (3. 78) | (3. 39) | (5. 07) |
| Age | −0. 0474*** | −0. 0309*** | −0. 0430*** |
| | (−10. 02) | (−8. 06) | (−13. 29) |
| Prisk | −0. 0181 | −0. 0134 | −0. 00950 |
| | (−0. 93) | (−0. 85) | (−0. 71) |
| Lev | −0. 437*** | −0. 373*** | −0. 155*** |
| | (−5. 27) | (−5. 55) | (−2. 73) |
| Growth | −0. 0876 | −0. 0283 | −0. 0957* |
| | (−1. 16) | (−0. 46) | (−1. 85) |
| Year | 控制 | 控制 | 控制 |
| Industry | 控制 | 控制 | 控制 |
| Cons | −3. 033*** | −2. 507*** | 0. 425 |
| | (−3. 61) | (−3. 69) | (0. 74) |
| N | 4093 | 4093 | 4093 |
| adj. $R^2$ | 0. 224 | 0. 210 | 0. 207 |

### 5.4.2.2 股权集中度对资本成本的影响

由表5-12可知，三个股权集中度变量均与权益资本成本存在显著的负相关关系。股权集中度越高，权益资本成本越低。这说明了在一定程度上股权集中度具有重要的治理功能。为了进一步考察股权集中度发挥治理功能的条件，按照前述分析将样本分为法律保护较差阶段（2003—2007年）和法律保护完善阶段（2008—2010年），并分析不同阶段股权集中度与资本成本的关系。由表5-12可知，2003—2007年股权集中度与权益资本成本存在显著的负相关关系，而在2008—2010年股权集中度与股权资本成本无显著的相关关系。这说明了在我国中小投资者法律保护还比较差的阶段（2003—2007年），股权集中度具有重要的治理功能，与权益资本成本成反比关系，而进入平缓期（2008—2010年）后，股权集中度的治理功能并不显著，从而假设3得到验证：在法律保护较差的阶段，股权集中度具有重要的治理功能，与权益资本成本成反比关系。

就控制变量而言，2003—2007年，财务风险（Lev）和增长能力（Growth）与预测方向相同，财务风险（Lev）十分显著，这说明了我国的中小股东比较重视上市公司的偿债能力，公司的偿债能力差，投资者要求的权益资本成本相对会有所提高。相对于小规模的企业，投资者更偏好不容易破产的大型上市公司，他们不会因个别公司账面价值的虚高而迷失方向，也能对公司高额的负债保持足够高的警惕性。账面市值比与权益资本成本有显著的负相关关系，这说明了投资者在未来会对被市场低估的上市公司有较好的预期，相应对其资本成本的要求也会有所降低。对于规模较大而冗余的公司，投资者并不一定会因其资产的庞大而降低对其资本成本的要求。

表 5-12　全样本、分阶段情况下股权集中度对资本成本的影响

| | 全样本 | | | 2003—2007 | | | 2008—2010 | | |
|---|---|---|---|---|---|---|---|---|---|
| $\mathrm{Ln}\dfrac{H5}{1-H\%}$ | -0.00210*** | | | -0.00115** | | | -0.000435 | | |
| | (-4.33) | | | (-2.15) | | | (-1.31) | | |
| $\mathrm{Ln}\dfrac{CR1}{1-CR1}$ | | -0.00261*** | | | -0.00123* | | | -0.000572 | |
| | | (-4.23) | | | (-1.88) | | | (-1.33) | |
| $\mathrm{Ln}\dfrac{CR5}{1-CR5}$ | | | -0.00301*** | | | -0.00234*** | | | -0.000619 |
| | | | (-4.17) | | | (-2.87) | | | (-1.27) |
| Size | 0.00633*** | 0.00632*** | 0.00630*** | 0.00241*** | 0.00237*** | 0.00248*** | 0.0000118 | 0.0000115 | 0.0000151 |
| | (13.56) | (13.54) | (13.51) | (4.23) | (4.17) | (4.38) | (0.04) | (0.04) | (0.05) |
| B/M | -0.0204*** | -0.0204*** | -0.0206*** | -0.0163*** | -0.0163*** | -0.0167*** | 0.000216 | 0.000226 | 0.000170 |
| | (-25.81) | (-25.81) | (-26.11) | (-17.61) | (-17.57) | (-17.74) | (0.29) | (0.31) | (0.23) |

表5-12（续）

| | 全样本 | | | 2003—2007 | | | 2008—2010 | | |
|---|---|---|---|---|---|---|---|---|---|
| Lev | 0.0283*** | 0.0284*** | 0.0283*** | 0.0196*** | 0.0196*** | 0.0199*** | -0.00105 | -0.0103 | -0.00111 |
| | (9.88) | (9.95) | (9.86) | (6.19) | (6.18) | (6.29) | (-0.49) | (-0.48) | (-0.52) |
| Growth | -0.00448* | -0.00457* | -0.00398 | -0.00280 | -0.00277 | -0.00254 | 0.00105 | 0.00105 | 0.00117 |
| | (-1.77) | (-1.81) | (-1.56) | (-0.96) | (-0.94) | (-0.87) | (0.64) | (0.64) | (0.71) |
| Year | 控制 | 控制 | 控制 | 控制 | 控制 | 控制 | 控制 | 控制 | 控制 |
| Industry | 控制 | 控制 | 控制 | 控制 | 控制 | 控制 | 控制 | 控制 | 控制 |
| Cons | -0.0586*** | -0.0563*** | -0.0540*** | 0.0639*** | 0.0660*** | 0.0645*** | 0.0916*** | 0.0920*** | 0.0924*** |
| | (-5.89) | (-5.72) | (-5.54) | (4.16) | (4.33) | (4.27) | (10.54) | (10.65) | (10.74) |
| Prob > F | 0.0000 | 0.0000 | 0.0000 | 0.0000 | 0.0000 | 0.0000 | 0.0000 | 0.0000 | 0.0000 |
| adj. $R^2$ | 0.204 | 0.204 | 0.204 | 0.614 | 0.614 | 0.615 | 0.808 | 0.808 | 0.808 |
| N | 2950 | 2950 | 2950 | 1449 | 1449 | 1449 | 1501 | 1501 | 1501 |

### 5.4.3 稳健性检验

权益资本成本 $R_e$ 的计算此处也采用了 CAPM 模型。L. Lowenstein（1999）认为，由 CAPM 模型计算出的权益资本成本能更好地代表所有者权益资本的机会成本。本章使用 CAPM 模型的回归结果，与 GLS 模型计算出来的 $R_e$ 结果差异不大。

此外，在研究权益资本成本与股权集中度之间的关系时，为了检验股权集中的内生性，采用 Hausman 检验，结果表明权益资本成本与股权集中度之间存在显著的内生性问题。当内生变量采用三种股权集中度时，Hausman 检验 Chi2 分别为 50.58，50.17，53.16，p<0.01。因为股权集中度的 Hausman 检验 Chi2 值为正，说明了 OLS 回归可能高估了股权集中度回归系数。如果股权集中度比例的真实回归系数是负值，那么高估其回归系数会导致股权集中度回归系数趋近于 0。与之相反的情况是，股权集中度 Hausman 检验为负数，则说明了 OLS 回归可能低估了股权集中度的回归系数。因此，此处利用 2SLS 回归对内生性问题加以控制。2SLS 第一阶段回归结果，股权集中度与选取的工具变量 A 股所占比例（Aper）（叶康涛、陆正飞和张志华，2007）之间的相关性非常显著，表明所选择的工具变量与内生变量有显著的相关关系，模型总体检验比较有效。

本章在没有控制内生性问题的 OLS 回归中，2003—2007 年股权集中度的三个指标回归结果显著性分别为 5%，10%，1%，但在控制了内生性问题的 2SLS 回归中发现股权集中度与权益资本成本的相关性更强了，均在 1% 水平下显著。以上回归中 Hausman 检验均在 1% 水平下显著，表明股权集中度存在内生性，且选取的工具变量比较有效。总的来说，所选取的三个不同的指标用来计量股权集中度时，结果仍然是稳健的。

## 5.5　本章小结

本章基于2003—2010年中小投资者法律保护分值体系来研究我国上市公司股权集中度同立法之间的关系，得出以下结论：

（1）与LLSV的研究结论一致，认为中小投资者法律保护立法上的逐步完善促使上市公司股权集中度下降，股权集中度同中小投资者法律保护是一种替代的关系。我国上市公司股权集中度同中小投资者法律保护存在显著的负相关关系。

（2）国有企业与非国有企业的股权集中度均能代替法律对投资者进行一定的保护，与非国有企业相比，国有企业的股权集中度能代替法律给投资者更好的保护。在法律保护水平较低的阶段，集中的股权可能发挥较强的公司治理功能，有利于降低上市公司的资本成本。这是因为国有企业中可能存在的经理人的机会主义行为更为严重（夏立军等，2005）。

（3）我国A股上市公司股权集中度的下降在2007年之后有所放缓，证明我国对中小投资者的法律保护已经上升到一个新的层次。但是应该看到，作为一种非正式的、过渡性的制度安排，替代性投资者保护制度往往只能在市场发展的早期发挥作用，随着证券市场的不断发展，替代性的投资者保护机制发挥的作用将不断递减。这时，如果标准的保护机制仍然不能发展起来，证券市场的持续发展将难以为继。所以，只有立法的完善和执法效率的提高，才能从根本上加大对中小投资者的保护力度。

# 6 "替代" 还是 "结果"?

## ——对投资者法律保护与股权集中关系的进一步研究

## 6.1 提出问题

现有的有关投资者法律保护与股权集中度之间关系的研究，主要有两种观点。一种是替代假说，以 LLSV 的观点为代表。另一种观点认为股权集中并非投资者法律保护不足的替代机制，而是适应投资者法律保护不足的后果，即结果假说。

根据上一章的实证研究，基于中国中小投资者法律保护历史实践，已从一国法律进程的角度得出股权集中是投资者法律保护的替代这一结论。也就是说，无论是横向跨国比较研究，还是从一国动态法律进程的纵向角度研究，都对替代关系进行了证明。然而，替代关系是基于管理者与股东的利益冲突，将集中的股权结构安排作为解决第一类委托代理问题的有效机制，且多是通过法律制度与投资者保护的负相关关系来说明替代机制的存在的，但应该注意到，在缺乏法律制度保障的前提下，出于对控制权的私人收益的攫取，大股东不愿意放弃控制权，进而导致股权的进一步集中。即投资者法律保护状况的好坏决定了大股东所能获得控制权私人收益的大小，进而也间接决定了该国公司所有权的集中程度（Bebchuck, 1999），从而凸显了第二类委托代理问题——大股东与中小股东的利益冲突，中小股东的权益在这种情况下无法得到保障。

那么，"书面法律"与"法律执行"能否有效保障中小投资者的权益？中国投资者法律保护与股权结构（股权集中度）之间存在何种关系？股权集中度能否发挥投资者法律保护的替代作用，以及在什么样的条件下发挥作用？基于控股股东控制下的中国上市公司治理的现实，"结果关系"是否能更好地解释法律保护与股权集中度的关系？

本章拓展了既有的研究框架，拟从宏观立法与微观执法的角度全面研究这两种公司治理机制的关系，进而丰富了相关的公司治理理论研究，促使投资者保护水平的提高。根据前面的文献综述可知，法律执行可以分为公共执法视角和私人执法视角，而私人执法视角更能够体现公司间治理结构的差异。这也是本章研究的一个重点。

## 6.2　研究假设

### 6.2.1　股权集中是投资者法律保护的替代——基于宏观立法的视角

现代公司制的本质是委托代理制，当委托人（股东）和代理人（经理层）间存在利益冲突与信息不对称时，经理层做出的决策判断很可能背离股东的利益，从而引发代理问题。为了控制可能发生的潜在代理问题，公司将决策执行权和控制权分别授予总经理和董事长。如果管理层与股东存在利益冲突，那么董事会就是非常重要的监控机制。然而两职合一意味着总经理自己监督自己，这与总经理的自利性相违背，于是代理理论认为，董事长和总经理两职合一会削弱董事会的监控功能。于东智和谷立日（2002）认为，当总经理获得更大的权力时，董事会的监控作用将相对削弱。依据代理理论，董事长与总经理两职合一会损害董事会的独立性和控制作用，进而导致总经理的权力膨胀，诱发总经理采取损害公司利益的行为。中国证监会把董事长与总经理的两职分离作为完善公司治理的措施之一。Fama 和 Jenson（1983）认为，两职分离的领导权结构有助于解决公司治理中存在的剩余风险承担和控制分离带来的代理问题。Robert 和 Nell（1994）也指出，为了保证董事会的独立性，有效地监督管理层，公司应实行两职分离。崔学刚（2004）认为，董事会作为现代公司内部治理机制的核心，其基本的职能是代表股东来监控经理层。如果董事长与总经理两职合一，也就是说总经理控制了董事会，高层管理人员有更多的机会侵害股东的利益，在这种情况下公司的治理功能就会变得非常弱。

此外，对管理层实施监督的董事会的监督效率，在相当程度上取决于其董事成员的构成及比例。董事会通常由大股东代表、管理层和外部董事三部分构成。张海燕和陈晓（2008）认为，董事会中管理层的比例代表着高管的决策地位和影响力。董事会中高管的比例越大，大股东代表的比例和外部董事的比例就会越小，后两者对其监督控制的能力越弱，传统的股东与经理的代理问题可能也就越严重。祝继高和王春飞（2012）对国美电器控制权争夺案例的研究表明，处于相对控股地位的大股东通过控制董事会来控制管理层，而管理层为了摆脱股东的控制，会引入外部投资者等控制董事会来左右公司的决策，从而形成内部人控制。林浚清等（2003）认为，在大股东控制的公司中，总经理为摆脱大股东的过度控制往往会在董事会施加影响，让更多高管参与到董事会当中，进而扩大决策上的自主权，使大股东的影响力弱化。另外，内部董事往往比外部董事更容易受总经理支配，因为随着内部董事比例的提高，总经理对薪酬决定有更大的影响力。因此，当公司第一类委托代理问题严重时，需要通过集中的股权来对管理层实行有效的控制。投资者法律保护与股权集中度存在替代关系，提出以下假设H1，并根据第一类委托代理问题严重的公司特征，进一步提出假设 H1a 和 H1b：

H1：股权集中与投资者法律保护（书面法律）存在替代关系，书面法律水平越低，股权集中度越高。

H1a：董事长兼任总经理的公司，在书面法律水平较低的情况下，股权集中度越高。

H1b：董事会中管理层比例越高的公司，在书面法律水平较低的情况下，股权集中度越高。

### 6.2.2 股权集中是投资者保护较差情况下大股东追求控制权私人收益的结果——基于微观执法的视角

经过多年的法律改革，投资者法律保护的立法水平已经不断提高，但是各年度之间的法律保护分值变化也较大（沈艺峰等，2004），同时我国各省区的执法环境也存在较大的地区差异（樊纲等，2006）。公司微观执法水平总体较低，表现为通过两权分离严重、控制层级链条较长等控制权强化机制进行隐蔽的关联交易，侵害中小投资者的利益。这种弱的投资者保护（执法）就使公司治理倾向于强势原则，诱使有实力的投资者选择集中投资，进而通过金字塔结构控制一个庞大的经济体。因为金字塔结构既可以防止大股东自己的利益被盘剥，又可为控股股东获取控制权私利提供组织结构上的各种便利。LaPorta 和 Shleifer（1999）的研究发现，公司的实际控制人往往利用双重股权、金字塔结构、交叉持股等来构建一个复杂的控制链，由于其控制权与现金流权不尽相同，不用遵守一股一票的原则，最终形成对中小股东权益的侵害，以达到攫取控制权私利的目的。Claessens et al.（2002）的研究表明，两权分离会强化大股东的自利动机。唐宗明等（2003）认为，大股东主要通过交叉持股和金字塔控股结构两种途径来实现控制权与现金流权的分离，这种分离造成了大股东的掠夺行为，并随分离程度变大而变强。纪玉俊（2007）认为，控股股东在侵占中小股东利益时，一个主要的"工具"是金字塔式的控股结构。谢盛纹（2011）认为，当控股股东的控制权大于现金流权时，控股股东有动机转移上市公司资源，剥削中小股东，谋取控制权收益。两权分离度越大，控制权收益越大，控股股东侵害其他股东的动机也越强。

此外，随着层级的延长，加大了信息传递及监督等方面的成本，不利于对企业进行控制，对企业追求私人收益的行为难以进行约束，终极控制人也会利用复杂组织结构的内部资本市场进行利益输送，损害中小投资者的利益。这给投资者一种保护差的印象，则投资者会放弃或减少在企业的投资，股权集中到控股大股东手中（刘志远、毛淑珍，2007；吴德胜、孙志东，2011）。特别是对两权分离度较高和控制层级较多的公司而言，存在明显的第二类代理问题。一方面，大股东的自利动机更强，该类公司控股股东会出于对控制权私人收益的追求来锁定控制权，而不会随意地减少持股比例；另一方面，也无法吸引新的投资者，进而使股权进一步集中到大股东手中。因此，股权集中度成为一种大股东侵占中小股东利益的结果，从而提出假设H2，并根据第二类委托代理问题严重的公司特征进一步提出假设 H2a 和 H2b：

H2：股权集中与投资者法律保护（微观执法）存在结果关系。公司微观执法水平越低，股权集中度越高。

H2a：两权分离度较高的公司，在执法水平较低的情况下，股权集中度越高。

H2b：控制层级越多的公司，在执法水平较低的情况下，股权集中度越高。

## 6.3　实证研究设计

### 6.3.1　样本选取和数据来源

本章在研究上市公司的股权集中度与中小投资者法律保护的关系时，选取的样本是 2003—2010 年的全部 A 股股票。为了排除 IPO 对股权集中度的影响，剔除了统计年度当年上市的公司，剔除了 ST 公司，还剔除了 H5、CR1、CR5、Ceo（两职合一）和 Manage（董事会中管理层所占比例）等数据缺失的公司，并对变量极端值进行了处理（Winsorize）。筛选出来的观测点共 7146 个，其中国有企业 4993 个，非国有企业 2153 个。[①] 为了检验大股东侵占控制权收益的结果模型，引入变量 Sep（两权分离度），Number（控制层级）和 Enforcement（现金股利分配率）。由于上述样本中部分 Sep 变量、Number 变量和 Enforcement 变量缺失，则在其基础上筛除 Sep，Number 和 Enforcement 缺失的样本，则剩余观测点共 2950 个，其中国有企业 2291 个，非国有企业 659 个。本章有关股权结构信息和财务等数据来自 CSMAR 系列研究数据库，部分缺失数据是从上海证券交易所和深圳证券交易所网站披露报表中手工搜集的，有关法律法规的数据来自北大法律信息网和《中国法律年鉴》。

---

① 国有控股公司是指实际控制人为国有企业和政府的公司。

### 6.3.2 变量的设计与定义

#### 6.3.2.1 股权集中度

被解释变量为股权集中度，分别采用 H5、CR1 和 CR5 作为其度量，并借鉴 Demsetz 和 Lehn（1985）研究中关于被解释变量股权集中度的处理方式：

$$\text{Lnconcentration} = \text{Ln}\, \frac{X}{1-X} \qquad\qquad （公式6-1）$$

其中：X=H5，CR1，CR5。

由上式可知，Lnconcentration 分别与 H5、CR1 和 CR5 成正比例关系。通过转换，Lnconcentration 趋于正态分布。

#### 6.3.2.2 投资者法律保护

针对 H1 的解释变量"与立法相关的中小投资者法律保护"，来源于第四章的投资者法律保护分值（见第 4 章表4-8）。对于 H2 中的解释变量"与执法相关的中小投资者法律保护"，大量的研究表明，隧道（Tunneling）普遍存在于我国的上市公司，我国上市公司的大股东具有利用股利政策套现的动机，并认为现金股利也成为大股东攫取小股东利益的重要手段（陈东华，2003；吕长江、周县华，2008；赵玉芳、余志勇等，2011；祝继高、王春飞，2013；Chen et al.，2009）。所以，选择了 Enforcement（现金股利分配率）这一指标来作为投资者法律保护的执法变量，该指标越高，执法水平越低，能够从私人执法的角度来衡量投资者法律保护的执行水平。此外，本章使用"法院执行（结案）/年末总人口（单位：万人）"这一公共执法变量对相关执法水平进行控制。

#### 6.3.2.3 其他变量

借鉴国内外研究的现有成果，选取一组影响公司上市后股权集中度的控制变量，分别对公司的性质、已上市年限、公司业绩、公司规模、公司风险、公司发展能力、公司长期偿债能力和行业等进行控制。

### 6.3.3 模型构建

采用多元回归的方法研究各因素对股权集中度的影响，并对提出的假设进行检验。针对 H1 的基本计量模型为：

$$Lnconcentration = \beta_0 + \beta_1 Law + \sum \beta X \qquad （模型6-1）$$

针对假设 H1a 和 H1b 的模型如下

$$Lnconcentration = \beta_0 + \beta_1 Law + \beta_2 Ceo + \beta_3 Law * Ceo + \sum \beta X$$

（模型6-2）

其中：解释变量 Law 为年度立法变量。当董事长兼任总经理时，Ceo = 1；否则为 0。

$$Lnconcentration = \beta_0 + \beta_1 Law + \beta_2 Manage + \beta_3 Law * Manage + \sum \beta X$$

（模型6-3）

其中：当董事会中高管所占比例大于等于 0.3（接近董事会中高管所占比例的均值）时，设 Manage = 1；否则为 0。

针对模型（6-2）和模型（6-3），如果 $\beta_1$ 和 $\beta_3$ 系数均为负，且 $\beta_1 + \beta_3$ 绝对值大于 $\beta_1$ 绝对值，说明两职合一（董事会中高管所占比例高）的公司股权集中度替代性更强，大股东发挥了监督作用，替代模型成立。

为了检验 H2，构建结果模型为：

$$Lnconcentration = \beta_0 + \beta_1 Enforcement + \sum \beta X \qquad （模型6-4）$$

针对假设 H2a 和 H2b 构建的结果模型如下：

$$Lnconcentration = \beta_0 + \beta_1 Enforcement + \beta_2 Sep + \beta_3 Enforcement * Sep + \sum \beta X$$

（模型6-5）

其中：Enforcement 为股利分配率。当两权分离度大于等于

0.1（接近两权分离度的均值）时，设 Sep = 1；否则为 0。

$$Lnconcentration = \beta_0 + \beta_1 Enforcement + \beta_2 Number + \beta_3 Enforcement * Number + \sum \beta X \quad \text{（模型 6-6）}$$

其中：当控制层级链条数大于等于 3 时（因为控制层级链条数大多集中在 2，则设大于等于 3 为较大值），设 Number = 1；否则为 0。

针对模型（6-5）和模型（6-6），如果 $\beta_1 + \beta_3$ 为正，说明是两权分离严重（控制层级较多）的公司，公司的执法水平越低，股权集中度越高。因为股权集中度越高越可能锁定控制权，以追求控制权私人收益，结果模型成立。具体的变量定义见表 6-1。

表 6-1　　　　　相关变量的定义与度量

| 变量性质 | 变量名称 | 符号 | 变量描述 | 相关研究 | 预测方向 |
|---|---|---|---|---|---|
| 因变量 | 股权集中度 | H5 | 前 5 大股东持股比例的平方和 | Demsetz,Lehn（1985） | |
| | | CR1 | 第一大股东持股比例 | 许年行、吴世农（2006） | |
| | | CR5 | 前 5 大股东持股比例之和 | 许年行、吴世农（2006） | |
| 解释变量 | 投资者法律保护分值 | Law | 以沈艺峰、许年行、杨熠方法为基础将法律保护分值更新至 2010 年 | 沈艺峰、许年行、杨熠（2004），见第 4 章表 4-8 | － |
| | 现金股利分配率 | Enforcement | 每股现金股利/流通股市场价格 | 赵玉芳、余志勇等（2011）祝继高、王春飞（2013） | － |
| 控制变量 | 两职合一 | Ceo | 当董事长和总经理为同一人时为 1；否则为 0 | 崔学刚（2004） | ＋ |
| | 管理层占董事会规模 | Manage | 董事会中高管所占比例 ≥0.3 时为 Manage = 1；否则为 0 | 金雪军、王利刚（2007） | ＋ |
| | 两权分离度 | Sep | 现金流权与控制权分离度 ≥0.1 时 Sep = 1；否则为 0 | 谢盛纹（2011） | ＋ |

表6-1(续)

| 变量性质 | 变量名称 | 符号 | 变量描述 | 相关研究 | 预测方向 |
|---|---|---|---|---|---|
| 控制变量 | 控制层级 | Number | 从上市公司到终极控制人的控制层数目≥3时,Number=1;否则为0 | 刘志远、毛淑珍(2007) | + |
| | 投资者法律保护公共执法变量 | Court | 法院执行(结案)/年末总人口(单位:万人) | Zhang Yi and Ma Guang(2005)<br>许年行、吴世农(2006) | − |
| | 规模 | Size | 总资产的自然对数 | Demsetz, Lehn(1985);Prowse(1992)<br>冯根福、韩冰和闫冰(2002)<br>许年行、吴世农(2006) | − |
| | 公司绩效 | Mrev | 主营业务收入/总资产 | 冯根福、韩冰和闫冰(2002) | + |
| | | Roa | 总资产收益率 | 冯根福、韩冰和闫冰(2002) | + |
| | 上市年限 | Age | 公司上市日期至度量期间年末年数 | Lamba, Stapledon(2001) | + |
| | 经营风险 | Prisk | 收益的变化系数 | | + |
| | 财务杠杆 | Lev | 负债总额/资产总额 | 刘志远、毛淑珍(2007) | − |
| | 成长能力 | Growth | 主营业务收入的年增长率 | Thomsen,Pedersen(1998)<br>许年行、吴世农(2006) | − |
| | 控股性质 | Type | 实际控制人是国有为1;否则为0 | 冯根福、韩冰和闫冰(2002)<br>许年行、吴世农(2006) | + |
| | 年度变量 | Year | 控制年度的影响 | | |
| | 行业变量 | Industry | 控制行业的影响 | | |

# 6.4 实证结果及分析

## 6.4.1 描述性统计分析

本章以2003—2010年所收录的样本公司的前5大股东持股比例的平方和（H5）、第一大股东持股比例（CR1）和前5大股东持股比例之和（CR5）作为对股权集中度的基本度量。表6-2报告了模型（6-1）、（6-2）、（6-3）变量的描述性统计。从全样本来看，CR1的平均值（中位数）为0.39（0.38），最小值和最大值分别为0.04和0.85，说明了我国上市公司第一大股东持股比例平均达到0.39，而不同公司的这一指标差异较大。同样，H5和CR5也有类似的结果。Law的最小值为65.3，Law的最大值为122.3，显示2003—2010年我国中小投资者法律保护的立法分值从65.3分到122.3分共增长了57分，说明我国对中小投资者法律保护的立法力度逐渐增强。全样本下Law平均值为106.31，中位数为118.3。

**表6-2　模型（6-1）、（6-2）、（6-3）变量的描述性统计**

| Variable | N | Mean | Median | Min | Max | SD |
|---|---|---|---|---|---|---|
| CR1 | 7146 | 0.39 | 0.38 | 0.04 | 0.85 | 0.16 |
| Law | 7146 | 106.31 | 118.3 | 65.3 | 122.3 | 19.89 |
| Court | 7146 | 17.11 | 16.76 | 15.58 | 18.71 | 1.12 |
| Manage | 7146 | 0.21 | 0.2 | 0 | 0.67 | 0.12 |
| Size | 7146 | 21.64 | 21.51 | 19.09 | 26.82 | 1.08 |
| Mrev | 7146 | 0.7 | 0.59 | 0.04 | 3 | 0.46 |
| Roa | 7146 | 0.03 | 0.03 | −0.44 | 0.27 | 0.05 |
| Age | 7146 | 8.55 | 8 | 2 | 17 | 3.55 |
| Prisk | 7146 | 0.45 | 0.67 | −6.94 | 4.89 | 0.73 |
| Lev | 7146 | 0.51 | 0.52 | 0.06 | 1.76 | 0.18 |
| Growth | 7146 | 0.16 | 0.15 | −0.77 | 1.11 | 0.19 |

注：H5和CR5在此表中省略。

表6-3报告了模型（6-1）、（6-2）、（6-3）的样本各年分布、每年的立法分值、被解释变量各年的均值。其中，Panel A是统计样本各年度按实际控制人区分的国有企业和非国有企业

表 6-3 模型 (6-1)、(6-2)、(6-3) 的样本分布、统计各年被解释变量均值及差异

| | 2003 | 2004 | 2005 | 2006 | 2007 | 2008 | 2009 | 2010 |
|---|---|---|---|---|---|---|---|---|
| **Panel A 国有企业和非国有企业各年样本分布** | | | | | | | | |
| 国有 | 542 | 577 | 606 | 614 | 643 | 645 | 665 | 701 |
| 非国有 | 136 | 176 | 209 | 254 | 306 | 309 | 350 | 413 |
| 合计 | 678 | 753 | 815 | 868 | 949 | 954 | 1015 | 1114 |
| **Panel B 法律保护分值，两职合一企业数量、董事会中管理层所占比例较高企业数量各年分布情况** | | | | | | | | |
| 立法分值 | 65.3 | 82.3 | 84.8 | 112.8 | 118.3 | 119.8 | 121.8 | 122.3 |
| Ceo=1 | 79 | 85 | 83 | 91 | 117 | 122 | 129 | 163 |
| | 12% | 11% | 10% | 10% | 12% | 13% | 13% | 15% |
| Manage=1 | 168 | 172 | 193 | 199 | 210 | 234 | 250 | 307 |
| | 25% | 23% | 24% | 23% | 22% | 25% | 25% | 28% |
| **Panel C 各年 CR1 分别在全样本、国有样本、非国有样本下股权集中度均值情况及 T 检验结果** | | | | | | | | |
| 全样本 | 0.44 | 0.44 | 0.42 | 0.37 | 0.37 | 0.37 | 0.37 | 0.37 |
| 国有样本 | 0.47 | 0.47 | 0.45 | 0.40 | 0.39 | 0.39 | 0.40 | 0.40 |
| 非国有样本 | 0.33 | 0.35 | 0.33 | 0.32 | 0.32 | 0.33 | 0.32 | 0.32 |
| 国有与非国有差 | 0.144 *** | 0.127 *** | 0.119 *** | 0.072 *** | 0.071 *** | 0.064 *** | 0.078 *** | 0.077 *** |
| | (9.32) | (9.32) | (9.78) | (6.58) | (7.03) | (6.33) | (8.04) | (8.27) |

注：H5 和 CR5 结果与 CR1 趋势相似。

的分布状况。Panel B 是法律保护分值、两职合一企业数量和董事会中管理层所占比例较高企业数量各年分布情况及其占各年样本数的比例，可以看出，2005—2010 年两职合一的企业数量总体呈上升趋势，2003—2010 年董事会中管理层所占比例较高的企业数量有上升趋势。Panel C 是全样本、国有样本、非国有样本下股权集中度均值及国有与非国股权集中度之差。从表6-3 的 Panel B 统计来看，投资者法律保护立法分值逐年上升，Panel C 显示上市公司的股权集中度逐年下降，在 2007 年之后股权集中度基本持平，国有企业的股权集中度各年均值显著高于非国有企业。

模型（6-4）、（6-5）、（6-6）所用样本的描述性统计见表6-4。剩余样本的被解释变量（股权集中度）与总样本的被解释变量的描述性统计情况基本一致，其中解释变量 Enforcement 的平均值为 0，中位数为 0，最小值和最大值分别为 0 和 0.1，表明上市公司现金股利分配率很多情况下是 0，所选取样本中现金股利分配率最高是 0.01，即现金股利分配率在不同企业中的表现有所不同，且差异较大。

表6-4　模型（6-4）、（6-5）、（6-6）变量的描述性统计

| Variable | N | Mean | Median | Min | Max | SD |
| --- | --- | --- | --- | --- | --- | --- |
| CR1 | 2950 | 0.39 | 0.37 | 0.08 | 0.84 | 0.15 |
| Enforcement | 2950 | 0 | 0 | 0 | 0.1 | 0.01 |
| Size | 2950 | 21.79 | 21.62 | 19.24 | 26.69 | 1.11 |
| Mrev | 2950 | 0.72 | 0.61 | 0.05 | 3 | 0.48 |
| Roa | 2950 | 0.03 | 0.03 | −0.4 | 0.25 | 0.05 |
| Age | 2950 | 9.17 | 9 | 2 | 17 | 3.57 |
| Prisk | 2950 | 0.47 | 0.67 | −4.32 | 4.77 | 0.67 |
| Lev | 2950 | 0.53 | 0.53 | 0.06 | 1.47 | 0.17 |
| Growth | 2950 | 0.16 | 0.15 | −0.61 | 1.03 | 0.19 |

注：H5 和 CR5 在此表中省略。

表6-5描述了模型（6-4）、（6-5）、（6-6）所用样本的分布。从7146个总样本中筛选出变量Sep、Number和Enforcement缺失的样本，最终剩余2950个观测点，其中国有企业2291个，非国有企业659个。国有企业样本和非国有企业样本在2003—2010年间各年的具体分布见表6-5中的Panel A。Panel B显示了2003—2010年上市公司两权分离度较高的公司（Sep=1的公司）数量分布和控制层级数较多的公司（Number=1的公司）数量分布及其占各年样本数的比例。可以看出，2003—2009年两权分离度较高的上市公司数量占当年样本公司总数的比例有上升趋势，而2007—2010年则出现波动。2003—2009年控制层级较多的上市公司数量占当年样本公司总数的比例有逐年上升趋势。

表6-5　模型（6-4）、（6-5）、（6-6）样本分布

| Panel A | 国有企业和非国有企业各年度样本分布 | | | | | | | |
|---|---|---|---|---|---|---|---|---|
| | 2003 | 2004 | 2005 | 2006 | 2007 | 2008 | 2009 | 2010 |
| 国有 | 219 | 294 | 302 | 303 | 270 | 285 | 309 | 309 |
| 非国有 | 45 | 71 | 81 | 82 | 72 | 94 | 108 | 106 |
| 合计 | 339 | 454 | 470 | 451 | 401 | 395 | 383 | 420 |
| Panel B | 各年国有企业与非国有企业Sep=1和Number=1时的企业数量的分布情况及其比例 | | | | | | | |
| Sep=1 | 44 | 109 | 126 | 141 | 125 | 140 | 155 | 149 |
| | 13% | 24% | 27% | 31% | 31% | 35% | 40% | 35% |
| Number=1 | 55 | 94 | 125 | 130 | 118 | 152 | 183 | 179 |
| | 16% | 21% | 27% | 29% | 29% | 38% | 48% | 43% |

表6-6报告了主要变量的Pearson相关系数。CR1与Law存在负相关关系，且在1%水平下显著。这说明从总体上讲，股权集中度与法律保护立法变量存在替代关系，初步证明了假设1。

### 表6-6　　　　主要变量的 Pearson 相关系数

| | CR1 | Law | Enforcement | Ceo | Manage | Sep | Number | Court | Size | Roa | Age | Prisk | Lev | Growth |
|---|---|---|---|---|---|---|---|---|---|---|---|---|---|---|
| CR1 | 1 | | | | | | | | | | | | | |
| Law | -0.108*** | 1 | | | | | | | | | | | | |
| Enforcement | 0.035* | -0.080*** | 1 | | | | | | | | | | | |
| Ceo | -0.085*** | -0.012 | 0.005 | 1 | | | | | | | | | | |
| Manage | -0.004 | -0.009 | 0.018 | 0.241*** | 1 | | | | | | | | | |
| Sep | 0.045*** | 0.104*** | -0.012 | 0.060*** | 0.058*** | 1 | | | | | | | | |
| Number | 0.003 | 0.142*** | 0.007 | 0.015 | -0.087*** | 0.461*** | 1 | | | | | | | |
| Court | -0.025 | 0.254*** | -0.063* | -0.001 | -0.005 | -0.011 | 0.067*** | 1 | | | | | | |
| Size | 0.217*** | 0.267*** | 0.033* | -0.109*** | -0.103*** | -0.046* | 0.011 | 0.191*** | 1 | | | | | |
| Roa | 0.127*** | 0.165*** | -0.059*** | -0.045* | -0.044** | 0.079*** | 0.044** | 0.108*** | 0.158*** | 1 | | | | |
| Age | -0.153*** | 0.424*** | -0.046* | 0.019 | -0.034* | 0.060*** | 0.142*** | 0.263*** | 0.142*** | 0.074*** | 1 | | | |
| Prisk | 0.101*** | 0.052*** | -0.022 | -0.040* | -0.043* | 0.039* | 0.02 | 0.068* | 0.131*** | 0.427*** | 0.032* | 1 | | |
| Lev | -0.077*** | 0.054*** | 0.097*** | -0.013 | -0.012 | 0.002 | 0.040** | -0.001 | 0.255*** | -0.385*** | 0.087*** | -0.184*** | 1 | |
| Growth | 0.114*** | -0.008 | 0.009 | -0.047* | -0.031* | 0.036* | -0.011 | -0.055*** | 0.225*** | 0.251*** | -0.086*** | 0.197*** | 0.146*** | 1 |

注：H5 和 CR5 与 CR1 结果类似，此处省略。

CR1 与 Ceo 存在 1%水平下显著的负相关关系，说明了总经理和董事长两职合一的企业股权可能更分散。CR1 与 Manage 暂无显著相关性。CR1 与 Enforcement 存在 10%水平下的显著正相关关系，说明总体上股权集中度与现金股利分配率存在显著的正相关关系。这在某种程度上表现了结果模型，初步证明了假设 2。CR1 与 Sep 存在正相关关系，在 5%水平下显著，证明了两权分离程度越大股权越集中的结论。CR1 与 Number 存在正相关关系，但在相关系数检验中没有显著性。

### 6.4.2 实证结果

#### 6.4.2.1 替代关系的证明

表 6-7 报告了全样本、国有企业和非国有企业样本模型（6-1）的回归结果，用来验证替代模型，即假设 H1。其中，（1）、（2）、（3）列为全样本回归结果，（4）、（5）、（6）列为国有企业样本回归结果，（7）、（8）、（9）列为非国有企业样本回归结果。从回归结果可观察到，总样本下的回归结果是，中小投资者法律保护分值与股权集中度存在显著的负相关关系，且这种关系在三种股权集中度下均在 1%水平下显著。把全样本分为国有企业和非国有企业样本进行回归，其法律保护分值与股权集中度的关系是有差异的。国有企业样本下的三种股权集中度与立法分值的关系同全样本一样，均在 1%水平下显著负相关。而非国有企业样本下股权集中度与立法分值的关系没有国有企业样本那么显著，比如（7）列中 Law 系数在 5%水平下显著为负，（8）列中 Law 则无显著性可言。总的来说，表 6-7 的回归结果证明了 H1，即股权集中度与中小投资者法律保护存在替代关系。

有关控制变量，其中法律保护的执法变量（Court）同上市公司股权集中度存在显著的负相关关系，而在国有上市公司中，

表6-7　　全样本、国有企业和非国有企业样本模型（6-1）回归结果

| | 全样本回归结果 | | | 国有企业子样本回归结果 | | | 非国有企业子样本回归结果 | | |
|---|---|---|---|---|---|---|---|---|---|
| | $\mathrm{Ln}\dfrac{H5}{1-H5}$ (1) | $\mathrm{Ln}\dfrac{CR1}{1-CR1}$ (2) | $\mathrm{Ln}\dfrac{CR5}{1-CR5}$ (3) | $\mathrm{Ln}\dfrac{H5}{1-H5}$ (4) | $\mathrm{Ln}\dfrac{CR1}{1-CR1}$ (5) | $\mathrm{Ln}\dfrac{CR5}{1-CR5}$ (6) | $\mathrm{Ln}\dfrac{H5}{1-H5}$ (7) | $\mathrm{Ln}\dfrac{CR1}{1-CR1}$ (8) | $\mathrm{Ln}\dfrac{CR5}{1-CR5}$ (9) |
| Law | -0.00961*** (-11.80) | -0.00705*** (-10.95) | -0.00562*** (-10.15) | -0.00859*** (-9.01) | -0.00653*** (-8.65) | -0.00520*** (-7.81) | -0.00356*** (-2.23) | -0.000749 (-0.60) | -0.00468*** (-4.37) |
| Court | -0.0399*** (-2.94) | -0.0192* (-1.79) | -0.0455*** (-4.92) | -0.0389** (-2.55) | -0.0201 (-1.66) | -0.0447*** (-4.20) | -0.0489* (-1.82) | -0.0256 (-1.22) | -0.0440** (-2.44) |
| Size | 0.211*** (19.54) | 0.169*** (19.79) | 0.138*** (18.81) | 0.199*** (15.63) | 0.150*** (14.88) | 0.166*** (18.62) | 0.107*** (5.11) | 0.103*** (6.26) | 0.0296** (2.09) |
| Mrev | 0.183*** (7.23) | 0.132*** (6.59) | 0.111*** (6.46) | 0.149*** (5.02) | 0.108*** (4.60) | 0.0913*** (4.43) | 0.163*** (3.55) | 0.102*** (2.83) | 0.127*** (4.10) |
| Roa | 0.706*** (3.04) | 0.422** (2.30) | 0.922*** (5.83) | 0.871*** (3.09) | 0.696*** (3.12) | 0.783*** (3.99) | 1.407*** (3.63) | 0.729** (2.41) | 1.473*** (5.65) |
| Age | -0.0324*** (-10.15) | -0.0185*** (-7.35) | -0.0372*** (-17.13) | -0.0370*** (-9.48) | -0.0233*** (-7.54) | -0.0367*** (-13.51) | -0.0448*** (-8.27) | -0.0264*** (-6.26) | -0.0462*** (-12.70) |

表6-7（续）

| | 全样本回归结果 | | | 国有企业子样本回归结果 | | | 非国有企业子样本回归结果 | | |
|---|---|---|---|---|---|---|---|---|---|
| | $Ln\frac{H5}{1-H5}$ (1) | $Ln\frac{CR1}{1-CR1}$ (2) | $Ln\frac{CR5}{1-CR5}$ (3) | $Ln\frac{H5}{1-H5}$ (4) | $Ln\frac{CR1}{1-CR1}$ (5) | $Ln\frac{CR5}{1-CR5}$ (6) | $Ln\frac{H5}{1-H5}$ (7) | $Ln\frac{CR1}{1-CR1}$ (8) | $Ln\frac{CR5}{1-CR5}$ (9) |
| Prisk | 0.0303** | 0.0256** | 0.00492 | 0.0174 | 0.0174 | -0.00713 | 0.0463* | 0.0320 | 0.0328* |
| | (2.00) | (2.14) | (0.48) | (0.97) | (1.22) | (-0.57) | (1.81) | (1.61) | (1.92) |
| Lev | -0.372*** | -0.323*** | -0.159*** | -0.499*** | -0.386*** | -0.276*** | 0.192 | 0.0930 | 0.131 |
| | (-5.52) | (-6.07) | (-3.47) | (-6.24) | (-6.11) | (-4.96) | (1.61) | (1.00) | (1.64) |
| Growth | 0.0425 | 0.0520 | 0.0865** | 0.0279 | 0.0297 | 0.0829 | 0.179* | 0.183** | 0.144** |
| | (0.71) | (1.10) | (2.13) | (0.38) | (0.51) | (1.63) | (1.85) | (2.43) | (2.22) |
| 年份 | 控制 | 控制 | 控制 | 控制 | 控制 | 控制 | 控制 | 控制 | 控制 |
| 行业 | 控制 | 控制 | 控制 | 控制 | 控制 | 控制 | 控制 | 控制 | 控制 |
| Cons | -3.727*** | -2.480*** | -0.969*** | -3.549*** | -2.052*** | -1.620*** | -2.212*** | -1.776*** | 1.049** |
| | (-11.49) | (-9.67) | (-4.39) | (-3.99) | (-2.91) | (-2.61) | (-3.46) | (-3.56) | (2.44) |
| N | 7146 | 7146 | 7146 | 4993 | 4993 | 4993 | 2153 | 2153 | 2153 |
| adj. $R^2$ | 0.187 | 0.157 | 0.224 | 0.198 | 0.166 | 0.237 | 0.121 | 0.091 | 0.200 |

这种显著性要强于非国有上市公司。上市公司的规模（Size）和绩效（Mrev，Roa）均与股权集中度存在显著的正相关关系，说明资产越多、公司的业绩越好，股东越有动机将其股权集中，从而获取更大的利益。公司的上市年限（Age）同股权集中度存在显著的负相关关系，说明随着上市公司上市时间的增加，股权有自然分散的结果。在全样本和国有上市公司样本中，资产负债率（Lev）与股权结构存在显著的负相关关系，说明上市公司的偿债能力越弱，大股东越有抛售股票的动机，然而，非国有上市公司的资产负债率同股权集中度却没有这种显著的相关关系。分析风险（Prisk）和成长性（Growth）这两个变量，可以发现一个有趣的现象：全样本下，这两个变量同股权集中度均存在正相关关系，但并不一定在每种股权集中度下都显著；国有上市公司样本下，这两个变量同股权集中度均不存在显著的相关关系，但总的来说系数为正（第6列的 Prisk 除外）；非国有上市公司样本下，这两个变量同股权集中度均存在显著的正相关关系（第8列的 Prisk 除外）。这可能说明了非国有上市公司的大股东更愿意为上市公司的高风险和高增长性承担更大的风险，即大股东认为公司的高风险往往伴随着高收益和高成长性，他们会进一步巩固自身的股权，牢牢锁住控制权收益，而国有上市公司的股东可能并没有像非国有上市公司的大股东那样考虑这一问题。也许这恰恰是不同性质的公司对待风险的不同态度。

为了验证第一类代理问题较严重的情况下这种替代关系是否增强，下面将进行进一步验证。

表6-8分别列出了全样本、国有企业样本和非国有企业样本两职合一情况下股权集中度与中小投资者法律保护的回归结果，其中（1）、（2）、（3）列为全样本，（4）、（5）、（6）列为国有企业样本，（7）、（8）、（9）列为非国有企业样本，用来验

表6-8　全样本、国有企业和非国有企业样本模型（6-2）回归结果

| | 全样本回归结果 | | | 国有企业子样本回归结果 | | | 非国有企业子样本回归结果 | | |
|---|---|---|---|---|---|---|---|---|---|
| | $Ln\frac{H5}{1-H5}$ | $Ln\frac{CR1}{1-CR1}$ | $Ln\frac{CR5}{1-CR5}$ | $Ln\frac{H5}{1-H5}$ | $Ln\frac{CR1}{1-CR1}$ | $Ln\frac{CR5}{1-CR5}$ | $Ln\frac{H5}{1-H5}$ | $Ln\frac{CR1}{1-CR1}$ | $Ln\frac{CR5}{1-CR5}$ |
| | (1) | (2) | (3) | (4) | (5) | (6) | (7) | (8) | (9) |
| Law | −0.00899*** | −0.00663*** | −0.00522*** | −0.00828*** | −0.00630*** | −0.00496*** | −0.00287* | −0.000359 | −0.00424*** |
| | (−10.73) | (−10.01) | (−9.16) | (−8.53) | (−8.19) | (−7.34) | (−1.72) | (−0.28) | (−3.77) |
| Ceo | 0.278* | 0.182 | 0.236** | 0.271 | 0.212 | 0.224 | 0.162 | 0.0678 | 0.140 |
| | (1.65) | (1.37) | (2.05) | (1.34) | (1.33) | (1.59) | (0.54) | (0.29) | (0.70) |
| Law*Ceo | −0.00374** | −0.00249** | −0.00266** | −0.00332* | −0.00247 | −0.00244* | −0.00243 | −0.00126 | −0.00175 |
| | (−2.42) | (−2.04) | (−2.53) | (−1.74) | (−1.63) | (−1.84) | (−0.92) | (−0.61) | (−0.99) |
| Court | −0.0390*** | −0.0185* | −0.0452*** | −0.0392** | −0.0203* | −0.0449*** | −0.0469* | −0.0241 | −0.0431** |
| | (−2.87) | (−1.73) | (−4.90) | (−2.57) | (−1.68) | (−4.22) | (−1.75) | (−1.15) | (−2.39) |
| Size | 0.207*** | 0.166*** | 0.136*** | 0.198*** | 0.149*** | 0.165*** | 0.104*** | 0.101*** | 0.0279** |
| | (19.10) | (19.40) | (18.49) | (15.48) | (14.75) | (18.50) | (4.94) | (6.12) | (1.97) |
| Mrev | 0.182*** | 0.131*** | 0.111*** | 0.148*** | 0.108*** | 0.0914*** | 0.163*** | 0.101** | 0.126*** |
| | (7.22) | (6.58) | (6.46) | (5.01) | (4.60) | (4.43) | (3.54) | (2.82) | (4.09) |
| Roa | 0.736*** | 0.442** | 0.937*** | 0.883*** | 0.704*** | 0.792*** | 1.430*** | 0.745** | 1.483*** |
| | (3.17) | (2.41) | (5.93) | (3.14) | (3.16) | (4.03) | (3.69) | (2.46) | (5.69) |

表6-8（续）

| | 全样本回归结果 | | | 国有企业子样本回归结果 | | | 非国有企业子样本回归结果 | | |
|---|---|---|---|---|---|---|---|---|---|
| | $\mathrm{Ln}\dfrac{H5}{1-H5}$ (1) | $\mathrm{Ln}\dfrac{CR1}{1-CR1}$ (2) | $\mathrm{Ln}\dfrac{CR5}{1-CR5}$ (3) | $\mathrm{Ln}\dfrac{H5}{1-H5}$ (4) | $\mathrm{Ln}\dfrac{CR1}{1-CR1}$ (5) | $\mathrm{Ln}\dfrac{CR5}{1-CR5}$ (6) | $\mathrm{Ln}\dfrac{H5}{1-H5}$ (7) | $\mathrm{Ln}\dfrac{CR1}{1-CR1}$ (8) | $\mathrm{Ln}\dfrac{CR5}{1-CR5}$ (9) |
| Age | -0.0331*** | -0.0190*** | -0.0375*** | -0.0369*** | -0.0232*** | -0.0366*** | -0.0458*** | -0.0271*** | -0.0467*** |
| | (-10.38) | (-7.54) | (-17.26) | (-9.46) | (-7.51) | (-13.48) | (-8.44) | (-6.39) | (-12.82) |
| Prisk | 0.0285* | 0.0243** | 0.00419 | 0.0165 | 0.0168 | -0.00762 | 0.0439* | 0.0303 | |
| | (1.89) | (2.04) | (0.41) | (0.91) | (1.18) | (-0.61) | (1.72) | (1.52) | (1.85) |
| Lev | -0.367*** | -0.321*** | -0.158*** | -0.493*** | -0.383*** | -0.274*** | 0.193 | 0.0938 | |
| | (-5.46) | (-6.02) | (-3.45) | (-6.17) | (-6.05) | (-4.91) | (1.62) | (1.01) | (1.64) |
| Growth | 0.0405 | 0.0507 | 0.0849** | 0.0253 | 0.0280 | 0.0814 | 0.181* | 0.185** | 0.145** |
| | (0.68) | (1.08) | (2.09) | (0.35) | (0.48) | (1.60) | (1.87) | (2.45) | (2.22) |
| 年份 | 控制 | 控制 | 控制 | 控制 | 控制 | 控制 | 控制 | 控制 | 控制 |
| 行业 | 控制 | 控制 | 控制 | 控制 | 控制 | 控制 | 控制 | 控制 | 控制 |
| Cons | -3.668*** | -2.440*** | -0.952*** | -3.529*** | -2.040*** | -1.613*** | -2.143*** | -1.727*** | 1.079*** |
| | (-11.30) | (-9.50) | (-4.30) | (-3.97) | (-2.90) | (-2.60) | (-3.35) | (-3.46) | (2.51) |
| N | 7146 | 7146 | 7146 | 4993 | 4993 | 4993 | 2153 | 2153 | 2153 |
| adj. $R^2$ | 0.189 | 0.159 | 0.225 | 0.199 | 0.167 | 0.238 | 0.123 | 0.092 | 0.201 |

证假设 H1a。从表 6-8 可见，在全样本和国有企业样本下，各年年末的中小投资者法律保护累计分值（Law）与公司的股权集中度存在 1% 水平下显著负相关关系，非国有企业样本下它们之间关系的显著性有所下降。这初步证明了我国中小投资者法律保护的立法力度越大，股权可能越分散，国有企业比非国有企业分散的程度更明显。下面进一步看两职合一条件下股权集中度与立法变量的关系。在全样本下，Law * Ceo 系数显著为负（三种股权集中度均在 5% 水平下显著），说明两职合一条件下，集中的股权可能会在某种程度上替代中小投资者法律保护立法上的不足，从而证明了 H1a。再分别观察国有企业样本和非国有企业样本，可以发现 Law * Ceo 的系数仍为负数，但显著性有所不同：国有企业样本下有两种股权集中度在 10% 水平下显著（见第 4 列和第 6 列），第 5 列股权集中度无显著性；非国有企业的三种股权集中度则完全不显著。这说明在两职合一的情况下，股权集中度的替代效应仅在国有企业中存在。这是因为，私有产权控股的上市公司比较好地解决了所有者和管理层之间的代理问题（吴育辉、吴世农，2011），可以维持对管理层的有效监管。而国有上市公司的特征是由国家控股，实际上，对国有上市公司而言，所有者是缺位的，在存在两类代理问题的前提下，没有人对国有企业的经理人进行有效监督，那么国有上市公司可能比非国有上市公司存在更加严重的掏空和掠夺行为。因此，在两职合一的情况下，经理层的自利倾向和动机越强，越可能出现经理人的过度投资、薪酬操纵等自利行为（辛清泉、林斌、王彦超，2007；权小锋、吴世农、文芳，2010）。国有企业更有可能通过股权结构的安排来对国有企业的经理人实施有效监督。所以，国有企业的股权集中度所体现出来的替代作用更为明显，这与第 5 章的结论一致。

对于控制变量，执法变量（Court）与公司股权集中度也存在显著的负相关关系（第8列除外），说明在执法层面上，股权集中度可能也与其有负相关关系。公司绩效中的总资产收益率（Roa）和主营业务收入/总资产（Mrev）均与预测的方向相同。一般来说，公司规模越大，其资本资源越多，同样份额的股权价值就高，越有利于吸引投资者，从而降低股权的集中度。本章的实证结果反映出的规模与上市公司股权集中度的关系并不一致，这可能是由于我国资产规模大的上市公司多是国有企业，其股权高度集中的缘故。股权集中度与资产负债率（Lev）的预测方向相同，为显著的负相关关系。这说明公司偿债能力越弱，大股东增持其股份的动机越小。而股权集中度与公司的增长能力（Growth）存在正相关关系，与预测方向不同，显著性不是很强，可能原因是公司预期成长能力越强，大股东越看好公司的发展前景，增持其股份的动机越强烈。公司已上市年限（Age）越长，股权集中度越分散，与预测方向相同。

表6-9分别列出了全样本、国有企业样本和非国有企业样本股权集中度与中小投资者法律保护的回归结果。其中，（1）、（2）、（3）列为全样本，（4）、（5）、（6）列为国有企业样本，（7）、（8）、（9）列为非国有企业样本，用来验证假设H1b。从表6-9可见，在全样本下，各年年末的中小投资者法律保护累计分值（Law）与公司的股权集中度显著负相关，说明总体上我国中小投资者法律保护的立法力度越大，股权越分散。全样本下，Law * Manage系数显著为负（三种股权集中度均在1%水平下显著），说明当董事会中管理层所占比例较高时，集中的股权可能会弥补中小投资者法律保护立法上的不足，从而证明了H1b。把样本分为国有企业和非国有企业样本进行回归时，结果有所不同。在国有企业样本下，Law系数均显著为负。在非国有企业样本下，Law系数的显著性有所下降，（7）、（8）列Law系数不显著，（8）列系数符号甚至为正。进一步观察Law * Manage

**表 6-9　全样本、国有企业和非国有企业样本模型（6-3）回归结果**

| | 全样本回归结果 | | | 国有企业子样本回归结果 | | | 非国有企业子样本回归结果 | | |
|---|---|---|---|---|---|---|---|---|---|
| | $Ln\frac{H5}{1-H5}$ (1) | $Ln\frac{CR1}{1-CR1}$ (2) | $Ln\frac{CR5}{1-CR5}$ (3) | $Ln\frac{H5}{1-H5}$ (4) | $Ln\frac{CR1}{1-CR1}$ (5) | $Ln\frac{CR5}{1-CR5}$ (6) | $Ln\frac{H5}{1-H5}$ (7) | $Ln\frac{CR1}{1-CR1}$ (8) | $Ln\frac{CR5}{1-CR5}$ (9) |
| Law | -0.00758*** | -0.00548*** | -0.00471*** | -0.00675*** | -0.00507*** | -0.00445*** | -0.00209 | 0.000497 | -0.00411*** |
| | (-8.75) | (-8.00) | (-8.00) | (-6.78) | (-6.43) | (-6.40) | (-1.19) | (0.36) | (-3.49) |
| Manage | 0.715*** | 0.603*** | 0.215** | 0.917*** | 0.764*** | 0.298*** | 0.281 | 0.292 | 0.00507 |
| | (5.70) | (6.07) | (2.51) | (6.27) | (6.60) | (2.92) | (1.20) | (1.60) | (0.03) |
| Law*Manage | -0.00742*** | -0.00589*** | -0.00298*** | -0.00863*** | -0.00681*** | -0.00361*** | -0.00349* | -0.00317* | -0.000958 |
| | (-6.41) | (-6.44) | (-3.78) | (-6.25) | (-6.23) | (-3.75) | (-1.67) | (-1.95) | (-0.69) |
| Court | -0.0396*** | -0.0192* | -0.0447*** | -0.0405** | -0.0213* | -0.0453*** | -0.0471* | -0.0247 | -0.0419** |
| | (-2.93) | (-1.80) | (-4.86) | (-2.66) | (-1.77) | (-4.27) | (-1.76) | (-1.18) | (-2.33) |
| Size | 0.207*** | 0.166*** | 0.135*** | 0.197*** | 0.148*** | 0.164*** | 0.106*** | 0.102*** | 0.0284** |
| | (19.17) | (19.49) | (18.43) | (15.50) | (14.76) | (18.54) | (5.03) | (6.20) | (2.02) |
| Mrev | 0.180*** | 0.131*** | 0.107*** | 0.152*** | 0.112*** | 0.0900*** | 0.154*** | 0.0963*** | 0.119*** |
| | (7.13) | (6.57) | (6.20) | (5.15) | (4.79) | (4.37) | (3.35) | (2.68) | (3.84) |
| Roa | 0.737*** | 0.443** | 0.940*** | 0.881*** | 0.712*** | 0.769*** | 1.441*** | 0.748** | 1.503*** |
| | (3.18) | (2.42) | (5.97) | (3.14) | (3.21) | (3.93) | (3.72) | (2.48) | (5.79) |

表6-9(续)

| | 全样本回归结果 | | | 国有企业子样本回归结果 | | | 非国有企业子样本回归结果 | | |
|---|---|---|---|---|---|---|---|---|---|
| | $\mathrm{Ln}\dfrac{H5}{1-H5}$ (1) | $\mathrm{Ln}\dfrac{CR1}{1-CR1}$ (2) | $\mathrm{Ln}\dfrac{CR5}{1-CR5}$ (3) | $\mathrm{Ln}\dfrac{H5}{1-H5}$ (4) | $\mathrm{Ln}\dfrac{CR1}{1-CR1}$ (5) | $\mathrm{Ln}\dfrac{CR5}{1-CR5}$ (6) | $\mathrm{Ln}\dfrac{H5}{1-H5}$ (7) | $\mathrm{Ln}\dfrac{CR1}{1-CR1}$ (8) | $\mathrm{Ln}\dfrac{CR5}{1-CR5}$ (9) |
| Age | -0.0331*** | -0.0188*** | -0.0380*** | -0.0361*** | -0.0225*** | -0.0366*** | -0.0461*** | -0.0272*** | -0.0472*** |
| | (-10.38) | (-7.46) | (-17.54) | (-9.29) | (-7.30) | (-13.50) | (-8.50) | (-6.44) | (-12.97) |
| Prisk | 0.0301** | 0.0258** | 0.00412 | 0.0184 | 0.0182 | -0.00668 | 0.0442* | 0.0311 | 0.0303* |
| | (2.00) | (2.17) | (0.40) | (1.02) | (1.28) | (-0.53) | (1.73) | (1.56) | (1.77) |
| Lev | -0.367*** | -0.321*** | -0.155*** | -0.500*** | -0.388*** | -0.274*** | 0.197* | 0.0985 | 0.130 |
| | (-5.47) | (-6.04) | (-3.40) | (-6.28) | (-6.16) | (-4.94) | (1.65) | (1.06) | (1.63) |
| Growth | 0.0415 | 0.0491 | 0.0906** | 0.0239 | 0.0264 | 0.0815 | 0.189* | 0.186** | 0.159** |
| | (0.70) | (1.04) | (2.24) | (0.33) | (0.46) | (1.61) | (1.95) | (2.46) | (2.44) |
| 年份 | 控制 | 控制 | 控制 | 控制 | 控制 | 控制 | 控制 | 控制 | 控制 |
| 行业 | 控制 | 控制 | 控制 | 控制 | 控制 | 控制 | 控制 | 控制 | 控制 |
| Cons | -3.809*** | -2.565*** | -0.962*** | -3.596*** | -2.092*** | -1.633*** | -2.256*** | -1.845*** | 1.090** |
| | (-11.75) | (-10.01) | (-4.36) | (-4.06) | (-2.98) | (-2.64) | (-3.51) | (-3.68) | (2.53) |
| N | 7146 | 7146 | 7146 | 4993 | 4993 | 4993 | 2153 | 2153 | 2153 |
| adj. $R^2$ | 0.192 | 0.162 | 0.230 | 0.204 | 0.173 | 0.241 | 0.124 | 0.093 | 0.206 |

系数，可以明显比较国有企业和非国有企业样本此变量系数显著性的差异和值的差异。比如（4）列和（7）列，（4）列 Law 的系数为-0.01538（=-0.00675-0.00863），（7）列 Law 的系数为-0.00349，（4）列 Law 系数的绝对值大于（7）列 Law 系数的绝对值。可见，当董事会中管理层所占比例较大时，国有企业的股权集中度替代能力会超过非国有企业。同样，这是因为在"双重代理问题"框架下（吴育辉、吴世农，2011），董事会中管理层所占比例越大，国有企业中可能存在的经理人的机会主义行为更为严重，就会出现经理人的过度投资、薪酬操纵等自利行为（辛清泉等，2007；权小锋等，2010）。因此，在投资者法律保护水平较低的情况下，管理层的自利倾向和自利程度越高，集中的股权能够发挥相应的监督和治理作用，国有股权的股权集中度具有更强的替代性，与第5章的结论一致。

### 6.4.2.2　结果模型的证明

表6-10显示的是全样本、国有企业样本、非国有企业样本股权集中度与现金股权分配率的关系，用来验证结果模型，即假设 H2。其中，（1）、（2）、（3）列为全样本的回归结果，（4）、（5）、（6）列为国有企业样本的回归结果，（7）、（8）、（9）列为非国有企业样本的回归结果。从全样本回归结果来看，总体上现金股利分配率越高，股权会越集中，表现为 Enforcement 的系数显著为正（第2列除外），H2 得以证实。再进一步看国有企业样本和非国有企业样本股权集中度与现金股利分配率的关系的差异，发现国有企业样本现金股利分配率对股权集中度没有影响，非国有企业现金股利分配率对股权集中度的影响不是非常明确，（7）、（8）列 Enforcement 系数无显著性，（9）列 Enforcement 系数在5%水平下显著为正。为了进一步探究第二类委托代理问题严重的情况下这种结果是否有所加强，国有企业样本和非国有企业样本股权集中度的结果的差异

表6-10　　　　全样本、国有企业和非国有企业样本模型（6-4）回归结果

| | 全样本回归结果 | | | 国有企业子样本回归结果 | | | 非国有企业子样本回归结果 | | |
|---|---|---|---|---|---|---|---|---|---|
| | $\mathrm{Ln}\dfrac{H5}{1-H5}$ (1) | $\mathrm{Ln}\dfrac{CR1}{1-CR1}$ (2) | $\mathrm{Ln}\dfrac{CR5}{1-CR5}$ (3) | $\mathrm{Ln}\dfrac{H5}{1-H5}$ (4) | $\mathrm{Ln}\dfrac{CR1}{1-CR1}$ (5) | $\mathrm{Ln}\dfrac{CR5}{1-CR5}$ (6) | $\mathrm{Ln}\dfrac{H5}{1-H5}$ (7) | $\mathrm{Ln}\dfrac{CR1}{1-CR1}$ (8) | $\mathrm{Ln}\dfrac{CR5}{1-CR5}$ (9) |
| Enforcement | 4.895* | 2.862 | 5.189*** | 4.473 | 3.461 | 3.141 | 2.680 | -2.424 | 9.953** |
| | (1.74) | (1.30) | (2.68) | (1.45) | (1.43) | (1.47) | (0.41) | (-0.48) | (2.27) |
| Size | 0.198*** | 0.162*** | 0.131*** | 0.223*** | 0.174*** | 0.169*** | 0.0752*** | 0.0810*** | -0.000732 |
| | (12.16) | (12.61) | (11.63) | (12.01) | (11.96) | (13.14) | (2.08) | (2.87) | (-0.03) |
| Mrev | 0.187*** | 0.142*** | 0.0762*** | 0.176*** | 0.138*** | 0.0657** | 0.168* | 0.0829 | 0.137** |
| | (4.88) | (4.70) | (2.88) | (4.14) | (4.15) | (2.23) | (1.87) | (1.18) | (2.25) |
| Roa | 0.828** | 0.421 | 1.049*** | 0.978** | 0.573* | 1.177*** | 0.805 | 0.372 | 0.680 |
| | (2.29) | (1.48) | (4.21) | (2.34) | (1.75) | (4.06) | (1.17) | (0.69) | (1.46) |
| Age | -0.0335*** | -0.0212*** | -0.0340*** | -0.0403*** | -0.0265*** | -0.0385*** | -0.0413*** | -0.0273*** | -0.0359*** |
| | (-6.64) | (-5.34) | (-9.75) | (-7.07) | (-5.94) | (-9.74) | (-3.82) | (-3.24) | (-4.93) |
| Prisk | 0.0466* | 0.0359* | 0.0245 | 0.0469 | 0.0406* | 0.0121 | 0.0231 | 0.000190 | 0.0547 |
| | (1.84) | (1.80) | (1.40) | (1.62) | (1.79) | (0.61) | (0.46) | (0.00) | (1.63) |

表6-10（续）

| | 全样本回归结果 | | | 国有企业子样本回归结果 | | | 非国有企业子样本回归结果 | | |
|---|---|---|---|---|---|---|---|---|---|
| | $Ln\dfrac{H5}{1-H5}$ (1) | $Ln\dfrac{CR1}{1-CR1}$ (2) | $Ln\dfrac{CR5}{1-CR5}$ (3) | $Ln\dfrac{H5}{1-H5}$ (4) | $Ln\dfrac{CR1}{1-CR1}$ (5) | $Ln\dfrac{CR5}{1-CR5}$ (6) | $Ln\dfrac{H5}{1-H5}$ (7) | $Ln\dfrac{CR1}{1-CR1}$ (8) | $Ln\dfrac{CR5}{1-CR5}$ (9) |
| Lev | −0.550*** | −0.495*** | −0.205*** | −0.644*** | −0.552*** | −0.285*** | 0.124 | 0.0163 | 0.159 |
| | (−5.00) | (−5.72) | (−2.71) | (−5.21) | (−5.69) | (−3.32) | (0.52) | (0.09) | (0.98) |
| Growth | 0.133 | 0.0728 | 0.232*** | 0.143 | 0.0707 | 0.260*** | 0.233 | 0.222 | 0.132 |
| | (1.45) | (1.01) | (3.67) | (1.36) | (0.85) | (3.55) | (1.32) | (1.61) | (1.11) |
| 年份 | 控制 | 控制 | 控制 | 控制 | 控制 | 控制 | 控制 | 控制 | 控制 |
| 行业 | 控制 | 控制 | 控制 | 控制 | 控制 | 控制 | 控制 | 控制 | 控制 |
| Cons | −5.415*** | −3.615*** | −2.268*** | −6.504*** | −4.274*** | −3.419*** | −2.804*** | −1.791*** | 0.393 |
| | (−13.33) | (−11.32) | (−8.10) | (−14.28) | (−11.96) | (−10.82) | (−3.20) | (−2.62) | (0.66) |
| N | 2950 | 2950 | 2950 | 2291 | 2291 | 2291 | 659 | 659 | 659 |
| adj. R² | 0.173 | 0.147 | 0.210 | 0.210 | 0.182 | 0.252 | 0.067 | 0.051 | 0.158 |

是否有某种规律，下面将对此进行进一步验证。

表6-11分别列出了全样本、国有企业样本和非国有企业样本股权集中度与中小投资者法律保护的回归结果。其中，（1）、（2）、（3）列为全样本，（4）、（5）、（6）列为国有企业样本，（7）、（8）、（9）列为非国有企业样本，用来验证假设H2a。从表6-11可见，当Sep=0时（两权分离度较低时），全样本、国有企业样本和非国有企业样本的现金股利分配率（执法水平）对上市公司股权集中度均无显著影响；当Sep=1时（两权分离度较高时），代表现金股利分配率的变量Enforcement对股权集中度的影响在不同样本下会有不同的结果。在全样本下，Enforcement * Sep系数（1）、（3）列是在5%水平下显著为正，（2）列在10%水平下显著为正，总体上说明在两权分离程度较为严重的情况下，现金股利分配率越高，股权可能变得越集中，从而证明了H2a。把样本分成国有企业样本和非国有企业样本分别进行回归时，显示的结果有很大差异。在国有企业样本下，（4）、（5）、（6）列的Enforcement * Sep系数分别在5%，1%，10%水平下显著为正；而非国有企业的Enforcemeenet * Sep系数均不显著。由此得出，从微观执法角度来看，在两权分离程度较严重的情况下，股权的集中并非表现为一般的替代问题，而是一种结果，即微观执法能力很弱时，在现金股利分配率高时，股权随之变得集中；在两权分离度较小的情况下，微观执法能力表现得不是很弱时，大股东对上市公司掏空的动机比较弱，也不会去通过锁定现金流权从而锁定控制权。经过对分样本的测试，这种结论在国有企业样本中表现得非常明显，而对非国有企业的影响还不能十分确定。这说明在以微观公司的投资者法律保护执法水平为研究对象时，国有企业存在较为严重的大股东掏空行为，这与李增泉、孙铮、王志伟（2004）和刘运国、吴小云（2009）的研究结论一致。

表6-11　全样本、国有企业和非国有企业样本模型 (6-5) 回归结果

| | 全样本回归结果 | | | 国有企业子样本回归结果 | | | 非国有企业子样本回归结果 | | |
|---|---|---|---|---|---|---|---|---|---|
| | $\mathrm{Ln}\dfrac{H5}{1-H5}$ (1) | $\mathrm{Ln}\dfrac{CR1}{1-CR1}$ (2) | $\mathrm{Ln}\dfrac{CR5}{1-CR5}$ (3) | $\mathrm{Ln}\dfrac{H5}{1-H5}$ (4) | $\mathrm{Ln}\dfrac{CR1}{1-CR1}$ (5) | $\mathrm{Ln}\dfrac{CR5}{1-CR5}$ (6) | $\mathrm{Ln}\dfrac{H5}{1-H5}$ (7) | $\mathrm{Ln}\dfrac{CR1}{1-CR1}$ (8) | $\mathrm{Ln}\dfrac{CR5}{1-CR5}$ (9) |
| Enforcement | 1.566 | 0.330 | 2.643 | 0.858 | -0.0808 | 1.845 | 1.328 | -0.305 | 5.880 |
| | (0.48) | (0.13) | (1.17) | (0.26) | (-0.03) | (0.80) | (0.08) | (-0.02) | (0.50) |
| Sep | 0.0480 | 0.0197 | 0.0418* | 0.126*** | 0.0677* | 0.0960*** | 0.493*** | 0.439*** | 0.144** |
| | (1.32) | (0.69) | (1.67) | (2.59) | (1.77) | (2.84) | (5.51) | (6.37) | (2.34) |
| Enforcement *Sep | 12.32** | 8.665* | 10.69** | 20.74*** | 19.78*** | 10.22* | 2.874 | -1.008 | 4.818 |
| | (1.98) | (1.77) | (2.50) | (2.41) | (2.93) | (1.71) | (0.16) | (-0.07) | (0.39) |
| Ceo | -0.129** | -0.109*** | -0.0308 | -0.185*** | -0.141*** | -0.0720 | -0.0180 | -0.0232 | 0.00560 |
| | (-2.45) | (-2.63) | (-0.85) | (-2.89) | (-2.81) | (-1.62) | (-0.21) | (-0.35) | (0.09) |
| Manage | 0.0490 | 0.0856*** | -0.0654** | 0.0920** | 0.111*** | -0.0466 | 0.0316 | 0.0955* | -0.0599 |
| | (1.31) | (2.91) | (-2.53) | (2.08) | (3.19) | (-1.52) | (0.47) | (1.83) | (-1.28) |
| Size | 0.200*** | 0.163*** | 0.132*** | 0.221*** | 0.173*** | 0.168*** | 0.0689* | 0.0772*** | -0.00417 |
| | (12.18) | (12.62) | (11.72) | (12.00) | (11.98) | (13.13) | (1.92) | (2.79) | (-0.17) |
| Mrev | 0.192*** | 0.147*** | 0.0748*** | 0.177*** | 0.143*** | 0.0602** | 0.163* | 0.0853 | 0.128** |
| | (4.99) | (4.89) | (2.83) | (4.18) | (4.30) | (2.05) | (1.86) | (1.26) | (2.11) |

表6-11（续）

| | 全样本回归结果 | | | 国有企业子样本回归结果 | | | 非国有企业子样本回归结果 | | |
|---|---|---|---|---|---|---|---|---|---|
| | $\mathrm{Ln}\dfrac{\mathrm{H5}}{1-\mathrm{H5}}$ (1) | $\mathrm{Ln}\dfrac{\mathrm{CR1}}{1-\mathrm{CR1}}$ (2) | $\mathrm{Ln}\dfrac{\mathrm{CR5}}{1-\mathrm{CR5}}$ (3) | $\mathrm{Ln}\dfrac{\mathrm{H5}}{1-\mathrm{H5}}$ (4) | $\mathrm{Ln}\dfrac{\mathrm{CR1}}{1-\mathrm{CR1}}$ (5) | $\mathrm{Ln}\dfrac{\mathrm{CR5}}{1-\mathrm{CR5}}$ (6) | $\mathrm{Ln}\dfrac{\mathrm{H5}}{1-\mathrm{H5}}$ (7) | $\mathrm{Ln}\dfrac{\mathrm{CR1}}{1-\mathrm{CR1}}$ (8) | $\mathrm{Ln}\dfrac{\mathrm{CR5}}{1-\mathrm{CR5}}$ (9) |
| Roa | 0.771** (2.13) | 0.394 (1.39) | 0.995*** (3.99) | 0.872** (2.09) | 0.508 (1.56) | 1.089*** (3.77) | 0.909 (1.35) | 0.451 (0.87) | 0.724 (1.56) |
| Age | -0.0337*** (-6.66) | -0.0207*** (-5.21) | -0.0351*** (-10.08) | -0.0415*** (-7.29) | -0.0269*** (-6.03) | -0.0403*** (-10.18) | -0.0501*** (-4.72) | -0.0346*** (-4.22) | -0.0391*** (-5.34) |
| Prisk | 0.0448* (1.77) | 0.0353* (1.77) | 0.0222 (1.27) | 0.0425 (1.48) | 0.0378* (1.68) | 0.00853 (0.43) | 0.0127 (0.26) | -0.00861 (-0.23) | 0.0512 (1.53) |
| Lev | -0.564*** (-5.12) | -0.504*** (-5.82) | -0.214*** (-2.82) | -0.657*** (-5.35) | -0.565*** (-5.86) | -0.289*** (-3.38) | 0.0596 (0.25) | -0.0467 (-0.26) | 0.145 (0.90) |
| Growth | 0.112 (1.22) | 0.0535 (0.74) | 0.226*** (3.58) | 0.144 (1.37) | 0.0684 (0.83) | 0.262*** (3.60) | 0.163 (0.93) | 0.140 (1.04) | 0.131 (1.09) |
| 年份 | 控制 | 控制 | 控制 | 控制 | 控制 | 控制 | 控制 | 控制 | 控制 |
| 行业 | 控制 | 控制 | 控制 | 控制 | 控制 | 控制 | 控制 | 控制 | 控制 |
| Cons | -5.401*** (-13.10) | -3.615*** (-11.16) | -2.253*** (-7.94) | -6.435*** (-14.21) | -4.228*** (-11.90) | -3.368*** (-10.70) | -3.047*** (-3.53) | -2.047*** (-3.08) | 0.356 (0.60) |
| N | 2950 | 2950 | 2950 | 2291 | 2291 | 2291 | 659 | 659 | 659 |
| adj. $R^2$ | 0.176 | 0.151 | 0.215 | 0.220 | 0.193 | 0.260 | 0.118 | 0.122 | 0.166 |

表 6-12 分别列出了全样本、国有企业样本和非国有企业样本股权集中度与中小投资者法律保护的回归结果。其中，（1）、（2）、（3）列为全样本，（4）、（5）、（6）列为国有企业样本，（7）、（8）、（9）列为非国有企业样本，用来验证假设 H2b。当 Number=0 时，现金股利分配率对股权集中度的影响在三种样本下均不显著；Number=1 时，现金股利分配率对股权集中度的影响在三种样本下有很大差异。在全样本下进行回归时，Enforcement * Number 系数均在 5% 水平下显著为正，说明了总体上来说，现金股利分配率的值越大，大股东侵占中小股东的程度越严重，随之导致上市公司股权的集中，这证明了结果模型，即 H2b 得以证实。把全样本分为国有企业样本和非国有企业样本时，结果又有不同：国有企业样本下 Enforcement * Number 系数均在 1% 水平下显著为正，而非国有企业样本的 Enforcement * Number 系数均无显著性可言。这说明了控制层级链条长度对现金股利分配率与股权集中度之间关系的影响，在国有企业样本下是显著的，在非国有企业样本下无显著关系。这同样证明了在执法水平越低的情况下，国有企业大股东的掏空动机越强。

### 6.4.3 稳健性检验

#### 6.4.3.1 滞后一期测试

关于第一类代理问题，将中小投资者法律保护立法变量滞后一期再代入模型（6-2）和模型（6-3）中进行回归，结果依然显著，说明了假设 H1a 和 H1b 的结果是稳健的。同样，关于第二类委托代理问题，将股利分配率滞后一期再代入模型（6-5）和模型（6-6）中进行回归，结果依然显著，说明了假设 H2a 和 H2b 的结果是稳健的。

表6-12　　全样本、国有企业和非国有企业样本模型（6-6）回归结果

| | 全样本回归结果 | | | 国有企业子样本回归结果 | | | 非国有企业子样本回归结果 | | |
|---|---|---|---|---|---|---|---|---|---|
| | $\mathrm{Ln}\dfrac{H5}{1-H5}$ (1) | $\mathrm{Ln}\dfrac{CR1}{1-CR1}$ (2) | $\mathrm{Ln}\dfrac{CR5}{1-CR5}$ (3) | $\mathrm{Ln}\dfrac{H5}{1-H5}$ (4) | $\mathrm{Ln}\dfrac{CR1}{1-CR1}$ (5) | $\mathrm{Ln}\dfrac{CR5}{1-CR5}$ (6) | $\mathrm{Ln}\dfrac{H5}{1-H5}$ (7) | $\mathrm{Ln}\dfrac{CR1}{1-CR1}$ (8) | $\mathrm{Ln}\dfrac{CR5}{1-CR5}$ (9) |
| Enforcement | -0.634 | -0.942 | 1.231 | -2.587 | -2.030 | -0.916 | -4.234 | -8.236 | 10.49 |
| | (-0.18) | (-0.34) | (0.50) | (-0.71) | (-0.71) | (-0.36) | (-0.30) | (-0.74) | (1.08) |
| Number | 0.0259 | -0.00172 | 0.0460* | -0.0342 | -0.0505 | 0.0159 | 0.278*** | 0.215*** | 0.132*** |
| | (0.72) | (-0.06) | (1.86) | (-0.80) | (-1.51) | (0.54) | (3.87) | (3.85) | (2.69) |
| Enforcement * Number | 13.82** | 9.198** | 10.53*** | 22.64*** | 17.07*** | 14.50*** | 6.356 | 5.774 | -1.932 |
| | (2.44) | (2.06) | (2.70) | (3.43) | (3.30) | (3.17) | (0.40) | (0.47) | (-0.18) |
| Ceo | -0.133** | -0.111*** | -0.0342 | -0.201*** | -0.154*** | -0.0799* | -0.0312 | -0.0318 | -0.00198 |
| | (-2.52) | (-2.70) | (-0.94) | (-3.12) | (-3.05) | (-1.79) | (-0.35) | (-0.46) | (-0.03) |
| Manage | 0.0536 | 0.0873*** | -0.0607** | 0.0915** | 0.108*** | -0.0443 | 0.0351 | 0.0961* | -0.0545 |
| | (1.43) | (2.97) | (-2.35) | (2.07) | (3.12) | (-1.44) | (0.51) | (1.80) | (-1.16) |
| Size | 0.199*** | 0.162*** | 0.132*** | 0.223*** | 0.174*** | 0.170*** | 0.0695* | 0.0790*** | -0.00579 |
| | (12.13) | (12.57) | (11.68) | (12.06) | (12.00) | (13.25) | (1.92) | (2.80) | (-0.23) |
| Mrev | 0.188*** | 0.146*** | 0.0701*** | 0.181*** | 0.146*** | 0.0602** | 0.154* | 0.0776 | 0.122** |
| | (4.89) | (4.84) | (2.65) | (4.25) | (4.38) | (2.04) | (1.72) | (1.12) | (2.00) |

表6-12（续）

| | 全样本回归结果 | | | 国有企业子样本回归结果 | | | 非国有企业子样本回归结果 | | |
|---|---|---|---|---|---|---|---|---|---|
| | $Ln\frac{H5}{1-H5}$ (1) | $Ln\frac{CR1}{1-CR1}$ (2) | $Ln\frac{CR5}{1-CR5}$ (3) | $Ln\frac{H5}{1-H5}$ (4) | $Ln\frac{CR1}{1-CR1}$ (5) | $Ln\frac{CR5}{1-CR5}$ (6) | $Ln\frac{H5}{1-H5}$ (7) | $Ln\frac{CR1}{1-CR1}$ (8) | $Ln\frac{CR5}{1-CR5}$ (9) |
| Roa | 0.796** | 0.404 | 1.018*** | 0.899** | 0.527 | 1.106*** | 0.960 | 0.482 | 0.763 |
| | (2.20) | (1.42) | (4.09) | (2.15) | (1.61) | (3.82) | (1.41) | (0.91) | (1.64) |
| Age | -0.0331*** | -0.0203*** | -0.0347*** | -0.0388*** | -0.0249*** | -0.0388*** | -0.0443*** | -0.0292*** | -0.0377*** |
| | (-6.53) | (-5.09) | (-9.98) | (-6.82) | (-5.58) | (-9.82) | (-4.14) | (-3.51) | (-5.18) |
| Prisk | 0.0443* | 0.0354* | 0.0212 | 0.0460 | 0.0409* | 0.00983 | 0.00656 | -0.0127 | 0.0478 |
| | (1.75) | (1.78) | (1.21) | (1.60) | (1.82) | (0.49) | (0.13) | (-0.33) | (1.42) |
| Lev | -0.561*** | -0.500*** | -0.216*** | -0.658*** | -0.561*** | -0.296*** | 0.0720 | -0.0274 | 0.133 |
| | (-5.09) | (-5.77) | (-2.85) | (-5.34) | (-5.80) | (-3.46) | (0.30) | (-0.15) | (0.82) |
| Growth | 0.129 | 0.0630 | 0.243*** | 0.149 | 0.0721 | 0.267*** | 0.294* | 0.246* | 0.184 |
| | (1.41) | (0.88) | (3.87) | (1.42) | (0.88) | (3.67) | (1.66) | (1.79) | (1.53) |
| 年份 | 控制 | 控制 | 控制 | 控制 | 控制 | 控制 | 控制 | 控制 | 控制 |
| 行业 | 控制 | 控制 | 控制 | 控制 | 控制 | 控制 | 控制 | 控制 | 控制 |
| Cons | -5.385*** | -3.593*** | -2.263*** | -6.457*** | -4.235*** | -3.398*** | -2.883*** | -1.909*** | 0.418 |
| | (-13.05) | (-11.08) | (-7.97) | (-14.21) | (-11.89) | (-10.78) | (-3.30) | (-2.81) | (0.70) |
| N | 2950 | 2950 | 2950 | 2291 | 2291 | 2291 | 659 | 659 | 659 |
| adj. R² | 0.176 | 0.151 | 0.216 | 0.216 | 0.190 | 0.258 | 0.091 | 0.079 | 0.166 |

### 6.4.3.2 以书面法律水平较低的 2003—2007 年作为样本

2006 年共有 11 部有关中小投资者保护的法律法规实施，是 2003—2010 年间最多的一年，其中就有《证券法（2005 年修订）》《公司法（2005 年修订）》《上市公司章程指引（2006 年修订）》《上市公司股东大会规则》和《首次公开发行股票并上市管理办法》等重要的法律法规实施。这是对于中小投资者法律保护立法完善很重要的一年。鉴于 2006 年实施的法律法规对上市公司股权集中度的影响可能有延迟一年的效果，所以本书将中小投资者法律保护较差阶段设定为 2003—2007 年，期间共有 4063 个样本。将筛选出的样本分别代入模型（6-2）和模型（6-3）进行回归，结果是中小投资者立法变量对股权集中度有替代影响，其中两职合一对中小投资者法律保护与股权集中度的替代关系的影响稍弱，但董事会中管理层所占比例对中小投资者法律保护与股权集中度的替代关系产生了重大影响，它加强了这种替代关系。这说明了在中小投资者法律保护较差的时期，如果上市公司的第一类委托代理问题严重，那么股权集中度会成为较差法律保护立法变量的一种替代，H1a 和 H1b 结论相对稳健。

### 6.4.3.3 变量替换

将模型（6-5）和模型（6-6）中的 Sep 和 Number 变量替换为关联交易比重（洪剑峭，2008），从而对 H2a 和 H2b 结论进行稳健性检验。由于关联交易额变量的缺失，则替换变量后用来进行回归的数据剩下 5333 个，其中国有企业 4043 个，非国有企业 1290 个。结果仍然成立，即关联交易比重越高的公司，现金股利分配率越高，第二类委托代理问题越严重，上市公司股权集中度越高，H2a 和 H2b 结论稳健。利用王克敏等（2009）的研究，选用大股东占款（其他应收款占总资产的比例）这一变量替代模型（6-5）和模型（6-6）中的解释变量现金股利分配率。由于其他应收款变量的缺失，则替换变量后得到需要进行回归的样本总数剩下 5541 个，其中国有企业和非国有企业样本分别为 4193 个和 1348 个。模型（6-5）依然可得到显著结果，即两权分离度高的公司，当大股东占款越多时，上市公司的第二类委托代理问题越严重，股权集中度越高，H2a 结论稳健。但模型（6-6）的结果无显著性，说明 H2b 结论的稳健性稍差。

## 6.5  本章小结

本章从一国动态的宏观立法与公司微观执法出发，进一步讨论投资者法律保护与股权集中度的关系。研究结论如下：

（1）在第一类委托代理问题严重的情况下，股权集中度对弥补中小投资者法律保护不足能发挥积极作用。从宏观立法层面看，投资者法律保护立法的逐步完善，使上市公司股权集中度有所下降，它们存在某种替代关系。进一步来看，当上市公司的董事长和总经理为同一人时，股权集中度对中小投资者法律保护的替代性更为显著，且在国有企业中这种替代性要大于非国有企业。当董事会中管理层所占比例较大时，股权集中度对中小投资者法律保护的替代性也表现得更加显著，同时，国有企业的替代性也明显大于非国有企业的替代性。总之，在管理层与股东存在较大的利益冲突，且管理层的确有机会通过控制董事会来侵占股东的利益时，股东则会利用股权集中度来弥补中小投资者法律保护的不足，从而限制管理层进一步侵占其利益。

（2）就第二类委托代理问题而言，股权集中度并非表现为中小投资者法律保护的替代变量，而是一种微观层面公司执法水平不高的结果。具体来说，在两权分离度较高、控制层级链条越长的情况下，大股东自利动机越强，其侵占中小股东利益的问题也越严重。当以现金股利分配率作为执法变量时，上市公司股权集中度会随着现金股利分配率的增加而增加，且在国有企业样本中这种效果尤为显著。因此，当上市公司的大股东与中小股东的利益冲突非常激烈时，股权集中是投资者法律保护较差情况下控股股东追求控制权私人收益、锁定控制权的结果，从而说明"结果关系"在我国公司治理实践中仍然广泛存在。

# 7 股权制衡、投资者法律保护与资本成本

## 7.1 提出问题

Shleifer 和 Vishny（1997）认为，公司治理很大程度上是外部投资者为保护其利益免于被公司内部人攫取的一组制度安排。有效的公司治理，不仅意味着公司绩效高，更意味着投资者能够凭借其股权分享应得的公司利润，因而投资者更愿意投资于企业，进而使得公司价值得到提高，促进了资本市场的良好运行与经济的稳定发展。第 4 章基于 LLSV（1997，1999）"法与金融"的观点，从中国动态法律进程的角度，研究投资者法律保护与股权集中度的关系，研究结果支持"集中的股权结构可以代替投资者法律保护来提供公司治理的作用"这一观点。更进一步，第 5 章基于控制权私人收益的观点，从微观公司执法的视角研究证明股权集中并非投资者法律保护不足的替代机制，而是适应投资者法律保护不足的后果。投资者法律保护不足，将导致控股股东能够以较低的成本动用较多的经济资源，侵占外部股东利益从而获得可观的私人收益，使得大股东进一步集中股权锁定控制权。而对于控制性股东代理的问题，可以通过严格的法律和内部股权结构安排——股权制衡来解决。Pagano

和 Roell (1998) 研究认为，股权制衡一方面能够形成对管理层的有效监督，另一方面控股股东与其他大股东间的相互监督可以降低控制权私人收益。Gomes 和 Novaes (2006) 认为，可以将多个大股东之间的所有权分布视为一种对控制性大股东监督和多个大股东之间私人利益讨价还价成本两者之间的一种权衡。

本章集中于私人执法中一般交易行为视角①的投资者保护测度，即所讨论的投资者保护是指在既定法律水平下的微观公司层面的法律执行效率，特别是基于私人执法的不同的公司的执法效率，治理效率不同，投资者法律保护水平也会存在差异。在假定"书面法律"一定的前提下，计算不同公司执法水平的差异，并讨论股权结构对微观公司执法水平的作用，进而对公司权益资本成本的影响。本章试图基于投资者保护的视角，在公司治理的框架下研究股权制衡、投资者保护与权益资本成本三者之间的作用机制，探讨如何有效提高投资者保护水平，降低公司权益资本成本。

在全流通背景下，国有股所占比例虽有所下降，却仍相对控股。因此，我国上市公司的股权总体上仍是高度集中的。以股权相对集中或高度集中为主要特征的上市公司，实际上存在着双重委托代理问题：一种是控股股东或大股东与经营者之间的委托代理问题；另一种是中小股东与其代理人之间的委托代理问题。而股权制衡这一股权结构安排能够有效解决双重代理问题，并对投资者权益保护产生积极作用。既有的股权制衡与投资者法律保护的实证研究，主要以公司价值、公司绩效作为中介变量，当股权制衡能够有效发挥作用时，能够提高公司价值或者公司绩效，由此体现出投资者保护水平的提高。黄渝祥

---

① 戚文举 (2011) 认为私人执法测度包括一般交易行为、特定交易行为和交叉上市三个方面。

和李军等（2003）实证研究了在我国上市公司中股权制衡的治理作用，从大股东及关联方占款、为大股东及关联方担保、利用关联交易转移资产及利润三个方面进行对比，认为股权制衡能够有效遏制内部人攫取控制权收益，从而保护中小股东。沈艺峰等（2005）的研究表明，尽管一股独大使得上市公司权益资本成本较高，但多股同大则可能起到制衡作用，从而有利于降低公司权益资本成本，但他们并未讨论股权制衡对权益资本成本的影响机理。

因此，在我国一股独大的股权结构暴露出诸多弊端而受到广泛批评的背景下，研究股权制衡是否能作为一种有效的公司治理手段，提供有效的投资者保护；股权制衡又是如何发挥公司治理的保护机制；股东性质对股权制衡效果的影响如何；股权制衡提高投资者保护有何经济后果；股权制衡、投资者保护与资本成本之间的关系如何，不仅有利于深刻认识当前公司治理发挥投资者保护作用的机制，促进证券市场投资者保护机制的建立与完善，而且对于优化上市公司融资，保护中小股东的合法权益，促进资本市场健康有序发展，都具有重要意义。

## 7.2　研究假设

根据不完全契约下交易费用理论，将交易、契约视为某种保护投资关系的治理结构，该理论强调对专用性投资的事后保护。Shleifer 和 Vishny（1997）将公司治理定义为"一种使公司资金的提供者确保自己获得投资回报的途径"，表明公司治理实质是针对投资者专用性投资获取回报的保护机制。投资者向公司投入资本，目的在于获取应有的回报，而投资者保护能够有效降低投资者获取回报的风险。根据资本资产模型（CAPM），资本成本等于无风险报酬率加上相应的风险报酬率，即资本成本与企业面临的风险成正比。在投资者保护水平较高时，投资者要求的风险报酬将减少，相应的资本成本将降低；反之，面临高风险的投资者将慎重投资，同时要求的风险报酬亦会增加，对应的资本成本将提高。Himmelberg，Hubbard 和 Love（2002）利用模型检验了公司存在代理冲突下的权益资本成本。他们的研究结果表明，投资者利益保护情况对公司的融资成本将产生较大的影响：投资者利益保护越好，公司的融资成本越低；投资者利益保护越差，公司的融资成本越高。Hail 和 Leuz（2003）研究认为，在投资者法律保护较好的国家，公司权益资本成本较低。国内学者沈艺峰等（2005）的研究结果表明，上市公司的资本成本随中小投资者法律保护措施的加强而逐步递减，控制公司变量以及宏观经济变量后，发现中小投资者法律保护水平与公司权益资本成本呈负相关关系。姜付秀等（2008）的实证研究表明，我国上市公司的资本成本与投资者利益保护呈显著负相关关系。综上，投资者保护与公司的权益资本成本之间存在负相关关系。

那么，在股权制衡、投资者保护与权益资本成本三者的关系中，投资者保护到底功效如何？股权制衡对权益资本成本的影响机理何在？

在存在双重委托代理问题的情境下，股权制衡对投资者保护的影响主要通过以下两个途径实现：一方面股权制衡能够发挥大股东对经理人的监督作用，降低委托代理关系中逆向选择和道德风险的代理成本；另一方面，大股东之间相互牵制，使单个大股东攫取控制权私利变得困难，能够抑制内部人侵占问题（Pagano 和 Roell，1998；Gomes 和 Novaes，2006）。随着这一制度安排对投资者保护水平的提高，投资者获取报酬的风险降低，从而减少了权益资本成本。在这一分析框架中，基于微观执法层面的投资者保护是一个非常重要的中介变量。即通过股权结构的制衡效果提高投资者保护水平，进而影响权益资本成本。三者之间的关系如图7-1所示。

图7-1　股权制衡、投资者保护与权益资本成本关系图

基于此，提出本章的第一个假设：

H1：投资者保护是重要的中介变量，股权制衡通过影响投资者保护水平来影响权益资本成本。具体来讲，本章通过下面三个假设的证明来验证投资者保护中介效应的存在。

H1a：股权制衡度越高，权益资本成本越低。

H1b：股权制衡度越高，投资者保护水平越高。

H1c：投资者保护水平越高，权益资本成本越低。

影响股权制衡发挥作用的因素不仅包括股权制衡度，还包括制衡股东的性质。持股相近的大股东之间既可以选择相互监督、牵制，减少"掏空"行为，抑制内部人掠夺，提高股权制衡的效果，从而提高投资者保护水平；也可以选择相互勾结、共谋，共同以低成本攫取控制权私人收益，降低股权制衡效果，进而降低投资者保护水平（陈信元、汪辉，2004；唐跃军、谢仍明，2006a；徐丽萍等，2006）。控股股东与大股东分属于不同性质，可能受到不同的约束，控股股东和个人股东将权衡掏空的监督成本和个人的"政治成本"，两者之间的协调成本将上升，从而股东更愿意选择相互监督；反之，双方更易于形成合谋，瓜分控制权收益。因此，不同性质的股东之间产生的股权制衡效果不同，投资者保护效果亦存在很大差别。刘星、刘伟（2007）扩展了LLSV（2000）模型，从股东性质的角度分析大股东选择合谋（Collusion）或者监督，从而影响股权制衡的效果。实证结果表明，同性质的股东之间更容易形成合谋，影响股权制衡发挥作用。综上，相互监督的大股东能够制约彼此，从而减少大股东的掏空行为；相互勾结的大股东易于形成合谋，攫取控制权私利，对外部中小股东的利益进行侵占。由此，大股东之间选择相互监督或者相互勾结，将大大影响股权制衡的效果，股东性质成为影响股权制衡效果的重要因素。基于此，提出本章的第二个假设：

H2：性质不同股东之间的监督效应，能够提高股权制衡效果，加强投资者保护；性质相同股东之间的合谋效应，将降低投资者保护水平。

## 7.3 实证研究设计

### 7.3.1 样本选取

2004 年 1 月 31 日，国务院发布的《关于推进资本市场改革开放和稳定发展的若干意见》中明确提出"积极稳妥解决股权分置问题"，随后股权分置改革作为一项制度性变革被正式提上了议事日程。基于此，本章选取了上海证券交易所和深圳证券交易所 2008—2010 年上市公司的数据，即选择实施股权分置改革后，绝大部分上市公司股票基本实现全流通的最新数据作为研究样本。将从 CSMAR 数据库中搜集的样本数据统一按照如下原则进行筛选：

（1）研究样本选取在上海证券交易所和深圳证券交易所发行上市 A 股的上市公司。由于深圳创业板于 2009 年才正式开板，因此排除了创业板的上市公司，以保证研究时期的可比性；

上市公司的财务报表数据、公司治理数据来自 CSMAR 数据库。

（2）上市公司权益资本成本计算中使用的无风险收益率来自上海证券交易所网站债券收益统计专项；剔除了权益资本成本计算结果小于等于零的样本。

（3）上市公司交叉上市信息来自香港证券交易所网站、纽约证券交易所网站以及新浪财经网站所披露的信息。

（4）上市公司股东性质缺失部分来自巨潮网上市公司年报披露的十大股东信息。

（5）剔除了控制变量中缺失数据的样本。

根据上述原则，筛选并确定 2008 年有 1035 家上市公司，2009 年有 960 家上市公司，2010 年有 1028 家上市公司进入样本，三年共 3023 家样本公司作为研究样本。

### 7.3.2 变量设计

#### 7.3.2.1 投资者保护指数（Enforcement_index）

投资者保护程度的测度一直都是研究的难点之一。如何将这一指标有效量化，不同学者基于不同的角度进行了研究。已有研究多从立法与公共执法视角对此进行量化（戚文举，2011）。宏观层面最具代表性的便是 LLSV（1998）基于股东权利、债权人保护和执法效率三个方面构建的投资者保护测度体系。此外，国内研究中王克敏、陈井勇（2004）利用审计意见类型刻画投资者保护程度，肖珉（2008）从法的建立与实施角度测度投资者保护程度，姜付秀等（2008）提出的基于全体投资者的利益保护指数计算方法则从微观层面对投资者保护程度进行了衡量，谢志华（2010）发布的投资者保护指数则从内控制度、信息质量、公司治理等方面评价投资者保护程度。大量的研究表明，隧道（Tunneling）行为普遍存在于我国的上市公司，我国上市公司的大股东具有利用股利政策套现的动机，并认为现金股利也成为大股东攫取小股东利益的重要手段（陈东华，2003；吕长江、周县华，2008；赵玉芳、余志勇等，2011；祝继高、王春飞，2013；Chen et al.，2009）。本书第3章选择了现金股利分配率这一指标来作为投资者法律保护的执法变量，该指标越高，执法水平越低。

本章为了更全面地测度在已有法律及其实施现状的条件下公司微观层面的投资者保护程度，基于私人执法中的一般交易行为对执法效果进行测度，以姜付秀等（2008）设计的投资者利益保护指数为基础，并综合考虑了交叉上市这项指标。这是因为根据 Coffee（1999，2002）和 Stulz（1999）的绑定假说（Bonding Hypothesis），投资者法律保护较差国家的上市公司选择在法律较为完善的国家交叉上市，自愿接受较为严格的法律约束，表明其主动要求减少对中小股东利益的侵占，提高对投资者的法律保护。即交叉上市可视为投资者法律保护的一种替代机制。此外，对大股东占款这一指标，参照侯晓红等（2008）[①] 提出的以大股东及其关联方与上市公司之间的其他应收款项净额，即"其他应收款"减去"其他应付款"的净额作为大股东占款变量。若净额为正值，说明大股东占用了上市公司资金，反之则表示对上市公司有资金支持。该方法弥补了仅利用其他应收款代表大股东占款的不足，既考虑到大股东掏空和支持的两重性，又剔除了非大股东关联方的影响。

根据上述方法调整后得到的投资者保护指数体系的各项内容以及权重，具体见表7-1所示：

---

① 侯晓红，李琦，罗炜. 大股东占款与上市公司盈利能力关系研究［J］. 会计研究，2008（6）：77-84.

表 7-1 投资者保护指数体系

| 项目 | 分值 | 衡量指标 | 赋值方法 |
|---|---|---|---|
| 财务报告质量 | 10 | 审计意见类型 | 无保留无解释赋值 10 分，无保留有解释赋值 8 分，保留意见赋值 6 分，否定意见赋值 4 分，无法出具意见赋值 2 分。 |
| 大股东占款 | 10 | 大股东占款占总资产的比例 | 该指标为 0 赋值 10 分，其他按照大小排序 9 等分，并依次赋值 1~9 分。 |
| 关联交易 | 10 | 关联交易占总销售收入的比例 | 该指标为 0 赋值 10 分，其他按照大小排序 9 等分，并依次赋值 1~9 分。 |
| 赢利性 | 15 | 净资产收益率 | 亏损公司赋值 0 分，其他按照从大到小排序等分，并依次赋值 15~1 分。 |
| 市场评价 | 10 | Tobin's Q | 该指标小于 100 记为 0 分，按照从大到小排序等分，并依次赋值 10~1 分。 |
| 赢利潜力 | 10 | 利润增长率 | 该指标为负数赋值 0 分，按照从大到小排序等分，并依次赋值 10~1 分。 |
| 现金分红 | 10 | 现金分红占股本的比例 | 不分红记为 0 分，其他按排序从大到小依次赋值 10~1 分。 |
| 股票股利 | 10 | 股票股利占总股本的比例 | 不分红记为 0 分，其他按照排序从大到小等分，并依次赋值 10~1 分。 |
| 持有股票收益 | 15 | 回报率 | 该指标如为负数记为 0 分；0~1 年期存款利率记为 4 分；一年期存款利率-2 倍的一年期存款利率记为 8 分；2 倍的一年期存款利率-3 倍的一年期存款利率记为 12 分；其他记为 15 分。 |
| 交叉上市 | 5 | 交叉上市 | 若存在交叉上市记 5 分，否则为 0 分。 |
| 被证监会处罚 | -15 | 被证监会处罚 | 处罚类型为批评、谴责、警告扣 5 分；罚款、立案、行政处罚扣 10 分；关闭扣 15 分。 |

### 7.3.2.2 股权制衡度（Bal）

现有研究中对股权制衡度的测度有多种方法，主要有以下三种：

第一，黄渝祥等（2003）和同济大学-上海证券联合课题组（2002）采用股权制衡度来表征上市公司股权制衡的程度时，将第二、三、四、五大股东持股比例之和与第一大股东持股比例的比值作为股权制衡度，该比值大于等于 1 为股权制衡，反之则为非制衡。赵景文和于增彪（2005）、刘运国和高亚男（2007）采用同样的方法定义股权制衡效果，不同的是对于股权制衡与非制衡的界定存在一定差别。赵景文、于增彪（2005）参照 Gomes 和 Novaes（2001）的方法在股权制衡度大于 1 的基础上加入了对第一、二大股东持股比例的限制。

第二，陈信元和汪辉（2004）认为第二大股东持股超过第一大股东持股的 50% 是股权制衡的一个条件，Gomes 和 Novaes（2001）、赵景文和于增彪（2005）的研究则将第二大股东持股比例超过 10% 作为衡量股权制衡的因素。

第三，Claessens 等人提出了 Herfindahl 指数（简称"H 指数"），即用前若干位大股东持股比例的平方和来表示股权集中度的指标。由于单个大股东持股比例小于 1，因此在持股比例平方以后会出现某种"马太效应"，即大的越大，小的越小，从而突出了公司治理中股东间的差异性。在股权比例相近的情况下，H 指数同样能准确地区分前几位大股东的持股比例的均衡情况。该指标越小，表示前几大股东之间的权利越均衡；反之，则表示他们之间权利分布差异很大。

结合已有研究，本章对股权制衡的效果从定量和定性两个角度进行测度：①定量方面从两个角度来选取股权制衡度来测度公司的股权制衡效果。其一，用第二到第五大股东持股比例之和与第一大股东持股比例的比值作为股权制衡度，比值大于等于 1，表明存在一定的股权制衡，反之则不存在股权制衡。其二，参照 Gomes 和 Novaes（2006）的方法，如果 0.1<第一大股东的持股比例<0.5，且第二大股东的持股比例>0.1，并第一大股东持股比例<第二到第五大股东持股比例之和，则被认为存在股权制衡，反之，则不存在股权制衡。②定性方面的度量选择第二大股东与第一大股东性质的差异性，将股东区分为国有性

质和非国有性质。刘星和刘伟（2007）的实证研究扩展了 LLSV（2000）模型，引入大股东对控股股东的制衡机制，并将股东区分为国有与非国有性质。实证结果显示，股东性质不同的公司制衡效果更好。同性质的股东之间更易形成共谋，影响股权制衡发挥其作用。本章考虑股东性质对大股东之间共谋（Collusion）或者监督的影响，即第二大股东与第一大股东性质相同，则更有可能合谋，从而减弱股权制衡的效果；反之，性质相异的两大股东之间很可能存在监督，从而影响股权制衡的效果。本章对第二大股东与第一大股东性质相同赋值 0 分，反之则为 1 分。

### 7.3.2.3　权益资本成本（Coc）

测算资本成本的方法主要有资本资产定价模型法（CAPM）、多因子模型法、历史平均收益法、股利折现法等。本章根据目前应用较为广泛的资本资产定价模型（CAPM），计算权益资本成本的公式如下：

权益资本成本率＝无风险收益率＋β×（市场年收益率－无风险收益率）

其中，无风险收益率和市场年收益率的计算沿用姜付秀（2008）的方法，无风险收益率选取在上海证券交易所交易的当年最长期的国债年收益率；β 为上市公司的系统性风险系数，来自 CSMAR 数据库中中国股票市场风险评价系数 β 数据库；市场收益率为 2008—2010 年间考虑现金股利再投资的综合月平均市场收益率乘以 12。

### 7.3.2.4　控制变量

现有对投资者保护的研究大多是基于不同国家、地区之间投资者保护法律的差异性，也有研究认为两权分离度、审计事务所的选择、交叉上市等因素对投资者保护存在不同程度的影响。而对资本成本的影响因素，在理论和实证方面已有不少研究成果。本章试图在控制这些影响投资者保护以及资本成本的因素后，进而分析研究投资者保护、股权制衡与权益资本成本之间的关系。控制变量如下：

（1）公司规模（Size）。姜付秀等（2008）认为，公司规模大，能够有较多的信息披露并得到监督，从而降低投资者风险，此外大公司股票的流动性可能更强。因此，本章选取总资产的自然对数作为控制变量之一。

（2）财务风险（Leverage）。财务风险是公司特征的重要指标，对公司治理存在重要影响。Modigliani 和 Miller（1958）认为权益资本成本是负债量的增函数，Fama 和 French（1992）也证实财务杠杆与股票收益率正相关。本章以资产负债率度量财务风险。

（3）账面市值比（Btm）。Fama 和 French（1992）研究发现，高账面市值比的公司有更高的收益率。此外，叶康涛和陆正飞（2004）的研究亦表明账面市值比对股权成本存在重要影响。该指标大，说明公司不被资本市场看好，其价值被市场低估，公司权益资本成本可能越高。本章用市净率的倒数计算得到账面市值比。

（4）成长性（Growth）。成长性较好的企业控股股东更倾向主动约束对外部投资者的侵害行为，提高投资者保护水平以吸引外部投资者，从而有利于企业进一步从资本市场上融资。Gebhardt，Lee 和 Swaminathan（2004）研究认为，长期增长率的预测能够较好地解释资本成本差异。此外，成长性好的公司能够为投资者带来股票的资本收益以及较好的流动性。基于此，本章将公司的成长性纳入控制变量，成长性用主营业务收入增长率来度量。

（5）两权分离度（Sep）。既有研究发现，控制权与现金流权的分离使得控股股东可利用较少的现金流权取得控制权，进而大股东可能利用其控制权侵害中小股东的利益。两权分离导致控股股东可用较少的成本获取较大的控制权收益，即两权分离度越大，大股东越有较强的动机攫取控制权私利，进而影响投资者保护的效果。

（6）大事务所选择（Cpafirm）。财务信息披露得及时、充分、准确，意味着中小股东能够有效获知公司的经营和财务状况。高质量的审计能够在更大程度上确保信息披露的真实、准确，可视为企业层面对中小股东权益的一种保护，又可视为一种公司治理的机制。同时，对大事务所的选择表明企业从某种程度上接受了较强的外部监督，有利于提高投资者保护水平。中国证监会（2002）以审计总收入、证券收入、客户数、客户总资产、CPA 人数、有证券执业资格的注册会计师人数等几项指标来确定大事务所。审计收入列入前 3 名或证券收入列入前 3 名，同时还有一项其他指标列入前 10 名，或有两项以上除收入外的指标列入前 10 名，则被认为是大事务所。根据上述标准确定了 11 家大事务所：毕马威华振、安永大华、普华中天、岳华、德勤华永、浙江天健、上海立信长江、信永中和、深圳鹏城、中瑞华恒信、北京京都。此外，中国证监会（2004）根据客户资产、客户主营业务的收入进行排名，以上 11 家事务所排名均靠前。本章将上述 11 家事务所列入我国大事务所的范围，若公司选择上述事务所计 1 分，否则计 0 分。

（7）地区执法变量（Market）。樊纲等（2003）采用主因素分析法分析我国各地区体制改革进程，将各地区经济体制或经济环境用指数进行量化，得到地区执法变量。本章在既定法律制定与司法效率的前提下，从微观层面研究公司投资者保护程度的差异。因此，本章试图控制宏观和中观层面的影响因素，将地区执法变量作为制度变量进行控制。

综上分析，针对投资者保护指数解释变量，本章选取公司规模、财务风险、账面市值比、成长性、两权分离度、大事务选择、地区执法变量这七个控制变量。针对权益资本成本解释变量，本章将对其存在影响的公司规模、财务风险、账面市值比、成长性纳入控制变量。

### 7.3.3 回归模型

根据股权制衡度、投资者保护与权益资本成本的关系，检验投资者保护中介效应，构建模型（7-1）、（7-2）、（7-3）：

$$Coc = \alpha + \beta_1 Bal + \beta_2 Size + \beta_3 Leverage + \beta_4 Btm + \beta_5 Growth + \varepsilon \quad (7-1)$$

$$Enforcement\_index = \alpha + \beta_1 Bal + \beta_2 Size + \beta_3 Leverage + \beta_4 Btm + \beta_5 Growth + \beta_6 Sep + \beta_7 Cpafirm + \beta_8 Market + \varepsilon \quad (7-2)$$

$$Coc = \alpha + \beta_1 Bal + \beta_2 Enforcement\_index + \beta_3 Size + \beta_4 Leverage + \beta_5 Btm + \beta_6 Growth + \varepsilon \quad (7-3)$$

基于温忠麟的中介效应检验程序，对投资者保护水平这一中介变量的检验分为三步：第一步，如果模型（7-1）中 Bal 与 Coc 显著相关，就进行第二步检验（不相关则停止中介效应分析）。第二步，如果模型（7-2）中 Bal 与 Enforcement_index 显著相关，同时模型（7-3）中的 Enforcement_index 与 Coc 显著相关，则进入第三步，检验模型（7-3）中的 Bal 和 Coc 的关系。如果显著相关，但影响力下降，则 Enforcement_index 存在部分中介效应；如果相关性不显著，则 Enforcement_index 存在完全中介效应显著，即股权制衡对权益资本成本的作用部分或完全通过投资者保护实现。第二步中如果至少有一个相关性不显著，则第三步做 Sobel 检验。在该检验中，如果模型（7-3）中 Bal 与 Coc 显著相关，则存在部分中介效应；若模型（7-3）中 Bal 与 Coc 的相关性不显著，则存在完全中介效应。

为了考察股权性质对投资者保护的影响，建立了模型（7-4）：

$$Enforcement\_index = \alpha + \beta_1 Bal + \beta_2 Nature + \beta_3 Size + \beta_4 Leverage +$$
$$\beta_5 Sep + \beta_6 Cpafirm + \beta_7 Btm + \beta_8 Growth + \beta_9 Market + \varepsilon \qquad (7-4)$$

模型中涉及的具体变量的解释见表 7-2。

表 7-2                 模型各变量解释

| 变量类型 | 变量符号 | 变量名 | 变量定义 |
|---|---|---|---|
| 被解释变量和解释变量 | Enforcement_index | 投资者保护指数 | 投资者保护指数计分法由表 7-1 确定 |
| | Coc | 权益资本成本 | CAPM 模型计算 |
| | Bal1 Bal2 | 股权制衡度 | 根据股权制衡度定义计算,即第二到第五大股东持股比例之和与第一大股东持股比例的比值 0.1<第一大股东持股比例<0.5,且第二大股东持股比例>0.1,并第一大股东持股比例<第二到第五大股东持股比例之和 |
| | Nature | 股东性质 | 虚拟变量,将股东性质区分为国有与非国有两种性质,考察第二大股东性质是否与第一大股东性质相同。相同赋值 0 分,不同为 1 分 |
| 控制变量 | Size | 公司规模 | 总资产的自然对数 |
| | Leverage | 财务风险 | 资产负债率 |
| | Btm | 账面市值比 | 市净率的倒数 |
| | Growth | 成长性 | 主营业务收入增长率 |
| | Sep | 两权分离度 | 控制权与现金流权分离程度,即控制权所占比例减去现金流权所占比例 |
| | Cpafirm | 大事务所选择 | 虚拟变量,选择前文所列 11 家大事务所审计,该变量赋值 1 分,反之为 0 分 |
| | Market | 地区执法变量 | 根据市场化指数(樊纲,2003) |

# 7.4   实证结果与分析

## 7.4.1   描述性统计

### 7.4.1.1   投资者保护指数的描述性统计

根据投资者保护指数的内容及权重,根据审计意见类型、大股东占款、关联交易、市场评价、赢利性、赢利潜力、派息送股、违规处理并综合交叉上市,通过打分加总得到投资者保护指数的具体数据。样本的投资者保护指数均值为43.40,其中金融、保险业最高(但由于只有一家样本公司,所以不具有代表性),次之是采掘业为52.19,投资者保护指数最低的是电力、煤气及水的生产和供应业,仅为38.56(见表7-3所示)。

表7-3　　　　　投资者保护指数描述性统计表

| 行业名称 | 观测值 | 均值 | 标准差 | 最大值 | 最小值 |
| --- | --- | --- | --- | --- | --- |
| 农、林、牧、渔业 | 64 | 44.30 | 12.42 | 71 | 16 |
| 采掘业 | 77 | 52.19 | 9.89 | 80 | 27 |
| 制造业 | 1777 | 43.44 | 11.69 | 79 | 14 |
| 电力、煤气及水的生产和供应业 | 121 | 38.56 | 10.80 | 72 | 18 |
| 建筑业 | 76 | 41.29 | 10.37 | 66 | 16 |
| 交通运输、仓储业 | 133 | 42.93 | 10.25 | 75 | 20 |
| 信息技术业 | 187 | 44.12 | 11.49 | 71 | 21 |
| 批发和零售贸易 | 208 | 45.53 | 10.71 | 79 | 24 |
| 金融、保险业 | 1 | 59.00 | – | 59 | 59 |
| 房地产业 | 149 | 40.70 | 9.39 | 63 | 20 |
| 社会服务业 | 94 | 44.36 | 10.39 | 65 | 22 |
| 传播与文化产业 | 23 | 41.30 | 10.53 | 65 | 25 |
| 综合类 | 113 | 41.28 | 10.43 | 69 | 21 |
| 全行业 | 3023 | 43.40 | 11.42 | 80 | 14 |

注:由于金融、保险业仅有一家样本公司,所以无法计算标准差。

将投资者保护指数分区间进行统计,具体见表7-4所示。2008—2010年三年间投资者保护指数最高的是2009年,均值为52.08,然后依次是2010年44.58、2008年34.17。三年间投资者保护指数集中于30~60分区间。该分数区间的公司数量在总样本中占比三年依次为 68.12%，86.15%，87.71%。这与姜付秀等（2008）研究的 2000—2004 年间投资者保护指数均值及区间接近。

表 7-4    2008—2010 年间投资者保护区间分数统计表

| 区间 | 2008 | 占比 | 2009 | 占比 | 2010 | 占比 |
|------|------|------|------|------|------|------|
| 70~80 | 0 | 0.00% | 8 | 0.83% | 13 | 1.26% |
| 60~70 | 1 | 0.10% | 119 | 12.40% | 81 | 7.88% |
| 50~60 | 23 | 2.22% | 415 | 43.23% | 227 | 22.08% |
| 40~50 | 143 | 13.82% | 374 | 38.96% | 280 | 27.24% |
| 30~40 | 539 | 52.08% | 38 | 3.96% | 333 | 32.39% |
| 20~30 | 322 | 31.11% | 6 | 0.63% | 91 | 8.85% |
| 10~20 | 7 | 0.68% | 0 | 0.00% | 3 | 0.29% |
| ≤10 | 0 | 0.00% | 0 | 0.00% | 0 | 0.00% |
| 总计 | 1035 | 100.00% | 960 | 100.00% | 1028 | 100.00% |
| 平均值 | 34.17 | | 52.08 | | 44.58 | |
| 最大值 | 65 | | 80 | | 79 | |
| 最小值 | 14 | | 27 | | 16 | |

　　下面进一步分析三年间投资者保护均值出现差异的原因。分年度投资者保护指数各项目分值统计见表 7-5 所示。2008 年投资者保护指数均值较 2009 年度均值低近 18 分，较 2010 年低近 10 分。分析发现，投资者保护指数各项目中变化较大的有赢利性、赢利潜力和持股获利，2008 年度这三个项目的数据差异最大。由于研究区间涵盖了美国次贷危机引起的全球金融危机时间段，而投资者保护指数计算包括赢利性及赢利潜力，经济低迷时期赢利性降低、对未来预期不好可能是导致不同年度间投资者保护指数变动的原因之一。此外，在股市萧条时期，大部分投资者的持股收益为负。2008 年投资者保护指数中持股收

益项目分值仅为 0.04 分，投资者利益受损严重，这与直观经验判断相符合，最终导致投资者保护指数年度均值较低。

表 7-5　2008—2010 年间投资者保护各项目分值比较

| 会计期间 | 2008 | 2009 | 2010 | 总计 |
|---|---|---|---|---|
| 投资者保护分值合计 | 34.17 | 52.08 | 44.58 | 43.40 |
| 财务报告质量分值 | 9.95 | 9.94 | 9.96 | 9.95 |
| 大股东占款分值 | 9.28 | 9.30 | 9.27 | 9.28 |
| 关联交易分值 | 7.22 | 7.05 | 7.08 | 7.12 |
| 赢利性分值 | 3.58 | 4.14 | 4.66 | 4.12 |
| 市场评价分值 | 1.11 | 3.17 | 3.20 | 2.47 |
| 赢利潜力分值 | 0.85 | 1.46 | 1.71 | 1.34 |
| 现金分红分值 | 1.90 | 2.23 | 2.28 | 2.13 |
| 股票股利分值 | 0.14 | 0.22 | 0.23 | 0.20 |
| 持股获利分值 | 0.04 | 14.67 | 6.12 | 6.75 |
| 交叉上市分值 | 0.18 | 0.18 | 0.19 | 0.18 |
| 违规处理分值 | -0.08 | -0.28 | -0.13 | -0.16 |

### 7.4.1.2　股权制衡度的描述性统计

此处以第二到第五大股东持股比例之和与第一大股东持股比例的比值（Bal1），表示股权制衡度（因其更为直观）并进行描述性统计。该比值大于等于 1 则存在股权制衡，否则不存在股权制衡。表 7-6 为 2008—2010 年三年间全部样本企业的股权制衡度统计。三年间全部样本企业股权制衡度均值为 0.5319。分行业看，信息技术业的股权制衡度最高且均值为 0.7422，其他行业的股权制衡度均值都小于 1，数值在 0.5 左右的居多。由此可见，我国大多数上市公司都存在第一大股东的持股比例远远超过前几大股东持股比例之和的情况，即"一股独大"。股权制衡度均值最低的是传播与文化产业，三年均值仅为 0.2501。

究其原因，传播与文化产业的上市公司数量是十三大行业分类中最少的，纳入本章研究的该行业 23 个样本中便有 18 个样本公司的第一大股东为国有控股，且第一大股东持股比例平均为 45.93%。

**表 7-6　　　股权制衡度分行业描述性统计表**

| 行业名称 | 观测值 | 均值 | 标准差 | 最大值 | 最小值 |
|---|---|---|---|---|---|
| 农、林、牧、渔业 | 64 | 0.4458 | 0.4337 | 1.7312 | 0.0295 |
| 采掘业 | 77 | 0.3324 | 0.3814 | 1.4713 | 0.0190 |
| 制造业 | 1777 | 0.5431 | 0.5111 | 3.4553 | 0.0049 |
| 电力、煤气及水的生产和供应业 | 121 | 0.5398 | 0.5768 | 2.3797 | 0.0139 |
| 建筑业 | 76 | 0.4716 | 0.5746 | 2.7506 | 0.0003 |
| 交通运输、仓储业 | 133 | 0.4808 | 0.5236 | 2.0725 | 0.0099 |
| 信息技术业 | 187 | 0.7422 | 0.7831 | 3.2801 | 0.0191 |
| 批发和零售贸易 | 208 | 0.6069 | 0.5865 | 2.4667 | 0.0112 |
| 金融、保险业 | 1 | 0.6705 | - | 0.6705 | 0.6705 |
| 房地产业 | 149 | 0.3687 | 0.3704 | 1.8331 | 0.0046 |
| 社会服务业 | 94 | 0.4539 | 0.3808 | 1.7255 | 0.0187 |
| 传播与文化产业 | 23 | 0.2501 | 0.2356 | 0.9208 | 0.0115 |
| 综合类 | 113 | 0.4829 | 0.4301 | 1.8649 | 0.0122 |
| 全行业 | 3023 | 0.5319 | 0.5301 | 3.4553 | 0.0003 |

注：由于金融、保险业仅有一家样本公司，所以无法计算标准差。

由表 7-7 可知，分年度股权制衡度三年均值依次为 0.5452，0.5266，0.5234，各年度的股权制衡度变化不大，但稍呈逐年降低的趋势。这三年股权制衡度基本上集中于 0~1 这一区间，该区间样本数量占比依次为 82.61%，84.16%，83.95%。达到股权制衡的企业三年占比依次为 17.39%，15.84%，16.05%，不到全部样本的 1/5。由此可见，我国大部分上市公司的股权较为集中，基本上是"一股独大"，这与第4章的股权结构特征分析相一致。

**表7-7　2008—2010年度股权制衡度描述性统计表**

| 区间 | 2008 | 占比 | 2009 | 占比 | 2010 | 占比 |
|---|---|---|---|---|---|---|
| 3~3.5 | 2 | 0.19% | 3 | 0.31% | 3 | 0.29% |
| 2.5~3 | 5 | 0.48% | 6 | 0.63% | 5 | 0.49% |
| 2~2.5 | 14 | 1.35% | 14 | 1.46% | 14 | 1.36% |
| 1.5~2 | 44 | 4.25% | 29 | 3.02% | 44 | 4.28% |
| 1~1.5 | 115 | 11.11% | 100 | 10.42% | 99 | 9.63% |
| 0.5~1 | 252 | 24.35% | 229 | 23.85% | 229 | 22.28% |
| 0~0.5 | 603 | 58.26% | 579 | 60.31% | 634 | 61.67% |
| 总计 | 1035 | 100.00% | 960 | 100.00% | 1028 | 100.00% |
| 平均值 | 0.5452 | | 0.5266 | | 0.5234 | |
| 最大值 | 3.4328 | | 3.2344 | | 3.4553 | |
| 最小值 | 0.0003 | | 0.0116 | | 0.0049 | |

### 7.4.1.3　权益资本成本的描述性统计

权益资本成本描述性统计指标见表7-8所示。2008—2010年三年间权益资本成本平均为17.01%。2008年99.42%的样本数据的资本成本小于20%，2009年、2010年则分别为95.42%和94.46%。权益资本成本最低的是交通运输、仓储业，三年均值为15.91%；最高的是金融、保险业，三年均值为17.83%（由于只有一个金融、保险业的样本公司，所以该结果可能不具有代表性）；次高的是综合类，三年均值为17.25%。

表 7-8　　　权益资本成本分行业描述性统计表

| 行业名称 | 观测值 | 均值 | 标准差 | 最大值 | 最小值 |
|---|---|---|---|---|---|
| 农、林、牧、渔业 | 64 | 17.22% | 1.60% | 20.28% | 13.08% |
| 采掘业 | 77 | 17.13% | 2.67% | 21.42% | 10.05% |
| 制造业 | 1777 | 17.19% | 1.89% | 22.37% | 8.61% |
| 电力、煤气及水的生产和供应业 | 121 | 16.33% | 1.93% | 20.55% | 10.29% |
| 建筑业 | 76 | 16.74% | 2.12% | 22.20% | 9.88% |
| 交通运输、仓储业 | 133 | 15.91% | 1.93% | 20.83% | 10.82% |
| 信息技术业 | 187 | 17.14% | 2.08% | 22.39% | 11.48% |
| 批发和零售贸易 | 208 | 16.21% | 2.02% | 21.09% | 9.51% |
| 金融、保险业 | 1 | 17.83% | — | 17.83% | 17.83% |
| 房地产业 | 149 | 17.21% | 1.46% | 19.85% | 12.55% |
| 社会服务业 | 94 | 16.93% | 1.75% | 21.35% | 11.99% |
| 传播与文化产业 | 23 | 17.01% | 2.02% | 21.06% | 12.98% |
| 综合类 | 113 | 17.25% | 1.78% | 20.66% | 11.65% |
| 全行业 | 3023 | 17.01% | 1.95% | 22.39% | 8.61% |

注：由于金融、保险业仅有一家样本公司，所以无法计算标准差。

由表 7-9 可见，2008—2010 年间权益资本成本均值依次为 17.04%，16.98%，17.01%，年度间的差异并不显著。这三年的资本成本率基本上集中于 15%~20%，该区间样本数量占比依次为 87.83%，80.31%，78.02%。其中，三年无风险收益率依次为 4.27%，4.27%，4.4%，而三年平均市场收益率为 16.72%。

表 7-9　2008—2010 年度权益资本成本描述性统计表

| 区间 | 2008 | 占比 | 2009 | 占比 | 2010 | 占比 |
|---|---|---|---|---|---|---|
| 20%~25% | 6 | 0.58% | 44 | 4.58% | 57 | 5.54% |
| 15%~20% | 909 | 87.83% | 771 | 80.31% | 802 | 78.02% |
| 10%~15% | 117 | 11.30% | 143 | 14.90% | 166 | 16.15% |

表7-9(续)

| 区间 | 2008 | 占比 | 2009 | 占比 | 2010 | 占比 |
|---|---|---|---|---|---|---|
| 5%~10% | 3 | 0.29% | 2 | 0.21% | 3 | 0.29% |
| 总计 | 1035 | 100.00% | 960 | 100.00% | 1028 | 100.00% |
| 平均值 | 17.04% | | 16.98% | | 17.01% | |
| 最大值 | 20.71% | | 22.37% | | 22.39% | |
| 最小值 | 8.61% | | 8.86% | | 9.59% | |

#### 7.4.1.4 控制变量的描述性统计

对公司规模、财务风险、两权分离度、大事务所选择、账面市值比、成长性、地区执法变量等其他控制变量的描述性统计见表7-10所示。

**表7-10** 控制变量的描述性统计

| 变量名 | 均值 | 最大值 | 最小值 | 标准差 | 观测值 |
|---|---|---|---|---|---|
| Size | 21.82 | 28.14 | 18.18 | 1.25 | 3023 |
| Leverage | 0.49 | 0.99 | 0.02 | 0.19 | 3023 |
| Sep | 6.02 | 70.35 | 0.00 | 8.92 | 3023 |
| Cpafirm | 0.38 | 1.00 | 0.00 | 0.49 | 3023 |
| Btm | 0.37 | 1.74 | -0.06 | 0.24 | 3023 |
| Growth | 0.17 | 7.70 | -0.90 | 0.38 | 3023 |
| Market | 6.64 | 8.41 | 0 | 1.39 | 3023 |

#### 7.4.1.5 股权制衡与权益资本成本的均值差检验

表7-11是基于第二种股权制衡度Bal2的衡量方法，即按照Gomes和Novaes（2006）的方法对"0.1<第一大股东持股比例<0.5，且第二大股东持股比例>0.1，且第一大股东持股比例<第二到第五大股东持股比例之和"的样本进行筛选，并将所有样本分为股权制衡度高和股权制衡度低两组数据，比较两组样本的差异。从表7-11可以看出，股权制衡度低的公司比股权制衡

表 7-11　　　股权制衡（Bal2）与权益资本成本的均值差检验

| | 均值差异检验 | | | | 中位数秩和检验 | | | |
|---|---|---|---|---|---|---|---|---|
| | 股权制衡低 | 股权制衡高 | 均值差 | T检验 | 股权制衡低 | 股权制衡高 | 中位数差 | Z检验 |
| Coc | .1705 | .1675 | .0030 | 2.8369*** | .1731 | .1699 | 0.0062 | 3.113*** |
| Enforcement _index | 43.1677 | 44.9237 | -1.7560 | -2.7683*** | 43 | 44 | -1 | -2.865*** |
| Size | 21.8664 | 21.5411 | .32522 | 4.7956*** | 21.6851 | 21.2744 | 0.4107 | 5.502*** |
| Leverage | .4976 | .4373 | .0603 | 5.7480*** | .5076 | .4350 | 0.0725 | 5.675*** |
| Btm | .3749 | .3303 | .0444 | 3.9587*** | .3040 | .2711 | 0.0328 | 3.317*** |
| Growth | .1725 | .1857 | -.0132 | -0.6308 | .1349 | .1379 | -0.0030 | -0.445 |
| Sep | 6.1620 | 5.0688 | 1.0933 | 2.4264*** | 0 | 0 | 0 | 1.904* |
| Cpafirm | .3787 | .3969 | -.0182 | -0.6893 | 0 | 0 | 0 | -0.694 |
| Market | 6.6223 | 6.7943 | -.17200 | -2.2192*** | 6.4 | 7.04 | -0.6400 | -2.886*** |
| N | 2630 | 393 | | | 2630 | 396 | | |

度高的公司的权益资本成本更高，基于微观公司执法水平的投资者保护指数更低，这为假设1的证明提供了初步证据。此外，股权制衡度低的公司与股权制衡度高的公司相比，该类公司具有更大的规模、更高的负债水平、更高的账面市值比、更高的两权分离度，此外，该类公司的成长性更低、更不易选择大事务所进行审计、地区执法变量也更低。

### 7.4.2 相关性分析

从相关系数表（见表7-12）可以看出，股权制衡、投资者保护与权益资本成本呈显著负相关关系，这与预期相符；股权制衡与投资者保护呈显著正相关关系。公司规模、成长性与权益资本成本呈显著负相关关系，财务风险、账面市值比与权益资本成本呈正比关系。但无论是 spearman 统计还是 pearson 统计，财务风险与权益资本成本的正相关关系不显著。公司的规模、成长性与投资者保护显著正相关，财务风险、账面市值比与投资者保护显著正相关。对大事务所的选择能够显著提高投资者保护水平，两权分离度、地区执法变量与投资者保护正相关，但并不显著。

### 7.4.3 实证结果及分析

#### 7.4.3.1 股权制衡与投资者保护

首先，以全部样本公司为基础，在控制了公司规模、财务风险、账面市值比、成长性等公司特征变量，以及对投资者保护指数存在影响的两权分离度、大事务所的选择这两个公司治理变量后，根据构建的模型，对三年面板数据模型进行多元回归，结果见表7-13。

表7-12

## 主要变量相关系数表

| | Coc | Ball | Enforcement_index | Size | Leverage | Btm | Growth | Sep | Cpafirm | Market |
|---|---|---|---|---|---|---|---|---|---|---|
| Coc | 1.0000 | -0.0581 *** | -0.1192 *** | -0.0994 *** | 0.0063 | 0.0654 *** | -0.0841 *** | 0.0610 *** | -0.1040 *** | -0.0723 *** |
| Ball | -0.0277 * | 1.0000 | 0.1062 *** | -0.1774 *** | -0.1143 *** | -0.1024 *** | 0.0345 * | -0.0072 *** | -0.0124 *** | 0.1197 *** |
| Enforcement_index | -0.1223 *** | 0.0644 ** | 1.0000 | 0.0335 * | -0.1449 *** | -0.5687 *** | 0.1221 *** | 0.0047 | 0.1119 *** | 0.0249 |
| Size | -0.1761 *** | -0.1338 *** | 0.0445 *** | 1.0000 | 0.4152 *** | 0.2887 *** | 0.1556 *** | -0.0287 | 0.1559 *** | -0.0550 *** |
| Leverage | 0.0051 | -0.1171 *** | -0.1414 *** | 0.3901 *** | 1.0000 | 0.0116 | 0.1083 *** | -0.0014 | 0.0092 | -0.0912 *** |
| Btm | 0.0399 ** | -0.0805 *** | -0.5368 *** | 0.2714 *** | 0.0121 | 1.0000 | -0.0969 *** | -0.0410 ** | -0.0229 | 0.0185 |
| Growth | -0.0610 ** | 0.0064 | 0.0953 *** | 0.1412 *** | 0.1099 *** | -0.0595 *** | 1.0000 | -0.0276 | 0.0486 *** | -0.0385 *** |
| Sep | 0.0419 ** | -0.0902 *** | 0.0126 | -0.0201 | 0.0153 | -0.0256 | -0.0276 | 1.0000 | -0.0071 | 0.0021 |
| Cpafirm | -0.1139 *** | -0.0059 | 0.1115 *** | 0.2025 ** | 0.0135 | -0.0171 | 0.0357 * | 0.0022 | 1.0000 | 0.0480 *** |
| Market | -0.0558 ** | 0.0802 *** | 0.0127 | -0.0530 * | -0.0807 *** | 0.0098 | -0.0300 * | -0.0047 | 0.0491 *** | 1.0000 |

注：表格右上角是 Spearman 相关系数，表格左下角是 Pearson 相关系数。

表 7-13　　　股权制衡与投资者保护回归分析结果

| 变量 | 预计符号 | 系数 以 Bal1 作为解释变量 | 系数 以 Bal2 作为解释变量 |
|------|---------|---------------------|---------------------|
| Coc | + | 1.1598<br>(0.3581) | 1.18932<br>(0.4637) |
| Bal1 | + | 0.5531*<br>(1.7635) | |
| Bal2 | + | | 0.4789**<br>(2.3521) |
| Size | + | 2.7090***<br>(17.6700) | 2.5321***<br>(15.3457) |
| Leverage | − | −15.4493***<br>(−16.0082) | −14.2465***<br>(−15.2136) |
| Sep | − | 0.0132<br>(0.7188) | 0.1980<br>(0.9876) |
| Cpafirm | + | 0.9946***<br>(2.8805) | 0.7854**<br>(2.4327) |
| Btm | − | −29.5596***<br>(−40.4339) | −25.6784***<br>(−32.7683) |
| Growth | + | 1.3020***<br>(3.0108) | 2.4521***<br>(3.9872) |
| Market | + | 0.0924<br>(0.784255) | 0.8659<br>(0.8972) |
| F 值 | | 237.3522*** | 248.7692*** |
| adj. $R^2$ | | 0.3865 | 0.3975 |

在股权制衡与投资者保护的回归结果中，模型的 F 统计量分别为 237.3522 和 248.7692，样本数据对模型的拟合度非常好，模型中各解释变量对被解释变量的联合影响显著。同时，股权制衡度（Bal1 和 Bal2）能够有效发挥作用，能够减少大股东基于控制权对中小外部股东利益的侵占，从而提高投资者保护水平，即股权制衡度对投资者保护指数存在正向影响。由回

归结果可知，股权制衡度的符号为正符合预期，面板数据模型中 Bal 变量的 T 值在 10%水平下显著。由此，验证了假设 1，说明股权制衡度越高，则投资者保护水平越高，通过第二、三、四、五大股东对第一大股东的制衡，能够在一定程度上减少对中小投资者的侵害，保护投资者利益。

接下来进一步分析控制变量。根据理论分析可知，公司规模符号应该为正，与预期相符。公司规模越大，接受的关注越多、监督力度越大，信息披露越及时，股票流动性越强，这些因素均能降低投资者的风险，进而提供更为有效的投资者保护。Size 变量在不同的股权制衡度作为解释变量下 T 值分别为 17.6700 和 15.3457，在 1%水平下均显著，验证了以上分析。财务风险（Leverage）符号预期为负，即财务风险越高越不利于投资者保护，且 T 值在 1%水平下显著。账面市值比（Btm）为企业账面价值与市价的比值，预期符号为负，实证结果符合预期，且 T 值在 1%水平下显著。成长性指标（Growth）符号为正，即上市公司的成长性好，表明投资者预期能够从公司得到较好的回报，因此是对投资者利益的保护。实证结果同样与预期保持一致，Growth 变量的 T 值在 1%的水平下显著。Market 变量预期符号为正，即宏观和中观经济环境或制度环境较好，意味着投资者利益能够得到较好的保护，但实证结果并不显著。

投资者保护源于两权分离条件下信息不对称导致内部人对外部人（尤其是中小投资者）利益的侵占。两权分离度预期符号应该为负，该指标越高，则大股东侵占中小股东的动机越强，进而降低投资者保护水平。Sep 变量符号与预期相反，且 T 值并不显著，可能存在对最终控制权追溯的差异，导致计算两权分离度时存在一定偏差。同时，大事务所选择这一控制变量的符号为正，聘请大事务所进行审计，审计质量较高，能够有较为充分、准确的信息披露，可视为是对投资者较好的保护。

Cpafirm 这一控制变量的 T 值在 1% 水平下显著，验证了上述分析。

　　基于上述回归结果，为验证假设 1 进一步做实证分析。根据股权制衡度的定义，将全部样本中股权制衡度大于等于 1 的样本划为股权制衡公司亚样本，其余股权制衡度小于 1 的公司划为非股权制衡公司亚样本，并且分别对这两个亚样本进行回归分析。结果见表 7-14 所示。

表 7-14　　股权制衡与非股权制衡回归分析结果

| 变量 | 预计符号 | 非股权制衡公司亚样本 | | 股权制衡公司亚样本 | |
|---|---|---|---|---|---|
| Coc | + | 0.9164 (0.2593) | 0.8769 (0.2378) | −3.0621 (−0.3763) | −4.5673 (−0.7893) |
| Bal1 | + | 3.0161*** (4.6373) | | −1.5224* (−1.7516) | |
| Bal2 | + | | 4.5890*** (3.9867) | | 8.9768*** (4.2547) |
| Size | + | 2.7467*** (16.5286) | 3.4675*** (12.4698) | 2.8099*** (7.1671) | 3.9876*** (8.4521) |
| Leverage | − | −16.2951*** (−15.4867) | −19.5689*** (−13.4762) | −11.7581*** (−4.9619) | −13.7865*** (−5.7682) |
| Sep | − | 0.0062 (0.3223) | 0.7845 (0.1267) | 0.0452 (0.8275) | 0.8765 (0.4576) |
| Cpafirm | + | 0.8068** (2.1578) | 0.9847*** (3.0987) | 2.0366** (2.3374) | 4.5678*** (3.4561) |
| Btm | − | −28.7289*** (−36.9780) | −32.4873*** (−27.9854) | −35.3349*** (−17.0647) | −29.8746*** (−20.8735) |
| Growth | + | 1.1588** (2.4906) | 2.5498*** (3.9876) | 2.3245** (2.0579) | 3.8796* (1.7651) |

表7-14(续)

| 变量 | 预计符号 | 非股权制衡公司亚样本 | | 股权制衡公司亚样本 | |
|------|---------|----------|-----------|----------|----------|
| Market | + | −0.0750<br>(−0.5793) | −0.7654<br>(−0.9765) | 0.7330***<br>(2.6291) | 0.9764**<br>(2.4511) |
| F 值 | | 201.5391*** | 226.2365*** | 42.7290*** | 46.6238*** |
| adj. $R^2$ | | 0.3905 | 0.3543 | 0.4119 | 0.4598 |

　　两个亚样本的统计量 F 值均显示模型整体拟合效果较好，在非股权制衡亚样本中仅有 Sep 变量和 Market 变量不显著，而在股权制衡亚样本中只有 Sep 变量不显著，Market 变量在 1% 水平下显著。在非股权制衡公司亚样本数据模型中，股权制衡度对投资者保护指数的影响相比总体模型更为显著，Bal 变量符号为正，且 T 值在 1% 水平下显著。但在股权制衡公司亚样本数据模型中，结果却相异，Bal 变量符号相反且 T 值仅在 10% 水平下显著。

　　进一步分析造成这一结果的原因，不难发现，现有关于股权制衡度与公司绩效的研究中，不少学者提出了股权制衡度的最优区间，即股权制衡度与公司绩效并非线性关系。黄渝祥等（2003）通过对股权制衡度与公司绩效之间的拟合研究认为，两者之间并非线性关系，并且实证得出股权制衡度的最优区间为 2.13~3.09，第一大股东最佳持股比为 14%~27%。刘运国、高亚男（2007）以深沪两市 2003 年上市公司为样本，实证研究了股权制衡与公司绩效之间的关系，得出最优股权制衡度区间为 3.5238~6.0287。本书认为股权制衡度与投资者保护指数之间为非线性关系，当股权制衡度达到制衡后进一步增加，经过最优区间后投资者保护指数的增加将低于股权制衡度的增加。为了验证上述推断，本书在假设 1 的模型中加入股权制衡度的平方项，利用总体样本做实证回归。结果见表 7-15 所示。

表 7-15　　　　股权制衡区间效应的回归分析结果

| 变量 | 预计符号 | 系数 | T 值 |
|---|---|---|---|
| Coc | | -0.5883<br>(-0.1808) | -0.2398<br>(-0.6572) |
| Ba11 | + | 3.6685 ***<br>(4.7869) | |
| Bal1^2 | − | -1.5858 ***<br>(-4.4527) | |
| Bal2 | | | 4.8972 ***<br>(5.6782) |
| Bal2^2 | | | -2.9832 ***<br>(-3.1267) |
| Size | + | 2.7594 ***<br>(18.0055) | 3.0965 **<br>(2.4678) |
| Leverage | − | -15.4741 ***<br>(-16.0836) | -24.6783 ***<br>(-12.4591) |
| Sep | − | 0.0111<br>(0.6041) | 0.2576<br>(0.3215) |
| Cpafirm | + | 1.0244 ***<br>(2.9756) | 2.9876 ***<br>(3.1274) |
| Btm | − | -29.4871 ***<br>(-40.4504) | -32.9856 ***<br>(-45.2361) |
| Growth | + | 1.2627 ***<br>(2.9283) | 2.9875 ***<br>(3.7834) |
| Market | + | 0.07396<br>(0.6294) | 0.8974<br>(0.9870) |
| F 值 | | 214.5005 *** | 205.6734 *** |
| adj. $R^2$ | | 0.3905 | 0.3678 |

模型的统计量 F 值分别为 214.5005 和 205.6734，新模型中各个解释变量联合对被解释变量影响非常显著。在加入 Bal 变量平方项（Bal1^2、Bal2^2）后的新模型中，除 Sep 变量和 Market

变量仍不显著外，其余变量均在 1% 水平下显著，尤其是股权制衡度一次项回归系数大于 0，二次项回归系数小于 0，T 值均在 1% 水平下显著，表明投资者保护指数与股权制衡度呈倒 U 形曲线关系。这一结果说明，股权制衡度较低时，尚未发挥其作用，随着股权制衡度逐渐上升到制衡区间，制衡作用增强，减少了大股东对中小股东的侵害，其对投资者保护的作用也逐渐增强，即处于倒 U 形的上升阶段。当股东持股比例达到最优制衡区间之后，随着股权制衡度继续增加，制衡股东持股比例之和将超过控股股东持股比例，对控股股东的决策能够产生重大影响，大大降低了控股股东的侵占行为，制衡股东之间的讨价还价以及意见分歧会导致公司治理的低效率，投资者保护指数的增加将低于股权制衡度的增加，即该阶段处于倒 U 形曲线的下降阶段。这一结果与 Gomes 和 Novaes（2005）的研究相符，他们认为股权制衡导致的折中并非总是有效，讨价还价也可能导致决策效率的损失，影响公司的经营，损害中小股东的利益。

并非所有股权结构都存在股权制衡，根据第一大股东的持股区间来划分，以研究股权制衡如何发挥作用。LLSV（1999）将 20% 作为阈值，若不存在一个持股比例达到阈值的股东，则认为公司股权分散；若存在一个持股比例达到阈值的股东，则认为公司股权集中。本书采用第一大股东的持股比例小于 20% 这一界定标准，认为该公司股权分散且不存在一个控股股东；第一大股东持股比例大于 50%，则认为其在公司有绝对控制地位，即绝对控股股东；第一大股东持股比例介于 20%~50%，认为公司存在相对控股股东，持股比例较大的股东虽然未能绝对控制公司，但相对其他股东而言具有控股优势。基于此，此处将总样本按照第一大股东持股比例分为三个亚样本进行实证分析（此处以 Bal1 为例，见表 7-16）。

表 7-16　　不同的大股东持股比例下的回归分析结果

| 变量 | 预计符号 | 小于 20% | 大于 20%小于 50% | 大于 50% |
|---|---|---|---|---|
| Coc | + | −19.5882*<br>(−1.9101) | −0.6953<br>(−0.1588) | 3.0534<br>(0.4924) |
| Ba1 | + | −0.3468<br>(−0.5330) | 1.0127**<br>(2.0407) | 2.4775（1.0115） |
| Size | + | 3.6684***<br>(7.2791) | 2.8585***<br>(13.4461) | 2.5470***<br>(9.2744) |
| Leverage | − | −16.9274***<br>(−6.1648) | −15.7201***<br>(−12.7461) | −16.2590***<br>(−8.2533) |
| Sep | − | −0.0473<br>(0.4631) | 0.0188<br>(0.8227) | 0.0045<br>(0.1371) |
| Cpafirm | + | 2.6414***<br>(2.5856) | 0.7775*<br>(1.8187) | 0.8805<br>(1.2188) |
| Btm | − | −33.2973***<br>(15.3715) | −29.7132***<br>(−32.5008) | −27.2375***<br>(−18.2416) |
| Growth | + | 0.1365<br>(0.1176) | 2.2646***<br>(3.5826) | 0.7291<br>(1.0673) |
| Market | + | 0.3948<br>(1.1973) | −0.0545<br>(−0.3798) | 0.1073<br>(0.3878) |
| F 值 |  | 34.8770*** | 157.0594*** | 52.7270*** |
| adj. $R^2$ |  | 0.4227 | 0.3911 | 0.3903 |

由表 7-16 可知，在第一大股东持股比例小于 20% 的股权分散的公司亚样本中，股权制衡度的变量 Ba1 不仅系数相反且 T 值并不显著。第一大股东持股比例大于 50% 的公司亚样本中得出了同样不显著的结果。在第一大股东持股比例大于 20% 小于 50% 的公司亚样本中，股权制衡度对投资者保护指数存在正向影响，且在 5% 的水平下显著。

若第一大股东持股比例低于 20%，那么股权就趋于分散。股权分散的股东并没有足够的动力监督经理人，分散持股的股东相互之间也难以合谋，股权制衡并未发生监督或合谋的作用。若第一大股东持股比例高于50%，则认为股权趋于集中，第一大股东在企业有绝对控制地位，可以独自控制公司而无须合谋，股权制衡并不能撼动控股股东的绝对控制地位，其他大股东对控股股东的监督减弱，因此股权制衡效果亦不好。此外，伴随控股股东持股比例的升高，绝对控股股东的现金流权与控制权趋于一致，控股股东攫取控制权私利的动机将减弱，即产生权益效应。因此，这两个亚样本数据结果均不显著。在第一大股东持股比例介于20%~50%时，第一大股东具备相对控股优势，一方面有足够的动力监督经理人，另一方面可利用相对少的股份得到控制权，牺牲小股东的利益来追求自身利益最大化。而其他持股相当的制衡大股东有足够的动力发挥其牵制作用，以此减少第一大股东的隧道行为。实证结果大致与上述分析吻合。

### 7.4.3.2 股权制衡、投资者保护与权益资本成本

对投资者保护中介效应的检验结果见表7-17。在回归模型（7-1）中，股权制衡度（Bal1和Bal2）的符号为正（Bal1在10%水平下显著，Bal2在5%水平下显著），符合预期。这说明股权制衡能够有效发挥作用，能够在一定程度上减少大股东基于控制权对中小外部股东利益的侵占，保护投资者利益，减少权益资本成本。由此，验证了假设H1a：股权制衡度越高，权益资本成本越低。在控制变量中，企业规模（Size）、成长性（Growth）与权益资本成本显著负相关，而负债水平（Leverage）、企业的账面市值比（Btm）与权益资本成本显著正相关，与预期相符。

在模型（7-2）中，股权制衡度能够显著提高投资者保护水平（Bal1和Bal2均在1%水平下显著）。由此，证明了假设H1b：股权制衡度越高，投资者保护水平越高。此外，地区执法变量（Market）预期符号为正，表明宏观和中观经济环境或制

度环境越好，投资者的利益越能得到较好的保护；但实证结果并不显著，可能由于选取的地区执法变量是 2000 年的相对数，缺乏时效性。投资者保护源于两权分离条件下信息不对称导致内部人对外部人（尤其是中小投资者）利益的侵占。两权分离度（Sep）预期符号应该为负，该指标越高，则大股东侵占中小股东的动机越强，进而降低了投资者保护指数。Sep 变量符号与预期相反，且 T 值并不显著，可能存在对最终控制权追溯的差异，导致计算两权分离度时存在一定偏差。大事务所选择（Cpafirm）这一控制变量的符号为正（聘请大事务所进行审计，能够有较为充分、准确的信息披露，可视为是对投资者较好的保护），但并不显著。

模型（7-3）加入待检测中介变量（Enforcement_index）后，进一步考察其中介效应是否存在。在该模型中，Enforcement_index 和 Coc 仍然是显著负相关，而股权制衡度的显著性发生了改变。其中，Bal1 不再显著［从模型（7-1）在 10%水平下显著变为模型（7-3）不显著］，且其系数影响力下降，这说明股权制衡对权益资本成本的作用完全通过投资者保护来实现。此时，Enforcement_index 存在完全的中介效应。Bal2 的显著性下降［从模型（7-1）在 1%水平下显著降为模型（7-3）在 5%水平下显著］，且其系数的影响力下降，从而证明了假设 1：说明 Enforcement_index 存在部分中介效应（Bal2 为自变量）或完全中介效应（Bal1 为自变量）。由此，股权制衡通过影响投资者保护水平来影响权益资本成本，进而证明了假设 H1c。

表 7-17　投资者保护中介效应检验回归分析结果

| 变量 | 符号 | 模型 (7-1) Coc 为因变量 | | 符号 | 模型 (7-2) 待检测中介变量 Enforcement_index 为因变量 | | 符号 | 模型 (7-3) Coc 为因变量 | |
|---|---|---|---|---|---|---|---|---|---|
| Coc | | 0.2523*** (35.11) | .2522*** (35.23) | | 8.6083*** (2.76) | 9.1254*** (2.93) | | .2542*** (35.47) | .2473*** (34.04) |
| Bal1 | − | −0.0010* (−1.92) | | + | .8627*** (3.13) | | − | −.0008 (−1.18) | |
| Bal2 | − | | −.0024*** (−2.32) | + | | .8829*** (2.06) | − | | −.0022** (−2.14) |
| Market | | | | | | | | −.0002*** (−5.04) | −.0002*** (−5.03) |
| Size | − | −0.0043*** (−12.37) | −.0043*** (−12.36) | + | 1.8083*** (12.11) | 1.7976*** (12.03) | − | −.0039*** (−10.98) | −.0035*** (−9.30) |
| Leverage | + | .0127*** (5.87) | .01256*** (5.79) | − | −12.8438*** (−14.12) | −12.9195*** (−14.18) | + | .0099*** (4.43) | .0097*** (4.35) |
| Btm | + | .0164*** (8.21) | .01626*** (8.15) | − | −17.4229*** (−20.89) | −17.5040*** (−20.98) | + | .0126*** (5.90) | .0124*** (5.84) |
| Growth | − | −.0018* (−1.92) | −.0018* (−1.91) | + | 3.0926*** (8.02) | 3.1001*** (8.04) | − | −.0011 (−1.19) | −.0010 (−1.17) |
| Sep | | | | − | 0.0157 (0.97) | .0122 (0.76) | | | |
| Cpafirm | | | | + | 0.4110 (1.36) | .4071 (1.34) | | | |
| Market | | | | + | 0.1158 (1.11) | .1298 (1.24) | | | |
| 行业 | | 控制 | 控制 | | 控制 | 控制 | | 控制 | 控制 |
| 年度 | | 控制 | 控制 | | 控制 | 控制 | | 控制 | 控制 |
| F 值 | | 15.99*** | 16.18*** | | 159.65*** | 159.10*** | | 16.58 | 16.76 |
| adj. $R^2$ | | 0.0861 | 0.0871 | | 0.5360 | 0.5351 | | 0.0935 | 0.0944 |

此外，Gebhardt，Lee 和 Swaminathan 提出了"剩余收益贴现模型"（Discounted Residual Income Model，以下简称"GLS 模型"）。他们的检验结论说明了 GLS 模型对权益资本成本的预测能力大大优于传统的权益资本成本估计模型。这里也用 GLS 模型估计权益资本成本。使用 GLS 模型最后的回归结果与 CAPM

模型计算出来的 Re 相比，显著性有所下降，可能是样本期较短所致。

### 7.4.3.3 股东性质与投资者保护

股权制衡的效果可以从定性和定量两个角度来测度。假设 1 从定量的角度研究了股权制衡度与投资者保护指数，以及与权益资本成本的关系。达到股权制衡的股东之间，一方面可以通过相互监督来减少大股东的隧道行为，提高投资者保护水平，这是股权制衡的监督效果；另一方面亦有可能通过相互勾结，共同侵占其他股东的利益，分享控制权私利，这是股权制衡的共谋效果。假设 2 在假设 1 的基础上加入股东性质变量，即设置虚拟变量 Nature，考察第二大股东性质与第一大股东性质的差异。若第二大股东与第一大股东性质相同，则 Nature 变量的分值为 0，反之则为 1。利用模型（7-4）对全部样本公司的数据进行回归。为了进一步检验股东性质差异的监督效果与共谋效果，本章将总样本按照第一大股东的性质是否为国有分成两个亚样本。实证结果见表 7-18 所示。

**表 7-18 股东性质对投资者保护影响的回归分析结果**

| 变量 | 预计符号 | 模型（7-4） | | | | | |
|---|---|---|---|---|---|---|---|
| | | 全样本 | | 国有企业 | | 非国有企业 | |
| Coc | | 1.5961 (0.49) | 2.2675 (0.70) | 5.9572 (1.54) | | -12.9938** (-2.12) | -12.8167** (-2.09) |
| Bal1 | + | 0.6807** (2.14) | | 1.2176*** (2.68) | | 0.2137 (0.45) | |
| Bal2 | | | .4270 (0.87) | | .9615 (1.32) | | .0057 (0.01) |
| Nature | + | 0.8030** (2.31) | .7011** (2.04) | 1.4912*** (3.35) | 1.3184*** (3.00) | -0.1269 (-0.18) | -.0970 (-0.13) |
| Size | + | 2.6592*** (17.19) | 2.6448*** (17.11) | 2.4091*** (13.14) | 2.4057*** (13.10) | 3.4458*** (11.47) | 3.4456*** (11.46) |
| Leverage | - | -15.5537*** (-16.11) | -15.6148*** (-16.14) | -15.3743*** (-12.80) | -15.3292*** (-12.73) | -16.5083*** (-10.11) | -16.5881*** (-10.16) |

表7-18（续）

| 变量 | 预计符号 | 模型（7-4） | | | | | |
|---|---|---|---|---|---|---|---|
| | | 全样本 | | 国有企业 | | 非国有企业 | |
| Btm | − | −29.6395*** | −29.6829*** | −28.0511*** | −28.1161*** | −32.5910*** | −32.5923*** |
| | | (−40.53) | (−40.56) | (−31.63) | (−31.65) | (−25.29) | (−25.29) |
| Growth | + | 1.3505*** | 1.3571*** | 1.5846*** | 1.5576*** | 0.7093 | .7284 |
| | | (3.12) | (3.13) | (3.03) | (2.98) | (0.93) | (0.95) |
| Sep | − | 0.01923 | .0155 | 0.0212 | .0171 | 0.0067 | .0035 |
| | | (1.04) | (0.84) | (0.80) | (0.65) | (0.23) | (0.12) |
| Cpafirm | + | 0.9919*** | .9927*** | 0.3535 | .3085 | 2.0567*** | 2.0673*** |
| | | (2.87) | (2.87) | (0.80) | (0.70) | (3.71) | (3.73) |
| Market | + | 0.1294 | .1390 | 0.1155 | .1113 | 0.0665 | .0704 |
| | | (1.09) | (1.17) | (0.74) | (0.71) | (0.35) | (0.37) |
| F 值 | | 211.8793*** | 211.19 | 129.1708*** | 128.18 | 86.0830*** | 86.05 |
| adj. $R^2$ | | 0.3876 | 0.3850 | 0.3925 | 0.3877 | 0.3915 | 0.3869 |

从表 7-18 可知，全样本回归结果 F 值为 211.8793，回归方程显著，列入模型的各个解释变量联合起来对被解释变量有显著影响。股权制衡度与股东性质差异均对投资者保护指数存在正向影响，Bal1 变量与 Nature 变量都在 5% 水平下显著，Bal2 与 Nature 不显著。这说明当第二大股东与第一大股东性质不同时（Nature=1），则倾向于监督，从而提高了股权制衡度和投资者保护水平；当第二大股东与第一大股东性质相同时（Nature=0），更倾向于合谋，从而降低了股权制衡度和投资者保护水平。实证结果很好地印证了这一点，股权制衡度与股东性质差异均对投资者保护指数存在正向影响，Bal 变量与 Nature 变量都在 5% 水平下显著。除两权分离变量和地区执法变量外，其余控制变量符号均与分析相吻合，且 T 值均在 1% 水平下显著。

基于上述分析结果，为了进一步检验股东性质差异的监督效果和合谋效果，这里将总样本按照第一大股东性质是否为国有分成两个亚样本。当第一大股东为国有股东、第二大股东为非国有股东时，两者合谋的可能性降低，更可能产生股东性质差异的监督效果，提高投资者保护水平；而当第二大股东也为国有股东时，则更可能产生合谋效果，通过相互勾结共同分享控制权收益。当第一大股东和第二大股东同为非国有股东时，则性质相同的股东之间较容易达成合谋协议进行隧道行为；而当第一大股东为非国有股东、第二大股东为国有股东时，性质不同的股东间则倾向于相互监督。综上，同性质的股东间较容易相互勾结，而不同性质的股东间较容易相互监督。

具体来看，在第一大股东为国有股东的亚样本回归结果中，股权制衡度（Bal1）与股东性质变量（Nature）不仅符号符合预期，而且回归结果均在1%水平下显著。也就是说，在第一大股东性质为国有的情形下，第二大非国有性质股东不易与第一大股东勾结合谋分享控制权私利，更倾向于发挥监督作用。同时，非国有性质的股东作为股权的最终所有者也有足够的动力实施监督行为，进而提高投资者保护水平。

在第一大股东为非国有性质的亚样本实证结果中，不仅解释变量 Bal1 和 Bal2 与 Nature 变量的 T 值均不显著，而且 Nature 变量的回归系数符号与预期相反。究其原因，在第一大股东为非国有股东的亚样本中，第二大股东为国有股东，不易与第一大股东合谋，其中国家股性质的股东仅仅是代表实际所有权人（国家）行使所有权并且履行出资人职责，而国有法人股性质的股东由国有独资或控股企业行使权利。无论是国家股性质的股东还是国有法人股性质的股东，他们都不是真正的所有权人，相对于第二大股东为非国有性质的股东而言缺乏足够的动力监督第一大股东，导致股权制衡效果不尽如人意。而第二大股东为非国有股东时亦未有效发挥监督作用，尽管非国有股东作为股权的最终所有权人有足够的动力对第一大股东进行监督，但其可用较少的股权便能控制企业、占用其他股东的经济资源，这样巨大的控制权私利显得相当诱人，于是持股比例相近的股东间便可能讨价还价、激烈斗争，争夺控制权。显然，在这种情况下股权制衡并非一种有效的制度安排，反而造成了公司治理的低效率。实证结果与朱红军、汪辉（2004）研究认为股权制衡难以在中国民营企业中改善公司治理的结论相一致。此外，Faccio，Lang 和 Young（2001）研究了法律体系对小股东保护不力的国家，检验多个大股东对股利的影响时，发现欧洲的公司因监督效应而抑制了对小股东的利益侵害，而亚洲的公司则加剧了对小股东的利益侵害。

因此，在中国投资者法律保护制度不健全的背景下，股权制衡并非一种完美的制度安排，其要发挥作用不仅依赖于整个法律环境，同时与公司股权结构的分布、股东性质的差异等因素息息相关，并不能单独发挥作用。

## 7.5  本章小结

本章基于私人执法的投资者保护指数的测度，计算了2008—2010 年深沪证券交易所上市公司的投资者保护指数，通过实证研究，得出以下结论：

（1）3023 家样本公司的投资者保护分值的均值仅为 43.4，且三年样本公司得分集中于 30~60 分，由此可见我国上市公司的投资者保护水平普遍较低。此外，3023 家样本公司的第一大股东持股比例平均为 37.16%，股权相对集中，可以认为多数公司存在一个相对控股股东。在我国投资者法律保护较弱的背景下，上市公司大多是相对控股的股权结构，投资者保护水平普遍偏低。

（2）股权制衡作为公司内部治理的重要机制，对投资者保护存在正向影响，即股权制衡效果越好，投资者保护越好。股权制衡的效果可以从定量和定性两个角度来衡量。从定量角度来看，投资者保护指数与股权制衡度之间呈倒 U 形曲线关系，表明股权制衡的折中并非总是有效的，股权之间相互牵制降低对投资者侵害的同时会导致讨价还价的低效率。此外，股权制衡发挥作用要有一定的前提，仅当相对控股或者股权分散的情况下股权制衡才能有效发挥作用。当存在绝对控股股东时，其余股东很难影响控股股东对企业的决策。从定性角度来看，在我国投资者法律保护制度不健全的背景下，若第一大股东的性质为国有，第二大非国有性质的股东不易与第一大股东勾结合谋分享控制权私利，更倾向于发挥监督作用。而性质同为非国有的股东之间并未勾结分享控制权私利，相反会在较低成本获取较高的控制权私利的诱惑下，持股比例相近的股东间讨价还价、激烈斗争，争夺控制权，反而造成了公司治理的低效率。因此，一个好的公司治理结构应该是投资者法律保护与股权结构在一定程度上良好结合的结构。

（3）股权制衡是优化公司治理的重要机制，能够有效发挥对投资者专用性投资的保护作用，从而降低股东将资金投入企业获取投资报酬的风险，即降低公司的资本成本。就股权制衡促进投资者保护的机理而言，投资者保护是介于股权制衡与权益资本成本之间重要的中介变量，股权制衡通过投资者保护进而影响权益资本成本。即股权制衡效果越好，投资者保护越好，资本成本越低。实证结果显示，股权制衡作为公司的内部治理因素，通过提高投资者保护水平而降低了资本成本。

# 8 政策建议与展望：
## 投资者法律保护替代机制

根据前面的理论分析与实证研究，本章从调整股权结构、建立健全法律制度（立法与执法）、发挥投资者法律保护替代机制的作用三个方面提出对策建议。

## 8.1 调整股权结构

### 8.1.1 平稳适度减持部分企业的国有股权，降低股权集中度

尽管我国股票市场已经实现了全流通，但是四大国有商业银行、中石油、中石化国有股"一股独大"的局面仍然存在。国有股减持是解决"一股独大"和"政企不分"的方式之一，对引进战略投资者，提升公司治理水平并形成可持续发展能力都有积极作用。减持国有股、适当分散股权，可实现股权结构的多元化，避免资金过度集中而诱发的市场炒作，增加上市公司信息的透明度和可靠性。

1999年，解决股权分置问题被提上了议事日程。2001年6月，国务院出台《减持国有股筹集社会保障资金管理暂行办法》，国有股减持正式开始，但股票市场对此反应剧烈。2001年

10月22日，沪深股指分别跌至1514点和3124点，与当年的最高点相比，分别下跌32.6%和37.9%，市场出现了随时崩盘的可能。也就在同一天，证监会宣布暂停执行《减持国有股筹集社会保障资金管理暂行办法》第五条。第二天，沪深股指全面上涨。可见，市场对国有股减持是持否定态度的。本书第5章、第6章的实证研究也表明，政府的"隐性担保"使国有股权能够发挥替代机制的作用。但研究表明，国有企业的控制权转给非政府主体时，企业的中长期经营业绩有显著增加，而当转给其他政府主体时，企业的中长期经营业绩并没有显著变化（杨记军等，2010）。这说明从长期来看，国有股减持具有积极意义。根据我国的现实国情，应该采用渐进式的减持方式，而非"一刀切"的方法。

从宏观上讲，国有股减持是经济转型时期国家调整核心产业布局、优化产业结构的关键步骤。减持国家股，就是国家要平稳减持那些竞争性强、国家保护较弱、非基础性、不涉及国家安全且前景好、业绩优良的企业的股份，减少"经济人"人格化的缺失对公司会计信息真实性的影响。减持国有股主要是通过国有股配售、国有股回购、国有股转换为优先股等手段完成的，而在这个过程中，国有控制权转移的定价问题非常关键。由此，在股改进程中，国有股减持强调加强对信息披露的监管，完善大小非减持制度规则，国有股减持定价应坚持"三公"原则。

现阶段，国有股减持更应该关注以下两个方面：第一，优化国有股解禁转让制度，在概念炒作期内限制减持。在重庆啤酒的疫苗事件中，国有大股东轻纺集团利用概念炒作获得减持机会，实现减持操作，造成股价大幅波动，损害了中小股东的利益。第二，细化上市公司信息披露制度，分行业制定披露细则并要求有适当的风险提示。2007年1月30日颁布实施的《上市公司信息披露管理办法》第三十条规定："发生可能对上市公司证券及其衍生品种交易价格产生较大影响的重大事件，投资者尚未得知时，上市公司应当立即披露，说明事件的起因、目前的状态和可能产生的影响。"但其中对"重大影响"并没有客观的判断标准。正因为缺失具体的披露标准，上市公司在披露过程中才有"已按要求披露"的借口。政府相关部门分行业制定相关披露细则，要求客观披露阶段性成果并提前做出风险提示，提高市场透明度，防范利用概念炒作损害中小投资者的利益。

### 8.1.2 发展混合所有制经济,积极引入代表不同利益主体的股东，形成相对有效的股权制衡结构

党的十八届三中全会做出决定，要"积极发展混合所有制经济，国有资本投资运营要服务于国家战略目标，更多投向关系国家安全、国民经济命脉的重要行业和关键领域，重点提供公共服务、发展重要前瞻性战略性产业、保护生态环境、支持科技进步、保障国家安全"。这表明混合所有制经济的投资领域将进一步扩大。在一国的经济结构问题上，市场的作用有限，需要国家制定产业政策来加以引导，结合本国的实际情况从而形成合理且良好的产业结构。国有资本作为混合所有制经济中一个重要的投资主力，其在整个经济中的流向也影响着混合所有制经济的发展。在具有战略意义和关系国家安全与国民经济命脉的领域，国有资本通过混合所有制经济来放大其资本功能、保值增殖和提高竞争力。党的十八大所倡导的混合所有制改革，可以逐渐解决"一股独大"的问题，实现股权结构优化。

从微观来看，混合所有制经济引入了不同性质的投资主体，各投资主体相互制衡，完善了法人治理结构。具体来讲，其一，完善股权结构的同时，更好地完善经营决策机制，形成市场化

的管理机制，从而提高企业决策的质量和水平，进而提高企业投资和经营管理的效率。例如，混合所有制企业内部实行员工持股，这样一来资本所有者与劳动者成为利益共同体，可以更好地协调企业内部投资者、经营者和劳动者之间的关系，深化企业薪酬体系和收入分配制度改革，建立合理的企业效益与职工工资增长联动机制。其二，各所有制资本取长补短，相互促进，可激发企业的创造力和活力。在企业改革过程中，外部性的因素有限，企业内部性的改革才能起决定性作用。企业内部性改革的重中之重则体现在企业内部各所有制资本所代表的产权多元化融合互补上。在宏观调控方面，可以引导公有资本与非公有资本在产业分布和产业链分工上协调配合，促使各所有制资本良性互动。同时，还应把各所有制资本的优势结合起来。比如，国有企业的资金、装备等优势应与民营企业的灵活、高效的管理机制相结合，国有企业的法律意识、社会责任意识应与民营企业的创新意识、品牌意识相结合，国有企业的人力资源优势应与外资企业的技术优势相结合，从而进一步释放国有资本的市场活力，增强民营资本的竞争力，实现各所有制资本共赢发展，呈现"国民共进"的局面。

在投资者法律保护不断增强的制度背景下，可适度引导和发展机构投资者持股。机构投资者集中持股能够在市场中引入一种有效的监督机制，基金、保险、养老金机构等以专业优势吸引散户的资金，成为制衡的重要力量，对外资股的引入能够带来国际上先进的管理制度和充足的资金支持，对公司的经营有积极的促进作用。多元化的股权制衡才能形成相互制衡的治理结构，完善公司治理，保护投资者利益。

### 8.1.3 培育法人股东，发挥银行等金融机构在公司治理中的作用

在我国，涉及国计民生等敏感重大领域的企业，国家应占绝对控股地位，同时还应当引入有监督动机的法人股。只有这样，才能实现充分竞争，有利于完善公司治理结构，使公司真正按照市场机制公平竞争、运行。银行作为上市公司的主要债权人，是上市公司资金的主要来源之一，这意味着银行等金融机构实际上处于一种准股东的地位。而实证研究表明，股权集中度与负债比率呈负相关关系，也体现了大股东对权益融资的偏好，公司偿债能力越差，大股东增持股份的动力越小，因此可以积极发挥银行等法人股东的作用。从国际金融市场的情况来看，金融机构由于其资本雄厚，比中小股东具有明显的信息和成本优势，能够很好地监督和控制上市公司的经营行为，在一定程度上能够起到改善公司治理、提高企业市场价值的作用。我国银企关系制度的设计主要以防范金融风险为主要目的，在鼓励银行积极参与公司治理方面还有欠缺。银行是上市公司的重要投资人，应鼓励和支持银行进入公司治理结构，这不仅有利于银行业的改革和发展，也有利于完善企业的投融资体系，为上市公司提供可持续的金融支持。

具体来讲，可以从以下几个方面改进：第一，债权人应制定差异化的风险防御策略，完善债权人制度和法律保护体系，全面提高风险防御能力。第二，构建多层次、多元化的战略保障体系，实现债权人向股东身份的转化，这样就可以向公司派驻或选拔具有专业能力的董事，聘任能力出众的经理人。第三，通过债权人会议制度和主办银行制度的完善将债权人外部性治理动机内化，提高债权人参与公司治理的主观能动性。同时，应优化债权人治理工具的治理功能，提升利率、债务期限结构、

经理人市场资本结构等治理手段对经理人或大股东行为的约束能力，全面促进公司治理水平的提高。

### 8.1.4　完善管理层持股制度，建立有效的经营者激励机制

为限制代表控股股东权益的高层管理者做出侵占中小股东利益而迎合控股股东的行为，一方面，要加强上市公司高层管理者的职业道德建设，树立为广大投资者服务的理念；另一方面，对违法违规的高层管理者进行行政与刑事制裁，同时推广股票期权等长期激励方式，使得经理人的收入与公司的经营绩效联系起来，防止出现高层管理者只追求短期收益、忽视长期收益的不良现状。

股权激励作为管理层从企业获取报酬的一部分，能抑制管理层的短视行为，促进个人利益与企业利益达成一致性。以往研究大多支持管理层持股比例10%和50%是正负效应的分水岭，而我国目前管理层持股比例还普遍不高，尤其是在国有控股上市企业，管理层持股的均值还不到1%，仍处于激励效用区间的起点，因此有必要进一步完善相关法规体系和信息披露制度，积极推进管理层持股激励的有效实施，使管理者更加关注企业的长期可持续发展。

首先，我国国有控股上市企业中存在国有股"一股独大"现象，管理层几乎不持股。这种所有权缺失的现状，使得经理人既缺乏有效监督也缺乏强大动力去努力经营一个企业。根据经济人假设，经理人的目标是自身利益最大化。因此，在很低的持股比例的基础上，增加对管理层的股权激励，可以使经理人将企业利益与自身利益捆绑起来，进而更努力地经营，获得所有权带来的收益。其次，关于股权激励所需股票的来源，在国有控股企业，可以适当减持国家股，提高管理层持股比例。当然这并不是鼓励管理层收购、侵占国家资产，而是在现状下

实现国有企业股权结构的优化，激励经理人努力作为。在非国有控股上市企业，管理层持股比例虽普遍高于国企，但是实证结果显示仍处于激励效用区间，因此公司可以从二级市场回购部分股份以供管理层行权。新《公司法》也明确规定了上市公司可以回购股份用于奖励企业员工。最后，还需要从制度方面健全资本市场，因为股权激励作为一种减轻代理成本的长期激励方式，其发挥作用的前提是有一个健全的市场化约束机制。激励和约束是相对的。股权激励的目的是为了使企业高层管理者从公司经营中受益，因此这一制度良好实施的前提是所获激励股票的市场价格。所以，在实施股权激励计划时，不仅要考虑内部约束，即完善公司的监事会、董事会和股东的诉讼机制等，还需要兼顾外部约束，即健全资本市场的法律制度，使得股权激励机制受到相应制度的监督。

## 8.2　建立健全投资者保护法律制度

投资者保护法律的制定与执行是最为重要的外部治理机制。除了加强立法建设外，法律执行也是彰显法律威慑力的有效手段。若法律保护能够有效发挥作用，加大控制人掠夺的成本，便能减少对其他股东的侵占。

### 8.2.1　立法——建立健全法规及配套保障机制

以我国《证券法》为例，该法 2005 年修订时，在防止大股东侵权方面，规定对违规操作的上市公司要进行处罚，监管力度有所增强，但中小投资者的实际利益仍没有得到根本保障。与美国的证券法相比，可以发现以下差异：第一，我国证券法中有关信息披露的必要内容规则，注重行政责任约束；而美国注重的是虚假陈述的基本规则与赔偿性责任规则。第二，我国证券法对内幕交易、违法信息披露及其他违法行为的处罚主要是责令改正，处以行政性的警告和罚款；而美国在1934年的《证券交易法》中，对内幕交易和违法信息披露等行为，除承担行政责任外，还要追究民事责任和刑事责任，并且以民事责任为主，遭受损失的投资者可以上诉，要求获得赔偿。第三，我国对违规的行为重人身罚、轻财产罚，对违规的当事人仅处以3万~5万元人民币的罚款；而在美国对同类违规，不但要没收全部非法所得，还要处以重罚（最高可达100万美元）。因此，监管部门很难确定各当事人的违规责任，也没有进一步追究民事责任并重罚。鉴于此，可以从以下两个方面建立和完善投资者法律保护制度：

### 8.2.1.1 建立中小投资者权益保护法

建立中小投资者权益保护法旨在通过行政、司法手段对内幕交易和违法信息披露等行为追究民事责任和刑事责任。在美国，出台的大量规定都是旨在保护中小投资者的利益，比如毫无困难的股份转让，对违反资本代理人职责的董事进行起诉的权利，包括共同起诉等。而在我国，中小股东因为权益受到控股股东侵犯而对控股股东进行起诉的案例很少，其中一个重要原因就是中小股东通过司法体系获得赔偿的可能性很小。由于缺乏法律保护，中小股东时刻承担着个人利益被侵犯的风险。因此，通过建立中小投资者权益保护法，可以加强对上市公司进行内幕交易、操纵市场、虚假陈述等侵权行为的审理，对有上述行为的上市公司高管及董事给予行政、刑事处罚，加大民事赔偿的力度。虽然我国的公司法、证券法中都对中小股东的权利有明确规定，但实践中公司的股东大会与董事会都是由大股东所控制，并且对小股东还有一些歧视性的限制，如持股5%才能参加股东大会，外部中小股东的权利难以得到保障。不少学者提出建立追溯终极控制人的"揭开面纱"制度，即当终极控制人滥用公司独立法人地位及股东有限责任的原则时，其他受掠夺的股东能够通过司法程序揭开公司的面纱，找出终极控制人承担无限连带的责任。因此，中小投资者权益保护法有利于从根本上解决中小股东权益被侵占的问题，推动证券市场健康发展。

### 8.2.1.2 完善司法救济与投资者保护基金制度

建立健全中小投资者保护法律，不仅应关注股东权利方面的法律法规，同时还应加强对股东的司法救济，外部中小股东利益受到控股股东损害时能够通过司法程序维护自身权益，增加控制人掠夺的成本，增强对其他股东尤其是外部中小股东的法律保护。发达资本市场国家的法律一般都赋予了投资者广泛的诉讼权，使他们在权益遭受侵害后能够提起民事诉讼，寻求充分的司法救济。相比之下，我国法律对投资者诉讼权的规定还很不完善，缺乏原则性规定，具体规定条文也很少，而且缺乏操作性，使投资者在权益遭受侵犯以后往往面临法律诉讼成本过高、执行难度过大等问题。可以借鉴国外的做法，投资者的知情权、交易权、分配权、参与权、监督权等合法权益受到侵害以后，有权向人民法院提起民事诉讼，要求相关责任主体承担相应的民事责任，使受损的权益得到恢复与补救。

更进一步，应完善现有的证券投资者保护基金制度，使其在司法救济与赔偿过程中发挥积极的作用。为建立防范和处置证券公司风险的长效机制，维护社会经济秩序和社会公共利益，保护证券投资者的合法权益，促进证券市场有序、健康发展，经国务院批准，中国证监会、财政部、中国人民银行于2005年6月30日联合发布了《证券投资者保护基金管理办法》。国家设立证券投资者保护基金是建立证券公司风险处置长效机制的主要措施，也是落实《国务院关于推进资本市场改革开放和稳定发展的若干意见》的重要举措。该基金的用途仅限于依法设立的券商破产、关闭或撤销时，赔偿其客户资产因证券公司非法动用所遭受的损失，如投资者证券保证金损失，也就是说主要从保护证券公司的角度来保护投资者，它对广大中小投资者利益保护的作用非常有限。我国当前投资者保护基金的效果与发达资本市场证券投资者保护基金还有一定差距。我国的投资者保护基金制度，就其功能定位而言，应该包括三个方面的内容：①事前保护——对投资者进行教育；②事中保护——向中小投资者披露有关信息，有关证券买卖的疑问投资者都可向其咨询，为投资者提供法律帮助；③事后保护——向投资者进行损失赔偿，代理投资者进行诉讼。只有在事前、事中和事后发挥保护功能，投资者保护基金才能使中小投资者在信息、资金、专业知识上的劣势得以化解，真正成为保护中小投资者权益的重要工具。

### 8.2.2 投资者法律保护的执行保证——通过司法相对独立提高执法效率

司法独立取决于该国的政治体制（立法与司法的关系）和案例法在司法判决中的作用两个因素。衡量一国司法独立的指标主要有：法院的组织结构和司法权限、法官的任期尤其是最高法院法官和行政法官的任期和撤换机制（La Porta，Lopez-de-Silanes，Pop-Eleches 和 Shleifer，2003）、司法体系内部人的遴选程序、司法体系的预算制度、公众对司法系统的观点以及司法决定是否作为法律的来源等。

以英美为主的普通法系国家的特点是以立法、执法和行政三权分立和司法独立的权力制衡为基础，比较好地解决了政府在立法中引起的相应问题和利益冲突，能够提供一个较为完善的立法框架。例如，在美国，宪法对司法权的规定包括：联邦司法权属于联邦最高法院以及国会设立的若干下级法院；法官只要行为端正，就可终身任职并领取薪酬，而且，法官一经法定程序任命，在任期届满前非经弹劾不得免职、撤职或令其提前退休，法官在审判活动中的言行不受法律追究等。这就从宪法层面保证了法官的独立性。而在民法系国家中，政府的力量很大，政府对经济的干预比普通法系国家更多；法官没有宪法授权，其依赖于政府，更倾向于维护政府和管理部门的利益，更易受各种行政机关团体的影响。中国的法律体系受苏联和德国法系影响较深，带有民法系法官独立性较弱、无权立法的传统，即法无禁止就可以被视为许可。

龙宗旨（2000）在谈到司法独立时曾指出，实现司法独立要在体制、经济和身份上给予司法机关尤其是法官以保障。就体制保障而言，司法机关应当独立于其他机构，成为国家权力体系中独立的一支，不受其他机关的控制；而且为了有效地行使司法权，抵制非法的权力干预，法院和法官应该享有崇高的地位；同时，财政供应体制以及司法行政管理体制也应当有利于司法独立。就经济保障而言，联合国大会通过的《关于司法机关独立的基本原则》第7条规定："向司法机关提供充足的资源，以使之得以适当地履行职责，是每一会员的义务。"这包括提供需要的办公条件、办案费用、法官待遇等。就身份保障而言，《关于司法机关独立的基本原则》第11条规定："法官的任期、独立性、保障、充分的报酬、服务条件、退休金和退休年龄应当受到法律保障。"La Porta，Lopez - de - Silanes，Pop - Eleches 和 Shleifer（2003）曾指出，法官独立对于发展中国家的司法独立尤其重要。因此，从制度上保障法官的独立性的同时，还应该增加对法官的问责机制。

# 8.3　发挥投资者法律保护替代机制的作用

　　大股东侵害中小股东权益等行为屡禁不止，并在一定范围内影响到了资本市场的发展。2010 年 1 月国务院办公厅转发了证监会等五部门发布的《关于依法打击和防控资本市场内幕交易的意见》，将打击内部人侵害上市公司利益的行为列为重点。由此看出，保护中小股东的权益已成为我国公司治理进一步改革急需突破的方向。既有的研究表明，股票市场的发展取决于该市场中的投资者保护水平（LLSV，2000）。以 La Porta 等人为代表的学者的研究表明，不同法系的国家对投资者的法律保护程度存在差异，法律保护程度不同不仅会影响企业的所有权结构和代理问题，而且会影响一国资本市场的发展。近 20 年来，社会科学中出现了一个跨学科的研究领域，Dixit（2004）将它定义为"法律缺失与经济学"，即政府不能或不愿通过国家机器提供充分的产权保护和合约执行的时候，各种支持经济活动的替代性机制适时产生。目前的一些研究成果表明，在市场发展的早期，各国特有的、非标准的制度安排往往能够在一定程度上替代较弱的法律保护，使得资本市场运行得更好。

　　这里所谓的"替代"，并非完全取代，也不可能完全取代。自 20 世纪 90 年代以来，我国的股票市场得到了巨大的发展，其在衡量股票市场质量的流动性、融资能力、投资回报以及股价信心等维度上的表现优于其他转轨国家，发展规模甚至可以与发达国家成熟的证券市场相媲美（计小青，2007）。根据已有的研究，证券市场取得良好发展的背后必然有一个良好的投资者保护机制。而我国作为一个处于经济转型中的国家，在法律制度不完善、法律执行效率不高的情况下，股票市场却发展得如此之好。可见，在资本市场发展初期，较好的投资者保护与较差的投资者法律制度之间就出现了一个缺口，而这正意味着在我国的股票市场中隐含着一种对投资者法律保护的替代机制，当法律不足以保护投资者时，它能够补充完善对投资者的保护，此时法律与其替代机制共同发挥保护投资者的作用。

### 8.3.1  市场机制的失灵与标准投资者法律保护机制的有限性

一个有秩序的竞争性市场体系不但是保护投资者利益的基础，同时也是法律能够有效发挥作用的基石。主流经济学的追崇者认为，市场会自发地实现资源的有效配置。法律制度及其落实对于金融市场的重要性基本上得到了公认（La Porta 等，1997；Bhattacharya 和 Daouk，2005）。投资者进行投资时，都期望可以从自己的投资行为中获得更多的回报，区别在于，在完善的证券市场中，法律较为有效，能在减少小股东面临的风险中起到很大的作用；但在新兴的证券市场中，法律制度往往是一夜之间从发达国家移植过来的，实际上并不能起到很大的作用。缺乏保护投资者的有效制度安排，投资者保护力度不足，是导致大多数转轨国家股票市场崩溃的根本原因。张杰（2000）研究后发现，在转轨国家，有效的市场机制和市场体系并不会像主流经济学家们预想的那样一夜建立起来，也就是说，相对来讲，其市场是缺乏秩序的。

投资者法律保护包括书面法律和法律执行两个部分，即完善的法律制度的建立要经过法律的制定修改和实施执行两个阶段。在这个过程中就会出现法律制定不完善以及法律实施效率不高的情况，表现出投资者法律保护的局限性。

各国的法律是由国家的最高权力机关制定的。资本主义国家是由国家的议会制定审议通过，社会主义国家是由全国人民代表大会制定审议通过。无论是资本主义国家的议会还是社会主义国家的人民代表大会，其召开会议都是有成本的，专门为制定法律而召开会议的成本包含在法律成本里。这就是制定法律时所需的成本。比如在我国，制定法律的权力属于全国人大及其常委会。法律的制定过程包括法律案的提出、审议、表决和公布四个环节。法律的制定要花费较大的成本费用。我国最基本的投资者保护法律是《公司法》和《证券法》。《公司法》于 1992 年提出草案，1993 年通过，自 1994 年起施行，后又经过了 1999 年和 2005 年的两次修订。《证券法》的制定过程有两个特点：一是审议时间长，1992 年起草，1998 年通过法律委员会的表决；二是争议的问题较多。总而言之，投资者保护的相关法律制定成本较大。尤其是在一些新兴的证券市场，法律制度的制定成本大，耗时长，因此往往从发达国家移植比较成熟的法律，但实际上并不能起到很大的作用。

相对于制定严格的保护投资者的法律条文，更加困难的是法律的有效执行。而且，法官是否有激励付出成本去理解复杂的合约，适合特殊条款的约定事实是否真正发生以及寻求适用的法律细则也是一个重要的问题（Glaeser 等，2001）。尤其是当法官和立者可以被收买或操纵时，违法者破坏执法机制的能力导致法律的阻吓功能失效，因此无论社会选择了什么样的执法策略，私人都将试图扭曲策略的实施从而达到获得个人收益的结果。这种扭曲会导致法律系统出现脆弱性，尤其是在缺乏法律和秩序的国家，诉讼体制更容易受到事后的攻击而不能保护投资者的利益（Glaeser 等，2001）。此外，法律规则的选择严重依赖于执法环境，在不同的执法环境中执法的成本是不同的，执法成本将影响法律规则的选择，而且执法成本随着司法裁判权和法律规则本身的变化而变化（Djankov 等，2003）。

因此，在不同国家的制度环境中，成熟的法律环境不太可能在短时间内迅速形成，当法律制度不能提供有效的投资者保护时，应该采取不同的措施来提供替代性的投资者保护。譬如，政府行政管制、国有股权、交叉上市、外部独立审计、社会资本和其他非正式力量等。特别是在转轨国家，有效的市场机制和市场体系并不会一夜之间建立起来，市场制度的确立只能通过一个渐进的过程完成。因此，在市场失灵、法律制度不完备的情况下，寻找合适的替代性制度，对于保护投资者的利益，增强其对资本市场发展的信心具有重要的意义。图 8-1 为本书构建的投资者法律保护替代机制逻辑框架图。

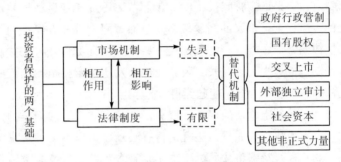

图 8-1　投资者法律保护替代机制逻辑框架图

### 8.3.2　投资者法律保护的替代机制

#### 8.3.2.1　政府行政管制

一些研究表明，政府行政管制可以作为投资者法律保护的替代机制。特别是在中国证券市场发展的初期，书面法律的不足、执法质量的低下，以及会计手段、公司治理方式的缺乏，使得中国股票市场无法运用正式的法律制度来规定上市公司遴选制度。在这种情况下，中国股票市场采取了配额制这种有中国特色的行政机制作为挑选上市企业的基本制度。以配额制为核心的行政治理机制能够代替正式的法律治理起到一定的作用。在配额制这种激励机制下，企业造假的概率降低。也就是说，披露的信息比起没有实行配额制时更为真实可信。这对于投资者来说，也是一个很大的改进。证监会拥有遴选权，而上市公司的多寡又通常被当成地方政府政绩大小的重要指标之一，地方政府对于本地企业又掌握更全面的信息。因此，证监会、中小投资者、上市公司、地方政府，四者形成了一个奇妙的压力循环。配额制给予投资者一种来自地方政府的隐性保险，从而部分地解释了中国股市初期的超常规发展（陈冬华、章铁生、李翔，2008）。

在国外，Coase 等（1988）承认，在某些情形下，政府行政管制确实可以提高经济效率。Glaeser 等（2001）考察了波兰和捷克的证券市场发展后，发现波兰的证券市场取得了更大的发展，他们认为这主要取决于波兰实施了更加全面和严格的管制。由于制度安排的不同，波兰的证券市场监管机构享有更高的管制收益并承担更低的管制成本，这构成了监管机构锐意管制的动力。他们认为管制可以弥补法律体系的脆弱性。他们权衡了在不同的法律和秩序条件下选择自由放任、管制和私人诉讼执法策略的效率差异，强调最优执法策略取决于一个国家首先拥有何等程度的秩序，在处于过渡阶段的体制下，最有效的政策就是管制。Glaeser 和 Shleifer（2001）也发现，在政策落实和产权保护方面，政府管制有时候比法律机制更有效。在不完备的法律分析框架内，Pisto 和 Xu（2002）指出的，利用管制机构的主动性执法也可以改善投资者保护的状况。在一个不断变迁、转型甚至断裂的社会中，管制作为法律的替代，至少可能是一个重要的次优备择机制。

在国内，计小青和曹啸（2003）认为，当法律不能很好地保护投资者的利益不受侵害的时候，在证券市场中引入管制制度，对于保护投资者显得十分重要。事实上，在一定的市场条件和法律条件下，证券发行者为了降低代理成本和融资成本会寻求政府的管制，证券市场管制制度会内生出现。

但是，应该看到，法律并未被边缘化，而且管制发挥作用也是有条件的。管制制度作为对法律不完备的补充和替代，其有效性的基础是法律具有一定的完备性。当法律制度相当不完备的时候，管制本身是很难发挥作用的。尤其是在落后国家，管制常常因为贿赂或者非正式经济的运作而遭到破坏，甚至于对准入进行管制愈多的国家表现出了越严重的腐败和规模更大的地下经济，在建立管制制度上所花费的经济资源并没有得到预期的社会产出。正如张五常（1970）指出，管制制度会在社会经济体系中"设租"，从而激励人们花费成本去寻租，最终导致效率低下。

### 8.3.2.2 国有股权

国有股权在转型经济中的作用一直以来都是存在广泛争议的问题。在理论上，主流经济学认为，国有企业存在复杂的委托代理关系（Shaprio 和 Willig，1988）、政府的目标函数多元化（Vickers 和 Yarrow，1988；Bai 等，2000）、国有企业的预算软约束（Kornai，1998）、官员和国有企业经理人的寻租和腐败行为（Shilefer 和 Vishny，1993、1944）、政府对企业经营活动的行政干预（Li，2000；郑红亮，1988）等问题，这些内在的缺陷导致国有企业的绩效劣于私人企业。但是，一些关注转轨国家制度变迁和技术发展现实的经济学家也提出了相反的观点，认为国有股权对公司治理、企业价值具有影响，且其能够在一定程度上成为投资者法律保护的替代机制。

Blanchard 和 Shileifer（2000）指出，自 1989 年以来，中国和俄罗斯在经济增长上出现差异的一个重要原因是两个国家政府的质量不同，政府照顾能够帮助企业发展。而 Anderson 等人（2000）在对蒙古民营化企业进行研究后，也发现国有股权是最有效率的一种股权类型。Che 和 Qian（1998）认为，政府所有制可以减少政治干预和政府攫取，中国渐进式改革的成功之处就在于保持了相当比重的国有企业，从而避免了产出的 J 形下降。宾国强和舒元（2003）认为，私有产权和全流通并不能消除股票市场的委托代理问题。钱颖一（2000）也指出，从理论上讲，经济转轨时期政府所有权和治理并非一定劣于私有权下的治理结构。私有产权及其治理只有在市场制度环境完善的情况下才会优于政府所有权及其治理。尽管在理论上国有产权的经营效率不是最优的，但在制度不完善的过渡时期其仍然有可能是一种次优的选择。混合所有制公司中的政府作为税收征集者，发挥着大股东的作用，可以监督公司管理人员，防止内部人控制现象的产生（Li，1998）。国有股东的引入还可以保护公司免受政府的恶意侵害。转轨经济中的法律法规很不健全，公司的政府股东特别是地方政府股东，会防止一些不合理的法律纠纷，甚至防止政府对公司的恶意掠夺（Li，1996）。李涛（2002）的研究表明，国有股权有助于提高公司上市后的业绩，具体表现为公司上市后，国有股比例越高公司业绩越好。他认为这是由于国有股比例越高，国有股东就越能发挥监督作用，防止内部人控制，而在中国目前的制度环境中，内部人控制是对企业发展的严重制约。孙永祥、黄祖辉（1999）的发现也说明，在一定的国有股比例范围内，国有股权有助于公司提高经营业绩。李庆峰（2003）从支持国有企业改革和提供融资的角度看，中国股票市场体现出极强的"融资效率"或"增长效率"。计小青（2007）的研究发现，与具有相似制度背景、处于相同发展阶段的其他转轨国家相比，中国股票市场取得了更好的发展。在标准的投资者保护机制不能有效发挥作用时，国有控股的股权结构通过支撑外部投资者信心以及控制上市公司内部人的掠夺激励为投资者提供了替代性的保护，从而支持了我国股票市场早期的超常规发展。翟华云（2010）对 1997—2006

年间 2291 家上市公司的国有股权比例、股权集中度对投资者保护的替代效应进行研究后发现，国有股权作为弱投资者法律保护的替代机制，提高了上市公司的质量。

因此，政府所有制的积极作用可以在一定程度上抵消政府干预和政府攫取。在市场失灵、法律不完备的条件下，国有股权带来的政府监督，是在公司治理结构不完善，对管理人员缺乏有效的外部监督情况下的次优选择。

### 8.3.2.3 外部独立审计

从契约观的角度看，由于契约的不完备使投资者与公司之间存在信息不对称，为了防止管理当局的道德风险及降低市场中的逆向选择，需要一种机制来缓解信息不对称问题，独立审计便充当了此角色（Jesen 和 Meckling，1976；Watts 和 Zimmermen，1983）。独立审计是公司的外部担保机制和监督机制，其在证券市场中的作用是为了缓解企业的代理冲突，减少中小投资者与企业之间的信息不对称，其代表的是投资者的利益，对投资者负责。

投资者保护程度较高国家的代理问题可以通过包括会计、审计在内的公司治理来解决，会计、审计在其中的作用是为委托人、代理人提供可靠的合约基础，审计的作用是减少企业和外部投资者之间的信息不对称等（Ball 等，2000）。此外，Fan 和 Wong（2005）研究了"四大"是否可以缓解大小股东之间的利益冲突和代理问题，从而增强公司治理。审计在公司治理和投资者保护中发挥着监督和保证职能。当然，保持独立性是独立审计对投资者保护作用实现的前提条件。Klapper 和 Love（2002）的证据显示，法制环境差的国家微观层面的公司治理条款对企业业绩和市场价值的提升通常大于法制环境好的国家的企业。而外部审计作为企业微观层面的法律环境替代机制，可以提升企业的声誉，从而达到保护投资者的目的。因此，在投资者法律保护程度较低的环境中，外部审计可以作为法律的替代机制来为投资者提供保护。

王艳艳（2005）从理论分析的角度指出了审计在投资者保护中的角色，其在微观层面上是作为监督、鉴证机制、信号显示机制和保险机制而存在，在宏观层面上是作为投资者法律保护的补偿机制或替代机制而存在。我国部分企业已有动机雇佣高质量的外部独立审计，使投资者相信其利益得到了合理的保证（孙铮、曹宇，2004；王艳艳，2005）。所以，当法制环境较差时，外部独立审计可以充当法律的替代机制为投资者提供保护。

### 8.3.2.4 交叉上市

企业交叉上市的主要动机是为了克服资本跨国流动障碍、消除市场分割、增强股票的流动性、提高投资者对企业的认知度等。研究发现交叉上市也可以对投资者起到保护作用。

Coffee（1999，2002）和 Stulz（1999）提出了约束假说理论。其观点为：投资者法律保护差的新兴资本市场的上市公司通过在美国等投资者法律保护好的资本市场交叉上市，能够使自身的行为受到美国法律与证券法规的监督，交叉上市公司的托宾 Q 值比没有交叉上市公司的托宾 Q 值更高。Moel（1999）的理论模型证明了通过在投资者法律保护好的国家资本市场交叉上市，可以减少新兴资本市场国家管理层的控制权私人收益，从而增强了投资者保护。Reese 和 Weisbach（2002）证明通过在美国上市，不仅增强了对投资者的保护，相应地减少了控股股东的代理成本，而且来自于投资者法律保护差的国家的公司通过在美国上市后，由于增强了投资者保护，使投资者信心加强，从而公司在本国资本市场的后续权益融资将会增加。King 和 Segal（2004）研究了在美国交叉上市的加拿大公司的股票，结果表明交叉上市的确导致了公司价值的增加。Doidge，Karolyi，

Stulz（2004）和 Doidge（2004）认为，在一个比国内市场更严格的市场上市，减少了公司管理层利用私人信息牟利的可能性。同时，在信息披露和投资者保护制度完善的国家上市，可以提高公司的价值。Reese 和 Weisbach（2002）的研究发现，通过到海外上市的方式，投资者法律保护较差的企业愿意接受投资者法律保护较好国家的法律的约束，到海外资本市场进行融资。实际上，这些企业到海外上市可以提高投资者法律保护水平，在获得海外资本的同时也可以减少内部人的掏空行为，使内部人选择更多净现值为正的投资项目，增加公司的预期现金，从而提高公司的价值。Coffe（1999，2002），Stulz（1999），Reese 和 Weibach（2002），Diodge（2001，2009）等研究认为，在投资者保护弱的国家或地区，公司控制人获得私人收益的可能性较大。这些公司往往在本国不具有较高的市场价值，权益融资较为困难，融资成本也可能较高，这时公司则可能通过跨境上市向市场提出放弃私人收益的信号以提高公司的价值。因此，投资者保护弱的国家或地区的企业，跨境上市可作为投资者法律保护的一种替代机制。Diodge（2001）发现非美国公司在美国跨境上市后，其股票价格比其他同类型非跨境上市公司的股票价格高。Reese 和 Weibach（2002）的研究显示，跨境上市的公司，特别是那些所在国投资者法律保护弱的公司，往往伴随着权益资本发行的数量及价值的增加，说明了有权益发行需求的公司通过跨境上市能提高投资者保护程度，为融资提供便利。这些研究都支持了"约束假说"，表明了交叉上市可对投资者起到保护作用。

何丹、张力上和陈卫（2010）对在香港交叉上市的内地 A 股上市公司展开研究，发现由于受到发达资本市场严格的法律制度、证券法规的约束，受到更高的信息披露标准的制约，降低了投资者获取信息的成本，给投资者提供了更好的保护，使企业价值增加。但是，交叉上市是一种昂贵的替代机制。Diodge（2009）的经验数据反映出公司为了维护私人收益可能放弃境外上市。因此，是否选择交叉上市是公司权衡成本收益后的选择，在考虑法律保护替代作用的时候，不能忽略这一机制的存在。

### 8.3.2.5 社会资本

诚信、道德规范都属于社会资本的概念范畴（Putnam，1993）。世界银行于1995年在新国民财富核算体系中，首次将社会资本确定为物质资本、人力资本、资源与环境资本之外的一个新的资本概念。LLSV（1997）在总结了Coleman（1990），Putnam（1993）和Fukuyama（1995）等人研究的基础上，提出社会资本是指"一个社会中人们的合作倾向，也就是说，在社会资本比较高的社会里，人们倾向于通过信任与合作来获得社会效率的最大化，而不是互相猜疑、互相算计导致'囚徒困境式'无效率的结果"。Knack和Keefer（1997）则进一步强调社会诚信、道德规范和团队精神都属于社会资本的经济学定义范畴。而对于法律不是很健全、执法效率不是很高的发展中国家而言，社会资本能通过自律和规范，达到更有效的约束效果，进而保护投资者（Guiso，Sapienza和Zingales，2004）。1997年，Knack和Keefer发现在信任和民间合作较强的国家中，产权以及契约权利能够得到有效的保护。进一步的研究发现，信任对于贫穷国家而言更为重要，因为这些国家的法律和金融部门更为脆弱，因此，他们认为，社会资本在一定程度上弥补了法律和金融的薄弱。Guiso，Sapienza和Zingales（2004）对意大利各省的研究表明，在司法效率很低的省份，社会资本在金融发展中所起的作用比司法效率比较高的省份大。Allen，Qian和Qian（2005）提出了著名的"中国之谜"——中国的投资者法律保护较弱，但其经济增长却相当强劲。他们对此的解释是，中国存在着相应的法律保护替代机制，其中，信任、声誉和关系是最重要的替代机制。对中国在不完善的法律体系下取得骄人经济增长的解释是：中国的私营企业可以从丰富的非正式融资渠道获得大量的资金来支持其经济增长，而非正式融资渠道。如向亲戚、朋友、民间互助会、民间非正式金融机构进行短期借贷，只能凭信任、关系、声誉来维系这种融资关系，因为这种融资渠道难以获得法律体系的有效保护。Mayer（2008）也指出，在20世纪初，世界各国的法律体系远没有今天这么高效，而政府监管也很薄弱，但当时的股票市场仍然能够有效运转，就是因为社会资本和社会互信替代了法律体系，成为维系股票市场运转的中坚力量。Ang, Cheng和Wu（2009）通过考察社会资本在吸引外资高科技企业在华投资方面的重要作用，发现在中国，社会资本是法律保护的一种重要替代机制。

潘越、吴超鹏等（2010）研究了社会资本与法律保护替代作用，认为社会资本在规范人的道德行为、促成交易等方面起着关键性的作用，而且社会资本的作用在投资者法律保护不健全的社会中更加显著。这是因为，在法律实施机制较弱或执法效率较低的社会中，法律对上市公司的约束力比较小，法律对投资者的保护较弱，交易的达成将更多地依赖授信者对受信者的信任程度，商业合同的执行也将更多地依赖双方的信任与合作，此时社会资本所起的作用会更加明显。王艳艳、于李胜（2006）研究发现，舆论监督作为社会资本为投资者提供了第三重保护。因此，在中国这样一个投资者法律保护较差的国家，社会资本是替代法律保护、促进经济增长的一种重要机制。

因此，社会资本作为法律制度、经济制度这些正式制度之外的一种非正式制度，利用其所包含的信任、社会规范和社会网络这些要素，潜移默化地影响着企业管理者的行为，从而成为法律制度以外的一种重要替代机制。

### 8.3.2.6 其他非正式力量

市场机制并非总能有效发挥作用，特别是对于发展中国家或处于经济转型中的国家而言。这些国家的法律、市场机制等往往都不完善，因此企业依赖市场机制来弥补法律保护不足的缺陷不一定见效。此外，这些国家或地区的投资者权益还容易被政府侵占（Shleifer, Vishny, 1998），即政府"掠夺之手"假说。因此，Franklin 和 Allen 等学者强调，在制度不完善的国家或地区，一些非正式力量可能是企业寻求保护的途径之一，这之中，政治关联尤其受到学者们的关注。Rajan 和 Zingales（1998），Boubakri 等（2008），Faccio 等（2006）研究发现，制度不完善的地区普遍存在政治关联。Chen 等（2005）则特别指出了政治关联在民营企业中的作用。在政府干预动机比较强的地区，民营上市公司建立政治关联的可能性较大。在信用市场越不成熟、政府的管制越多、非正式的税收负担越重、法律体系越不健全的地区，民营企业家越可能参与政治。这也说明了存在民营企业家通过政治关联在一定程度上减少政府利益侵占的可能性。这也可以看成民营企业在法律保护之外的一种主动寻求保护的手段。

### 8.3.3 投资者法律保护替代机制的比较

根据前面的分析，标准的投资者保护包括市场机制和法律保护两个方面，而投资者法律保护又包括两层含义：法律的制定和法律的实施。根据上述对各个替代机制的界定，对其进行最终分类，从而确定其传导机制以及对投资者法律保护的替代方式和效果（见表8-1）。

表 8-1                投资者法律保护替代机制比较

| 替代机制 | 优缺点 | 传导机制 | 适用的条件 | 替代效果 |
|---|---|---|---|---|
| 政府行政管制 | 优点：降低代理成本和融资成本<br>缺点：建立成本高，易引发寻租 | 行政机制<br>遴选、管制 | 国家信用好 | 强 |
| 国有股权 | 优点：监督，防止内部人控制，"帮助之手"<br>缺点：复杂的委托代理关系，"掠夺之手" | 政府所有制 | 政府素质高 | 强 |
| 外部独立审计 | 优点：减少信息不对称<br>缺点：易受外部许多因素的影响 | 信号博弈 | 审计市场成熟 | 较强 |
| 交叉上市 | 优点：受到成熟市场的监督<br>缺点：实施成本高 | 成熟的证券市场机制 | 实施成本低 | 较强 |
| 社会资本 | 优点：提高受信者的信任程度<br>缺点：没有形成成文的法律法规 | 解决代理信任危机 | 道德约束强 | 弱 |
| 非正式力量 | 优点：寻求更多的保护和优惠<br>缺点：主要针对民营企业而言 | 与政府建立政治关联 | 政府干预强 | 弱 |

政府行政管制、国有股权、社会资本、交叉上市、外部独立审计和非正式力量，都在一定程度上起到了投资者法律保护的替代作用，都对法律进行了补充和完善。然而，由于每一种机制作用的发挥本身需要有一定的适用环境，存在着自身的局限性和内在的不完备性，因此，并不能从根本上解决投资者保护问题，它们只是一种在投资者保护法律不完善、法律的实施效率不高情况下的次优选择。尤其关键的是，作为一种非正式的、过渡性的制度安排，替代性投资者保护制度往往只能在特定时期和特定环境发挥作用，随着证券市场的发展，替代性投资者保护机制发挥的作用将不断递减。这时，如果标准的保护机制仍然不能建立起来，证券市场的持续发展将难以为继。因此，在法律不完善的阶段，上述机制可以看成投资者法律保护有力的补充，在努力改善标准的法律机制的情况下，要适时使

用一系列替代机制，使其相互作用，相互补充，以达到真正保护投资者的目的。

## 8.4　本章小结

基于保障中小投资者利益，本章从公司治理的内外部机制改善两个方面提出对策建议，并对法律保护替代机制的建立进行了综述与展望。

首先，要优化股权结构，需要平稳适度减持部分企业国有股权，降低股权集中度；发展混合所有制，积极引入代表不同利益主体的股东，形成相对有效的股权制衡治理结构培育法人股东；发挥银行等金融机构在公司治理中的作用；完善管理层持股制度，建立有效的经营者激励机制。

其次，就法律保护而言，应健全法规和保障配套制度；通过司法独立提高执法效率，通过公司股权结构的改善来提高公司的治理效率进而增强投资者法律保护。

最后，在市场失灵、法律制度不完备的情况下，需从政府行政管制、国有股权、社会资本、外部独立审计、交叉上市等方面寻找投资者法律保护替代机制，并与法律制度相互补充，提高投资者保护水平。

# 参考文献

【1】毕先萍,李正友. 投资者保护与公司股权结构:一个家族企业继任模型 [J]. 当代财经, 2004 (8).

【2】宾国强,舒元. 股权分割、公司业绩与投资者保护 [J]. 管理世界, 2003 (5).

【3】陈冬华,陈信元,万华林. 国有企业中的薪酬管制与在职消费 [J]. 经济研究, 2005 (2).

【4】陈冬华,章铁生,李翔. 法律环境、政府管制与隐性契约 [J]. 经济研究, 2008 (3).

【5】陈小悦,徐晓东. 股权结构、公司绩效与投资者利益保护 [J]. 经济研究, 2001 (11).

【6】陈信元,汪辉. 股东制衡与公司价值:模型及经验证据 [J]. 数量经济技术经济研究, 2004 (11).

【7】戴亦一,张俊生,曾亚敏,等. 社会资本与企业债务融资 [J]. 中国工业经济, 2009 (8).

【8】迪克西特. 法律缺失与经济学:可供选择的经济治理方式 [M]. 郑江淮,等,译. 北京:中国人民大学出版社, 2007.

【9】樊纲,王小鲁. 中国各省区市场化相对指数:2001 年报告 [M]. 北京:经济科学出版社, 2001.

【10】樊纲,王小鲁,朱恒鹏. 中国分省市场化指数——各地区市场化相对进程报告 (2006) [M]. 北京:经济科学出版

社，2006.

【11】冯根福，韩冰，闫冰. 中国上市公司股权集中度变动的实证分析 [J]. 经济研究，2002 (8).

【12】冯根福. 双重委托代理理论：上市公司治理的另一种分析框架——兼论进一步完善中国上市公司治理的新思路 [J]. 经济研究，2004 (12).

【13】韩瑾，李娜. 股权结构与公司绩效关系的分析与研究 [J]. 经济师，2009 (1).

【14】何丹，张力上，陈卫. 交叉上市、投资者保护与企业价值 [J]. 财经科学，2006 (3).

【15】洪剑峭，薛皓. 股权制衡对关联交易和关联销售的持续性影响 [J]. 南开管理评论，2008 (1).

【16】黄娟娟，肖珉. 信息披露、收益不透明度与上市公司权益资本成本 [J]. 中国会计评论，2006 (1).

【17】黄渝祥，孙艳，邵颖红，等. 股权制衡与公司治理研究 [J]. 同济大学学报，2003 (9).

【18】侯晓红，李琦，罗炜. 大股东占款与上市公司盈利能力关系研究 [J]. 会计研究，2008 (6).

【19】侯宇，王玉涛. 控制权转移、投资者保护和股权集中度——基于控制权转移的新证据 [J]. 金融研究，2010 (3).

【20】计小青. 国有股权、替代性投资者保护与中国股票市场发展：理论及经验证据 [M]. 北京：经济科学出版社，2007.

【21】计小青，曹啸. 上市公司虚假信息披露行为影响因素的实证研究 [J]. 经济管理，2004 (11).

【22】计小青，曹啸. 中国转轨时期的管制制度与投资者保护研究 [J]. 上海金融学院学报，2007 (6).

【23】计小青，曹啸. 国有股权的替代性投资者保护效应：理论与经验证据 [J]. 经济学家，2009 (12).

【24】纪玉俊. 控股股东与中小股东代理问题分析——基于企业所有权的视角 [J]. 华东经济管理, 2007 (8).

【25】姜付秀, 陆正飞. 多元化与资本成本的关系 [J]. 会计研究, 2006 (6).

【26】姜付秀, 支晓强, 张敏. 投资者利益保护与股权融资成本——以中国上市公司为例的研究 [J]. 管理世界, 2008 (2).

【27】孔伟成, 薛宏. 公司治理、投资者保护与权益资本成本实证研究 [J]. 企业经济, 2005 (5).

【28】郎金焕, 许盈盈. 法律缺失与替代性投资者保护机制——以配额制为例的研究 [J]. 制度经济学研究. 2009 (4).

【29】李增泉, 孙铮, 王志伟. "掏空"与所有权安排——来自我国上市公司大股东资金占用的经验证据 [J]. 会计研究, 2004 (12).

【30】林浚清, 黄祖辉, 孙永祥. 高管团队内薪酬差距、公司绩效和治理结构 [J]. 经济研究, 2003 (4).

【31】刘峰, 贺建刚. 股权结构与大股东利益实现方式的选择——中国资本市场利益输送的初步研究 [J]. 中国会计评论, 2004 (2).

【32】刘运国, 高亚男. 我国上市公司股权制衡与公司业绩关系研究 [J]. 中山大学学报, 2007 (4).

【33】刘伟, 姚明安. 股权制衡、法律保护与股改对价 [J]. 南方经济, 2009 (10).

【34】刘星, 刘伟. 监督, 抑或共谋? ——我国上市公司股权结构与公司价值的关系研究 [J]. 会计研究, 2007 (6).

【35】刘志远, 毛淑珍. 我国上市公司股权集中度影响因素分析 [J]. 证券市场导报, 2007 (10).

【36】龙宗智, 李常青. 论司法独立与司法受制 [J]. 法学,

1998（12）.

【37】栾天虹，史晋川. 投资者法律保护与所有权结构［J］. 财经论丛，2003（4）.

【38】栾天虹. 投资者法律保护与外部监督股权的选择［J］. 经济学家，2005（4）.

【39】栾天虹. 投资者法律保护的理论与实证研究［M］. 杭州：浙江大学出版社，2006.

【40】吕暖纱，杨峰，陆正华，等. 权益资本成本与公司治理的相关性研究［J］. 工业技术经济，2007（1）.

【41】吕长江，周县华. 股权分置改革、高股利分配与投资者保护——基于驰宏锌锗的案例研究［J］. 会计研究，2008（8）.

【42】欧阳励励. 投资者法律保护机制及其替代问题研究［J］. 财会月刊，2010（6）.

【43】潘红波，夏新平，余明桂. 政府干预、政治关联与地方国有企业并购［J］. 经济研究，2008（4）.

【44】潘越，戴亦一，吴超鹏，等. 社会资本、政治关系与公司投资决策［J］. 经济研究，2009（11）.

【45】潘越，吴超鹏，戴亦一，等. 社会资本、法律保护与IPO盈余管理［J］. 会计研究，2010（5）.

【46】戚文举，投资者法律保护测度研究综述：基于立法与执法视角［J］. 外国经济与管理，2011，33（4）.

【47】钱颖一. 市场与法治［J］. 经济社会体制比较，2000（3）.

【48】权小锋，吴世农，文芳. 管理层权力、私人收益与薪酬操纵［J］. 经济研究，2010（11）.

【49】翟华云. 论国有股权、股权集中度与替代性投资者保护［J］. 商业时代，2010（17）.

【50】沈艺峰，许年行，杨熠.我国中小投资者法律保护历史实践的实证检验［J］.经济研究，2004（9）.

【51】沈艺峰，陈舒予.黄娟娟.投资者法律保护、所有权结构与困境公司高层管理人员变更［J］.中国工业经济，2007（1）.

【52】沈艺峰，肖珉，黄娟娟.中小投资者法律保护与公司权益资本成本［J］.经济研究，2005（6）.

【53】苏冬蔚，麦元勋.流动性与资产定价：基于我国股市资产换手率与预期收益的实证研究［J］.经济研究，2004（2）.

【54】孙永祥.所有权、融资结构与公司治理机制［J］.经济研究，2001（1）.

【55】孙永祥.公司治理结构：理论与实证研究［M］.上海：上海三联书店，上海人民出版社，2002.

【56】孙永祥，黄祖辉.上市公司的股权结构与绩效［J］.经济研究，1999（12）.

【57】唐跃军，谢仍明.大股东制衡机制与现金股利的隧道效应——来自1999—2003年中国上市公司的证据［J］.南开经济研究，2006（1）.

【58】唐宗明，蒋位.中国上市公司大股东侵害度实证分析［J］.经济研究，2002（4）.

【59】王力军.金字塔结构控制、投资者保护与公司价值——来自我国民营上市公司的经验证据［J］.财贸研究，2008（4）.

【60】王宁.我国上市公司资本成本的比较［J］.中国工业经济，2000（11）.

【61】王克敏，陈井勇.股权结构、投资者保护与公司绩效［J］.管理世界，2004（7）.

【62】王晓梅，姜付秀.投资者利益保护效果评价研究［J］.

会计研究, 2007 (5).

【63】王信. 公司治理结构讨论的一个误区 [J]. 证券市场导报, 2002 (4).

【64】王艳艳, 于李胜. 法律环境、审计独立性与投资者保护 [J]. 财贸经济, 2006 (5).

【65】王铮. 投资者保护与公司治理 [J]. 财贸研究, 2004 (1).

【66】温忠麟, 侯杰泰, 张雷. 调节效应与中介效应的比较和应用 [J]. 心理学报, 2005 (2).

【67】吴德胜, 孙志东. 终极控制、国家控股与现金持有价值 [J]. 山西财经大学学报, 2011 (11).

【68】吴育辉, 吴世农. 股权集中、大股东掏空与管理层自利行为 [J]. 管理科学学报, 2011 (8).

【69】夏立军, 方轶强. 政府控制、治理环境与公司价值——来自中国证券市场的经验证据 [J]. 经济研究, 2005 (5).

【70】谢盛纹. 最终控制人性质、审计行业专业性与控股股东代理成本——来自我国上市公司的经验证据 [J]. 审计研究, 2011 (3).

【71】辛清泉, 林斌, 王彦超. 政府控制、经理薪酬与资本投资 [J]. 经济研究, 2007 (8).

【72】肖珉. 跨地上市与权益资本成本 [J]. 中国经济问题, 2006 (4).

【73】许成钢, 皮斯托. 转型的大陆法法律体系中的诚信义务: 从不完备法律理论得到的经验 [M] //吴敬琏. 比较: 第十一辑. 北京: 中信出版社, 2004.

【74】许年行, 吴世农. 我国中小投资者法律保护影响股权集中度的变化吗? [J]. 经济学 (季刊), 2006 (3).

【75】许年行, 江轩宇, 伊志宏, 等. 政治关联影响投资者

法律保护的执法效率吗？[J]. 经济学季刊, 2013 (2).

【76】徐丽萍, 辛宇, 陈工孟. 股权集中度与股权制衡及其对公司经营绩效的影响 [J]. 经济研究, 2006 (1).

【77】叶康涛, 陆正飞. 中国上市公司股权融资成本影响因素分析 [J]. 管理世界, 2004 (5).

【78】叶康涛, 陆正飞, 张志华. 独立董事能否抑制大股东的"掏空"[J]. 经济研究, 2007 (4).

【79】于东智, 谷立日. 公司的领导权结构与股权绩效 [J]. 中国工业经济, 2002 (2).

【80】苑德军, 郭春丽. 股权集中度与上市公司价值关系的实证研究 [J]. 财贸经济, 2005 (9).

【81】曾颖, 陆正飞. 信息披露质量与股权融资成本 [J]. 经济研究, 2006 (2).

【82】张海燕, 陈晓. 从现金红利看第一大股东对高级管理层的监督 [J]. 南开管理评论, 2008 (11).

【83】赵玉芳, 余志勇, 夏新品, 等. 定向增发、现金分红与利益输送 [J]. 金融研究, 2011 (11).

【84】赵中伟. 投资者保护、集中的所有权与公司价值 [J]. 南京财经大学学报, 2008 (1).

【85】郑建明, 范黎波, 朱媚. 关联担保、隧道效应与公司价值 [J]. 中国工业经济, 2007 (5).

【86】周方召, 符建华, 尹龙. 股权制衡、法律保护与控股股东侵占——来自中国A股民营上市公司关联交易的实证分析 [J]. 投资研究, 2011 (8).

【87】朱红军, 汪辉. 股权制衡可以改善公司治理吗？——宏智科技股份有限公司控制权之争的案例研究 [J]. 管理世界, 2004 (10).

【88】祝继高, 王春飞. 大股东能有效控制管理层吗？——

基于国美电器控制权争夺的案例研究 [J]. 管理世界, 2012 (4).

【89】祝继高, 王春飞. 金融危机对公司现金股利政策的影响研究——基于股权结构的视角 [J]. 会计研究, 2013 (2).

【90】洛温斯坦 L. 公司财务的理性与非理性 [M]. 张蓓, 译. 上海: 上海远东出版社, 1999.

【91】ALLEN F, QIAN J, QIAN M. Law, Finance, and Economic Growth in China [J]. Journal of Financial Economics, 2005. 77 (1).

【92】ANG J, CHENG, Y, WU C. Social Capital, Cultural Biases, and Foreign Investment in Innovation: Evidence from China [R]. Florida State University, working paper, 2009.

【93】BEBCHUK L A. A Rent-Protection Theory of Corporate Ownership and Control [R]. NBER Working Paper, 1999.

【94】BERGMAN N K, NICOLAIEVSKY D. Investor Protection and Coasian View [J]. Journal of Financial Economics, 2007 (84).

【95】BECK T, DEMIRGUG K A, MAKSIMOVIC V. Financial and Legal Institutions and Firm Size [R]. working paper, 2003.

【96】BERLE A, MEANS G. The Modern Corporation and Private Property [M]. Transaction Publishers, United States, 1932.

【97】BLANCHARD O, SHLEIFER A. Federalism With and Without Political Centralization: China Versus Russia [R]. NBER Woking Paper, 2000.

【98】BOUBAKRI N, COSSET J C, GUEDHAMI O. Postprivatization Corporate Governance: The Role of Ownership Structure and Investor Protection [J]. Journal of Financial Economics, 2005 (76).

【99】CASTILLO R, SKAPERDAS S. All in the Family or Public? Law and Appropriative Costs as Determinants of Ownership Structure〔J〕. Economics of Governance, 2005, 6（2）.

〖100〗CHE J H , QIAN Y Y. Insecure Property Rights and Government Ownership of Firms〔J〕. The Quarterly Journal of Economics, 1998（2）.

〖101〗CHHAOCHHARIA V, LAEVEN L. The rise of corporate governance in corporate control research〔J〕. Journal of Corporate Finance, 2009（15）.

〖102〗CHIRINKO R, SEN H, STERKEN E. Investor Protection andConcentrated Ownership：Assessing Corporate Control Mechanisms in the Netherlands〔J〕. German Economic Review , 2004（5）.

〖103〗CLAESSENS S, FAN J. Corporate governance in Asia：a survey〔J〕. International Review of Finance, 2002, 3（2）.

〖104〗CLAESSENS S, DJANKOV S. Ownership Concentration and Corporate Performance in the Czech Republic〔J〕. Journal of Comparative Economics, 1999（27）.

〖105〗COFFEE J. The future as history：the prospects for global convergence in corporate governance and its implications〔J〕. Northwestern University Law Review, 1999（93）.

〖106〗COFFEE J. Racing towards the top? The impact of cross-listings and stock market competition on international corporate governance〔J〕. Columbia Law Review, 2002（102）.

〖107〗COFFEE J. Privatization and Corporate Governance：The Lessons from Securities Market Failure〔J〕. Journal of Corporation Law, 1999（25）.

〖108〗DAVID R, BRIERLEY J. Major Legal Systems in the World Today〔M〕. Stevens and Sons, London, 1985.

〖109〗DEMSETZ H, LEHN K. The structure of Corporate Ownership：Causes and Consequences〔J〕. Journal of Political Economy,

1985, 93 (6).

【110】 DENIS D, MCCONNELL J J. International Corporate Governance [J]. Journal of Financial and Quantitative Analysis . 2003, 38 (1).

【111】 DENIS D. Twenty-five years of corporate governance research and counting [J]. Review of Financial Economics,2001(10).

【112】 Demirguc-Kunt A, Maksimovic V. Law, Finance, and Firm Growth [J]. The Journal of Finance, 1998 (53).

【113】 DIANE K, DENIS, JOHN J, MCCONNELL. International Corporate Governance. Journal of Financial and Quantitative Analysis, 2003 (38).

【114】 DYCK A, ZINGALES L. Private Benefits of Control: An International Comparison [J]. Journal of Finance, 2004, 59 (2).

【115】 GEBHARDT W R, LEE M C, SWAMINATHAN B. Toward an Implied Cost of Capital [J]. Journal of Accounting Research, 2001. 39 (1).

【116】 GOERGEN M, MANJON M C, RENNEBOOG L. Recent developments in German corporate governance [J]. International Review of Law and Economics, 2008 (28).

【117】 GILLAN S L. Recent Developments in Corporate Governance: An Overview [J]. Journal of Corporate Finance,2006,12(2).

【118】 GOMES A, NOVAES W. Sharing of Control versus Monitoring as Corporate Governance Mechanisms. PIER Working Paper No. 01-029, University of Pennsylvania, Intuition for Law & Economic Research Paper, 2006-01-12.

【119】 GROSSMAN S J, HART O D. Takeover Bids, The Free -Rider Problem, and the Theory of the Corporation [J]. The Bell Journal of Economics, 1980 (11).

【120】GROSSMAN S J, HART O D. The Costs and Benefits of Ownership: A Theory of Vertical and Lateral Integration [J]. Journal of Political Economy, 1986 (94).

【121】GROSSMAN S J, HART O D. One Share-one Vote and the Market for Corporate Control [J]. Journal of Financial Economics, 1988, 20 (1-3).

【122】HAIL L, LEUZ C. International Differences In Cost of Capital: Do Legal Institutions and Securities Regulation Matter? [J]. Journal of Accounting Research, 2006, 44 (3).

【123】HART O . Firms, Contracts, and Financial Structure. Oxford University Press, London, 1995.

【124】HART O, MOORE J. Property Rights and the Nature of the Firm [J]. Journal of Political Economy, 1990 (98).

【125】HIMMELBERG C P. , HUBBARD R. G, DARIUS P. Understanding the Determinants of Managerial Ownership and the Link Between Ownership and Performance [J]. Journal of Financial Economics , 1999 (53).

【126】HIMMELBERG C P, HUBBARD R. G, LOVE I. Investment, Protection, Ownership, and the Cost of Capital [R]. National Bank of Belgium Working Paper, 2002.

【127】JENSEN M, MECKLING W. Theory of the Firm managerial Behavior, Agency Costs, and Ownership Structure [J]. Journal of Financial Economics, 1976 (3).

【128】JOHNSON S, LA PORTA R, LOPEZ-DE-SILANES F, SHLEIFER A. "Tunneling" [J]. The American Economic Review, 2000, 90 (2).

【129】KEVIN C W, CHEN K C. WEI J , CHEN Z H. Disclosure, Corporate Governance, and the Cost of Equity Capital: Evidence from Asia's Emerging Markets [R]. Working Paper. 2003.

【130】 KNACK S, KEEFER P. Does Social Capital have an Economic Payoff? A Cross Social Capital: its Origins and Applications in Modern Sociology [J]. Annual Review of Sociology, 1997.

【131】 LA PORTA R, LOPEZ-DE-SILANES F, SHLEIFER A, VISHNY R. Legal Determinants of External Finance [J]. Journal of Finance, 1997 (52).

【132】 LA PORTA R, LOPEZ-DE-SILANES F, SHLEIFER A, VISHNY R. Law and Finance [J]. Journal of Political Economy, 1998 (106).

【133】 LA PORTA R, LOPEZ-DE-SILANES F, SHLEIFER A, Corporate Ownership Around the World [J], Journal of Finance, 1999 (54).

【134】 LA PORTA R, LOPEZ-DE-SILANES F, SHLEIFER A, VISHNY R. Investor Protection and Corporate Governance [J]. Journal of Financial Economics, 2000 (58).

【135】 LA PORTA R, LOPEZ-DE-SILANES F, SHLEIFER A, VISHNY R. Investor protection and corporate value [J]. Journal of finance, 2002 (3).

【136】 LAMBA A S., STAPLEDON G, The Determinants of Corporate Ownership Structure: Australian Evidence [R]. Working paper. 2001.

【137】 MAURY B, PAJUSTE A. Multiple Large Shareholders and Firm Value [J]. Journal of Banking & Finance, 2005 (29).

【138】 MERTON R C.. A Simple Model of Capital Market Equilibrium with Incomplete Information [J]. The Journal of Finance, 1987 (42).

【139】 MODIGLIANI F, MILLER M. The Cost of Capital, Corporation Finance, and the Theory of Investment [J]. American Economic Review, 1958 (48).

【140】PAGANO M, RÖELL A. The Choice of Stock Ownership Structure: Agency Costs, Monitoring and the Decision to go Public [J]. Quarterly Journal of Economics, 1998, 113 (1).

【141】PISTOR K, RAISER M, GELFER S. Law and finance in transition economies [J]. economics of transition, 2000 (8).

【142】PROWSE S D. The Structure of Corporate Ownership in Japan [J]. The Journal of Finance, 1992, 47 (3).

【143】 STEPANOV S. Shareholder Protection and Outside Blockholders: substitutes or complements? [ R ]. Working paper, 2009.

【144】SHLEIFER A, VISHNY R W. A Survey of Corporate Governance [J]. Journal of Finance, 1997 (52) .

【145】SHLEIFER A, WOLFENZON D. Investor protection and equity markets [J]. Journal of Financial Economics, 2002 (66).

【146】SHLEIFER A, VISHNY R W. The Grabbing Hand: Government Pathologies and Their Cures, Cambridge, Mass: Harvard University Press. 1998.

【147】THOMSEN S, PEDERSEN T, Industry and Ownership Structure [J]. International Review of Law and Economics, 1998, 18 (4).

【148】STULZ R M. Globalization, Corporate Finance, and the Cost of Capital [J]. Journal of Applied Corporate Finance, 1999, 12 (3).

【149】ZHANG Y, MA G. Law, Economic, Corporate Governance, and Corporate Scandal in a Transition Economy: Insight from China. Working Paper, Peking University, 2005.

# 后　记

对投资者进行有效保护，对一国资本市场的发展至关重要。无论是发达资本市场国家，还是经济转轨中的新兴资本市场国家，对投资者保护的研究都是一个永恒的话题，而本书对投资者法律保护与股权结构关系的研究仅仅是整个投资者保护问题研究的冰山一角。在国家社科基金资助下，笔者历时三年，对"投资者法律保护与股权结构"这一问题展开了一系列研究，从提高法律保护水平与改善股权结构两个方面进行论证并提出政策建议，希望能够对整个投资者保护领域贡献一点智慧与成果。

科学研究的逻辑起点永远是科学问题。我国是经济转轨中的新兴资本市场国家的代表，与发达资本市场国家比较，保障投资者利益尽管在理论上具有一致性，但由于不同制度背景和资本市场差异，我国呈现出特有的投资者保护现实。这也是本书的出发点与特色之处。随着资本市场的发展与公司治理实践的深入，大股东侵害中小投资者利益的手段趋于多样化与程序化，国内外投资者保护的相关研究内容也更加丰富，研究方法也更加多样，为我们勾勒出一幅公司治理与投资者保护研究的丰富图画。从研究内容上看，LLSV 开辟了"法与金融"研究的先河，在研究方法上，创造性地构建了一套用于评估 49 个国家投资者法律保护水平的量化指标，为后来的跨国实证比较研究提供了重要的分析工具和研究框架，从而引领公司治理的研究者从"第一代跨国公司治理研究"迈向"第二代跨国公司治理研究"。但综观最新的研究成果，现有的大量研究已突破既有的国际比较或者研究投资者保护与企业价值相关性的传统范式，开始从一国层面来设计投资者保护指数，甚至将宏观法律保护与微观企业财务活动相结合展开研究，比如投资者法律保护与资本成本、投资者法律保护与股利支付率、投资者法律保护与企业现金持有、投资者法律保护与盈余管理、投资者法律保护与企业风险承担等问题。就研究方法而言，除了传统的规范研究、档案式研究外，也有学者开始运用心理学、行为金融学的实验研究方法，从投资者心理和决策行为来研究对投资者的教育与投资者保护问题。可见，以投资者保护为核心且辐射到公司治理机制、企业财务行为，并深入研究投资者保护作用于财务行为的机理与经济后果，在未来很长一段时间将成为这一领域的主流。再则，从法律执行特别是私人执法视角来测度投资者保护指数，也许更符合经济转轨中我国投资者保护研究的现实，这似乎又为后续的研究揭开了新的面纱。

正如起源于美国立法中的"揭开公司面纱制度"（确定公司背后的股东的个人身份，使股东或控制性股东对权利索取者的要求承担无限连带责任），对投资者保护问题的研究也需要我们继续努力，抽丝剥茧，揭开层层面纱，还原公司的真实面貌，保障中小投资者的利益。

在繁重的教学之余，不弃功于寸阴，历时三年，终于得以完成此书，这离不开我亲爱的家人和可爱的学生的支持和帮助。由于本人才疏学浅，书中可能还存在诸多问题，恳请读者批评指正。

谨以此书献给所有帮助过我的人和那段难忘的时光！

何 丹

2014 年 6 月于成都